dtv

Baby schreit, denn Baby hat Hunger. Der schnelle Griff zum Gläschen ist dann nur eine Möglichkeit, denn auch wenn Hipp, Milupa und Konsorten vielen Eltern den Kochlöffel aus der Hand genommen haben, gibt es immer mehr Mütter und Väter, die selbst für ihr Kind kochen bzw. aus dem Essen für »die Großen« eine gesunde, kindgerechte Mahlzeit abzweigen wollen. Was es dabei zu beachten gilt, vom Einkauf und der Auswahl geeigneter Lebensmittel über die schonende Zubereitung bis zur Lagerung und Konservierung, weiß Monika Arndt aus eigener Küchenerfahrung. Auch zu den Grundsatzfragen der Ernährung – Vollwert, wenn ja, ab wann? Wie kann man Nahrungsmittelallergien vorbeugen? Gehören Milch, Fleisch und Eier auf Babys Speiseplan? Wie bleiben die Milchzähne gesund? – finden Eltern hier Rat, und zwar auf der Basis neuester wissenschaftlicher Erkenntnisse. Zu den zahlreichen ganz neu entwickelten Rezepten kommen noch Hinweise auf Konservierung und Vorratshaltung, außerdem Tips für Babys Essen auf Reisen und die Wahl des richtigen, d. h. zahnschonenden und gesunden Getränks. Und was zu tun ist, wenn Baby all die guten Sachen nicht essen mag, sprich: wenn es Probleme beim Füttern gibt, weiß die Autorin natürlich auch.

Monika Arndt, geb. 1955, ist Diplomübersetzerin für Französisch und Verlagsbuchhändlerin. Sie war jahrelang in verschiedenen Reiseredaktionen tätig. Als freiberufliche Redakteurin arbeitete die leidenschaftliche Köchin an der G&U-Länderküchenreihe mit. Für das Münchner Kindermagazin ›Kitz‹ schreibt sie regelmäßig Rezepte für Kinder unter der Rubrik »Was koche ich denn heute?«

Monika Arndt

Das Baby-Kochbuch

Gesunde Ernährung für Ihr Kind

Deutscher Taschenbuch Verlag

Für meine Söhne
Moritz und Alexander

Von Monika Arndt ist bei dtv außerdem erschienen:
›Der Reichtum der einfachen Küche. Deutschland‹
von Eva Gesine Baur und Monika Arndt (36043)

Originalausgabe
Juli 1996
9. Auflage September 2002

Umschlagkonzept: Balk & Brumshagen
Umschlagfoto: © ZEFA, Düsseldorf
Satz: Design-Typo-Print GmbH, Ismaning
Gesetzt aus der Times New Roman, 10,8/13° (QuarkXPress 3.31 Mac)
Druck und Bindung: Druckerei C. H. Beck, Nördlingen
Gedruckt auf säurefreiem, chlorfrei gebleichtem Papier
Printed in Germany · ISBN 3-423-36187-5

Inhalt

Einleitung

Die ideale Säuglingsnahrung von der Geburt bis zum Breialter ist und bleibt die Muttermilch. Als ich mein erstes Kind, Moritz, bekam, war mir klar, daß ich ihn stillen und später die Breikost selbst kochen wollte. Leider stellten sich schon in der Geburtsklinik die ersten Stillschwierigkeiten ein: Eine Wiegeprobe bewies, daß ich offensichtlich zu wenig Muttermilch hatte und deshalb HA-Nahrung im Fläschchen nach jeder Stillmahlzeit zufüttern sollte. Mein Kinderarzt riet mir später, Moritz Tag und Nacht alle zwei Stunden anzulegen, damit die Milchproduktion erst einmal richtig in Gang käme. Der Zeitpunkt war aber sechs Wochen nach der Geburt fast schon zu spät. Immerhin gelang es mir, das Nachfüttern auf eine Flaschenmahlzeit am Abend zu begrenzen, die Moritz unerbittlich einforderte. In einer Stillgruppe der La Leche Liga riet man mir, eine Stillhilfe zu verwenden. Dieses Brust-Ernährungsset setzte ich erst ab dem 4. Monat ein, bis ich nach einigen Wochen schließlich doch noch voll stillen konnte.

In der Stillgruppe beschäftigten sich die jungen Mütter überwiegend mit dem Problem der Allergievorbeugung im Säuglingsalter, dem Vermeiden allergenhaltiger Nahrungsmittel während der Stillzeit, zu frühem Kontakt mit Kuhmilcheiweiß und anderen für das Baby unverträglichen Nahrungsmitteleiweißen. Es wurde immer wieder betont, wie wichtig dabei das vorsichtige Austesten der ersten Beikost im Wochenrhythmus ist. So stellt sich beim Zufüttern schnell heraus, was für das Baby unverträglich ist. Im Austausch mit anderen Müttern, die für ihre Kinder auch gerne selbst kochen wollten, aber entsprechende Anleitungen dazu vermißten, faßte ich dann den Entschluß, meine Breirezepte und alle weiteren Gerichte für Still- und Flaschenkinder auszuarbeiten und zu veröffentlichen. Mit meinem Kinderarzt, der mich in dieser Idee unterstützte, stand ich dabei stets in engem Kontakt.

Das Baby-Kochbuch wendet sich aus erprobter Küchenpraxis vor allem an Mütter, die ihr Baby bis zum 6. Monat voll stillen wollen und vorhaben, danach ganz allmählich eine Stillmahlzeit nach der anderen durch selbstzubereitete und biologisch einwandfreie Breikost zu ersetzen. Die Rezeptvorschläge eignen sich natürlich ebenso gut für Flaschenkinder. Auch die stillende Mutter, die auf eine gesunde und ausgewogene Ernährung achtet, braucht mindestens eine warme Mahlzeit am Tag. Es bietet sich also an, ein gemeinsames Essen zu kochen, von dem eine Portion für das Baby abgezweigt wird und das – eventuell leicht nachgewürzt – der ganzen Familie schmeckt.

Vom ersten Versuch des Gefüttert-Werdens mit feinpürierten Breimahlzeiten bis zum selbständigen Essen des Kleinkindes werden die Weichen für gesundes Eßverhalten gestellt. Dabei sind die Eltern für den kleinen Esser das große Vorbild. Wenn Babys milde Gemüsesorten oder Suppen standhaft verweigern, hat das meist einen Grund: Entweder sie vertragen die Speisen nicht oder sie sind ganz einfach noch nicht auf den Geschmack gekommen. Viele Babys mit sieben bis acht Monaten wollen von Anfang an alleine essen. Ganze weichgekochte Karotten oder gekochte Kartoffeln in Stückchen lieben übrigens die meisten Kinder. Im ersten Lebensjahr ist Abwechslung auf dem Speisezettel eines Babys überhaupt noch nicht gefragt. Zudem erhöht es die Gefahr einer Allergie.

Mit dem 1. Geburtstag endet die Babyzeit. Ihr Sprößling sitzt jetzt schon im Hochstuhl am Familientisch beim Essen und entwickelt Vorlieben für bestimmte Gerichte. Wenn die Backen- und Eckzähne durchgebrochen sind, genügt es, die gekochten Portionen, die für das Kind abgezweigt werden, mit einer Gabel zu zerdrücken. Das Kind läßt sich dann meist auch nicht mehr füttern, sondern will sein Essen auf dem eigenen Kinderteller mit seinem Lernbesteck selbst essen und aus seinem Becher trinken.

Der erste Teil des Buches behandelt Wissenswertes über das Stillen, Ernährungsempfehlungen für stillende Mütter, Informationen über Säuglingsnahrung und allgemeine Regeln zur Einführung der Babykost ab dem 6. Monat mit einem Ernährungsplan.

Der zweite Teil bietet eine Beschreibung der verwendeten Lebensmittel und eine umfassende Rezeptsammlung, nach Gerichten und nach Alter geordnet. Denn trotz aller Phantasie – es soll dem Kind schließlich schmecken – kommt es bei der Babykost auf Genauigkeit an. Die noch nicht ausgereiften kindlichen Verdauungsorgane dürfen keinesfalls überfordert werden. Deshalb sind auch im 2. Lebensjahr rohes Getreide und schwerverdauliche Rohkost noch nicht zu empfehlen.

Mit den Besonderheiten, die bei der Ernährung eines allergiegefährdeten Babys zu beachten sind, habe ich mich ausführlich beschäftigt. Den ärztlichen Rat dazu steuerte Dr. med. Siegfried G. Stippig bei, der in seiner Kinderarztpraxis bei Nahrungsmittelallergien die Rotationsdiät als Aufbaudiät für das kindliche Immunsystem empfohlen hat. Die dafür von mir entwickelten Rezepte sind für Kleinkinder, stillende Mütter und Schwangere, die bereits ein allergiekrankes Kind haben, gedacht.

Ich wünsche Ihnen gutes Gelingen beim Nachkochen und Ihrem Kind einen guten Appetit.

Monika Arndt

Muttermilch, die optimale Erstnahrung für Babys

Muttermilch ist für Babys die natürlichste und damit die beste auf die Bedürfnisse eines Säuglings abgestimmte Erstnahrung. Sie ist für das noch nicht ausgereifte Verdauungssystem am leichtesten verdaulich und baut optimal die körpereigene Abwehr gegen Allergene und Krankheitserreger auf, vor allem gegen Magen-Darm-Infekte.

Legen Sie das Neugeborene unbedingt in den ersten 20 bis 30 Minuten nach der Geburt an. Dann ist der angeborene Saugreflex am stärksten. Das erleichtert die Milchbildung, die so am besten in Gang kommt. Der erste innige Kontakt, die Zuwendung und Geborgenheit, die das Baby so erfährt, ist die Voraussetzung für einen guten Stillanfang.

Besonders wertvoll ist die cremige, gelbliche Vormilch (Kolostrum). Sie ist eiweißreicher und weniger fetthaltig als die reife Muttermilch, die ab dem dritten oder vierten Tag nach der Entbindung kommt, und liefert wichtige Immunstoffe gegen Krankheiten. Geben Sie dem Baby immer, wenn es sich meldet, die Brust auf beiden Seiten – innerhalb 24 Stunden zehn- bis zwölfmal. Obwohl das Baby das meiste schon in den ersten 5 bis 10 Minuten trinkt, legen Sie es am Anfang 20 Minuten pro Seite an. Das Baby stillt an der Brust nicht nur seinen Hunger, sondern auch sein Bedürfnis nach Zärtlichkeit.

Lassen Sie sich nicht irritieren, wenn das Neugeborene in den ersten Lebenstagen abnimmt. Ein Gewichtsverlust von bis zu 10 Prozent des Geburtsgewichtes ist normal, weil das Baby seine Fett- und Flüssigkeitsreserven verbraucht, die es im Mutterleib angelegt hat. Nach 10 bis 14 Tagen hat es meist sein Geburtsgewicht wieder erreicht. Es nimmt dann etwa 120 bis 200 g Körpergewicht pro Woche zu.

Beim Füttern beginnen Sie mit der Brust, mit der das Baby bei der letzten Stillmahlzeit aufgehört hat. Ein geregelter Stunden-rhythmus – auch in der Nacht – stellt sich erst nach einigen Wochen ein.

Mit der Milch, die am dritten oder vierten Tag »einschießt«, nimmt das Baby alle notwendigen Nährstoffe, wie Eiweiß, Fett, Kohlenhydrate, Vitamine, Mineralstoffe und Spurenelemente, in ausreichender Menge auf. Die Nachfrage des gestillten Säuglings nach Muttermilch regelt das Angebot bei der Mutter. Je öfter also die Mutter ihr Baby anlegt, um so mehr Milch hat sie. Ein sattes Baby hört von sich aus auf zu trinken. Wenn die Windel ohne Teezugabe sechs- bis achtmal am Tag naß ist, wissen Sie, daß Ihr Baby ausreichend getrunken hat. In den ersten vier Wochen ist der Stuhlgang eines Babys sehr variabel: als normal gilt siebenmal täglich bis zweimal pro Woche. Selbst wenn Ihr Baby nur so selten Stuhlgang hat, bedeutet das immer noch keine Verstopfung. Dieses empfindliche Gleichgewicht der Milchproduktion wird leicht gestört. Deshalb sollte man dem Baby in den ersten Monaten auch keine anderen Getränke, wie Tee oder Wasser, anbieten.

Muttermilch ist durch keine industriell hergestellte oder selbstzubereitete Säuglingsmilch zu ersetzen. Muttermilch ist unnachahmlich. Keine Milch gleicht der anderen. Sie ändert sich in Zusammensetzung und im Geschmack täglich, je nach der Ernährung der Mutter.

Für den Fall, daß Sie mal nicht da sind und Ihr Kind nicht selbst stillen können, sollten Sie einen kleinen Vorrat an Muttermilch einfrieren. Das arteigene Eiweiß der Muttermilch mit bestimmten Immunfaktoren verträgt das Baby optimal. Viele Babys reagieren empfindlich auf das in künstlicher Säuglingsnahrung auf Kuhmilchbasis enthaltene körperfremde Eiweiß und werden dafür sensibilisiert. Auch wenn zu früh körperfremdes Eiweiß aus anderen Nahrungsmitteln eingeführt wird, kann das kindliche Immunsystem, das noch nicht voll entwickelt ist, eine Allergie auslösen. Oft bricht die so entstandene Allergie erst nach der Stillzeit richtig aus, wenn das Kind mit größeren Mengen Fremdeiweiß in Kontakt kommt.

Auch die Mutter profitiert vom Stillen. Muttermilch ist stets verfügbar, keimfrei und hat die richtige Temperatur. Durch das erste Saugen des Neugeborenen löst sich die Nachgeburt leichter. Auch die Gebärmutter bildet sich nach der Geburt durch mehr oder weniger starke Nachwehen beim Stillen schneller zurück.

Muttermilch gilt inzwischen als unbedenklich. Die Schadstoffbelastung aus Nahrung und Luft ist in den letzten Jahren zurückgegangen. Es wird empfohlen, möglichst sechs Monate voll zu stillen.

Ernährungsempfehlungen für stillende Mütter

Erfolgreiches Stillen hängt auch von der Qualität Ihrer Ernährung ab. Essen Sie wie in der Schwangerschaft, worauf Sie Lust haben, und ernähren Sie sich ausgewogen: verschiedene Arten von Nahrungsmitteln in möglichst natürlichem Zustand. Der tägliche Energiebedarf steigt in der Stillzeit um 500 bis 700 Kalorien. Wenn Sie sich unzureichend und unausgewogen ernähren, werden Sie sich bald erschöpft und abgespannt fühlen. Ihre eigenen Reserven werden angegriffen. Zudem geht die Milchproduktion in den Brustdrüsen zurück.

- Wegen der Toxoplasmosegefahr sollten Sie auf rohes Fleisch (z.B. Tartar oder nicht durchgebratene Steaks) während der Stillzeit verzichten.
- Trinken Sie, soviel Sie Durst haben. Als tägliche Flüssigkeitsmenge sind 2 Liter nicht zuviel, wenn man bedenkt, daß ein Baby mit 2 Monaten täglich etwa 800 ml Muttermilch trinkt.
- Der Fettgehalt der Muttermilch wird von der Menge der essentiellen Linolsäure, die in Samen, Nüssen, Vollkorn und in Leinöl enthalten ist, bestimmt. Achten Sie deshalb auf eine gute Qualität Ihrer Nahrungsfette. Gut geeignet sind Olivenöl, Sonnenblumenöl, Distelöl und Maiskeimöl.
- Der Gehalt der Muttermilch an wasserlöslichen Vitaminen steht in direktem Zusammenhang mit Ihrer täglichen Nahrung. Nehmen Sie deshalb vitaminhaltige Lebensmittel in ausreichender Menge zu sich.

- Kaffee, schwarzer Tee und Kakao beeinträchtigen die Eisen-Resorption. Größere Mengen davon sollten ebenso wie Alkohol während der Stillzeit gemieden werden, weil die Wirkstoffe in die Muttermilch übergehen.
- Machen Sie während der Stillzeit auf keinen Fall eine Diät zum Abnehmen. Das mobilisiert die Schadstoffe in den Fettdepots Ihres Körpers.

Welche Lebensmittel vertragen gestillte Babys nicht?

Mit der Muttermilch bekommt das Baby das Essen der Mutter in gemilderter Form weitergereicht. Jedes Baby reagiert anders auf die Nahrungsmittel, die seine Mutter ißt. Manche bekommen sofort Blähungen oder sogar einen Ausschlag, wenn die Mutter ein bestimmtes Lebensmittel verzehrt (s. Tabelle 1).

Zu scharf für das Baby sind starke Gewürze, Senf, Knoblauch und Zwiebeln. Bei zu sauren Lebensmitteln wie Essig, Zitrussäften oder sauren Früchten (z.B. auch Tomaten), ist es nicht verwunderlich, wenn das Baby mit einem wunden Po oder mit Durchfall reagiert.

Manchmal löst die Nahrung, die eine stillende Mutter zu sich nimmt, eine allergische Reaktion beim Baby aus. Kuhmilch provoziert häufig eine Allergie. Schafmilch- oder Ziegenmilchprodukte sind dann eine gute Alternative. Kleinste Mengen an Eiweiß aus der Kuhmilch können in die Muttermilch übergehen. Wenn Ihr Baby auf dieses Eiweiß mit einem starken Ausschlag oder einem Ekzem reagiert, sollten Sie das unverträgliche Nahrungsmittel eine Woche meiden, um herauszufinden, ob Ihre eigene Ernährung der Auslöser war.

Aufpassen sollten Sie auch bei allergenhaltigen Lebensmitteln, wie Hühnereiern, Weizen, Haferprodukten, Mais, Fisch, Huhn, Nüssen, Sellerie, Sojaprodukten, Schokolade und Zitrusfrüchten. Streichen Sie nacheinander immer wieder eines der verdächtigen

Lebensmittel von Ihrem Speisezettel und beobachten Sie, ob die Symptome bei Ihrem Baby abklingen.

Essen Sie, wenn Ihr Baby allergisch reagiert, Gerichte aus Vollkorngetreide, selbstgebackenes Brot, nur mit Hefe, ohne Salz und Gewürze. Als Fett nehmen Sie kaltgepreßte Öle und Sauerrahmbutter. Auf Zucker sollten Sie verzichten, ebenso wie auf Weißmehl und Konserven. Als Obst eignen sich süße Äpfel, Birnen und allenfalls Bananen. Verwenden Sie nur einheimische Gemüsesorten aus kontrolliert-biologischem Anbau.

Tabelle 1:
Nahrungsmittel, die bei einem Säugling Blähungen verursachen

Gemüse	alle Kohlarten (außer Brokkoli), Zwiebeln, Lauch, Schalotten
Hülsenfrüchte	alle Sorten
Getreide	grobe Zubereitungen (z.B. ganzes Korn oder Schrot)
Obst	Zitrusfrüchte, saure Beeren
Saure Lebensmittel	Essig, Sauerkonserven, saure Säfte
Getränke	stark kohlensäurehaltiges Mineralwasser
Gewürze	Petersilie, scharfe Gewürze

Nach UGB (Verband für Unabhängige Gesundheitsberatung e.V., Deutschland), Von klein auf Vollwert-Ernährung für Schwangere, Stillende, Säuglinge und Kleinkinder.

Wie kann die Milchproduktion gefördert werden?

Grundsätzlich wird die Milchbildung am besten gefördert durch die Gewißheit der Mutter, daß sie stillen kann.

- Nehmen Sie sich viel Zeit, denn Hektik und Nervosität lassen den Milchfluß schnell versiegen. Je öfter Sie Ihr Kind anlegen, um so mehr Milch kommt.
- Geben Sie bei jeder Mahlzeit beide Seiten und legen Sie das Baby mindestens alle 2 bis 3 Stunden an.
- Lassen Sie es so lange an der Brust trinken, wie es möchte. Es gibt Tage, an denen das Baby öfter gestillt werden will als sonst, z.B. an heißen Tagen oder wenn es krank ist.
- Wenn Ihr Baby Tee oder Saft aus der Flasche trinkt, verliert es das Interesse am Stillen. Es sollte aus diesem Grund auch nicht ständig an einem Schnuller nuckeln.

Grundsätzlich sollte die Ernährung aus leicht verdaulichen und gut verträglichen Speisen bestehen. Ideal sind Suppen, im eigenen Saft gedünstetes Gemüse, gut gegartes Getreide und Kompotte.

Hemmend für die Milchbildung ist Kälte. Meiden Sie kalte Getränke vor dem Anlegen, kalte Speisen wie Eis und zuviel Rohkost. Gekochte Speisen hingegen fördern den Milchfluß ebenso wie eine warm gehaltene Brust.

Milchbildende Getränke:
Tee: 2 EL Fenchel-Anis-Kümmel-Tee eventuell mit 1/2 TL Brennessel in 2 l Wasser 15 Min. köcheln und abseihen, dann über den ganzen Tag verteilt trinken.

Haferwasser mit Kirschsaft: 100 g Hafer in 1 l Wasser über Nacht einweichen. In 1 l frischem Wasser etwa 1 Std. köcheln. Das Haferwasser abgießen, etwas salzen, abkühlen lassen und mit 100 ml Kirschsaft mischen.

Gerstenwasser mit Traubensaft: 100 g Gerstengraupen in lauwarmem Wasser über Nacht einweichen. Mit kaltem Wasser bedeckt einkochen. 1 l heißes Wasser nach und nach angießen und knapp 1 Std. köcheln. Das Gerstenwasser abgießen, etwas salzen, abkühlen lassen und mit 100 ml rotem Traubensaft mischen.

Stillen – großer Effekt bei der Vorbeugung gegen Allergien

Im Normalfall sollte sechs Monate voll gestillt werden, zur Vermeidung einer allergischen Erkrankung bei Allergikerfamilien besser sieben Monate. Nach dieser Zeit ist die Dünndarmschleimhaut nicht mehr so empfindlich gegen Fremdeiweiß. Danach können Sie nach Bedarf weiterstillen und gleichzeitig feste Nahrung zufüttern, bis sich Ihr Kind im Idealfall selbst abstillt oder Sie die Stillbeziehung nicht mehr fortsetzen wollen.

Wenn Ihr Kind etwa 13 Monate alt ist, läßt es sich am leichtesten abstillen. Es ist so mit dem Erforschen seiner Umgebung beschäftigt, daß es die Brust leicht vergißt. Zu diesem Zeitpunkt müssen Sie auch nicht mehr unbedingt auf eine Flasche umsteigen. Es kann bereits aus dem Becher trinken. Noch längeres Stillen kann die Entwöhnung schwieriger machen. Das Kind sucht vor allem dann die Brust, wenn es Trost, Liebe und mütterliche Zuwendung braucht.

Laut der GINI-Studie (German Infant Nutritional Intervention Programm), die von 1996 bis 2001 als Langzeitstudie angelegt war, sollte u. a. wissenschaftlich untersucht werden, ob die Nahrungsauswahl entscheidenden Einfluß auf die Allergieprävention beim Kind hat. Im Rahmen der Studie waren 2252 Neugeborene aus Allergikerfamilien nur mit Muttermilch und vier verschiedenen Allergiepräparaten auf Kuhmilchbasis mindestens sechs Monate ernährt worden. Eine zentrale Erkenntnis aus der Studie ist, daß das Stillen zu einer Verminderung der Allergiebereitschaft führt: Einem von zwei Babys bleibt dadurch der Weg in die Neurodermitis erspart.

Weitere Informationen:
www.infoline.at/allergie/babys-gini-studie.htm

Auskünfte und Ratschläge zum Thema Stillen sind erhältlich über die auf S. 264 genannten Adressen.

Künstliche Milchnahrung

In den ersten sechs Lebensmonaten braucht ein Säugling ausschließlich Muttermilch oder – wenn volles Stillen aus irgendeinem Grund nicht lange genug möglich ist – eine industriell hergestellte Säuglingsanfangsnahrung ohne zusätzliche Beimischung von Säften. Damit ist Ihr Baby mit allen Nährstoffen versorgt. Zu frühes Zufüttern von Säften und Breien kann beim Säugling eine Allergie hervorrufen. Besprechen Sie alle Fragen der Ernährung Ihres Babys immer mit Ihrem Kinderarzt.

Die verschiedenen Säuglingsnahrungen

Säuglingsanfangsnahrung

Als Säuglingsanfangsnahrung eignet sich für allergiegefährdete Babys, wenn nicht voll gestillt werden kann, eine »hypoallergene«, auch als »hypoantigen« bezeichnete HA-Nahrung mit geringem Antigengehalt (z.B. von Humana oder Milupa). In den HA-Nahrungen sind zur Allergievorbeugung die Eiweißmoleküle in kleine Bruchstücke gespalten.

Die Säuglingsanfangsnahrung mit der Vorsilbe Pre, z. B. Pre-Aletemil, Pre-Aptamil, Pre Beba, Pre Hipp usw. (frühere Bezeichnung »adaptiert«), ähnelt wie die HA-Nahrung in der Zusammensetzung des Nährstoffgehaltes am ehesten der Muttermilch, obwohl diese immer noch unnachahmlich ist. Für diese Nahrung wird die Kuhmilch in ihrer Eiweißstruktur verändert, der Muttermilch angepaßt und das Milchfett durch ein hochwertiges Fettsäuregemisch ersetzt. Die HA-Nahrung enthält als einziges Kohlenhydrat Milchzucker (Laktose), außerdem alle Vitamine (außer Vitamin D) und Mineralstoffe, die das Baby in den ersten sechs Monaten braucht. Diese Zusätze sind per EG-Richtlinie genau geregelt.

Durch ihre dünnflüssige Konsistenz können beide Säuglingsanfangsnahrungen ebenso wie die Muttermilch nach Bedarf des

Kindes gefüttert werden (etwa sechsmal am Tag), ohne daß die Gefahr einer Überfütterung besteht. Grundsätzlich sollten Sie die Dosierungsangaben auf der Packung bei dem einmal gewählten Produkt ganz genau einhalten und den Meßlöffel immer mit dem Messerrücken abstreifen, nicht häufen, sonst stimmt das Verhältnis zwischen Nährstoffgehalt und Flüssigkeitsmenge nicht mehr. Bleiben Sie stets bei einer Sorte Säuglingsanfangsnahrung. Ein Wechsel der Produkte kann beim Baby zu Blähungen führen.

Allergenfreie Säuglingsmilch

Hat Ihr Kind bereits eine Kuhmilch- oder Sojaallergie entwickelt, und Sie können wirklich nicht ausreichend lange voll stillen, sollten Sie nach Absprache mit Ihrem Kinderarzt eine allergenfreie Säuglingsanfangsmilch einsetzen. Das Eiweiß dieser Spezialnahrungen, die nur in Apotheken erhältlich und damit teurer sind, ist so weit in seine Bestandteile zerlegt (hydrolisiert), daß es praktisch keine Allergien auslösen kann (z.B. Alpharé, Nutramigen, Pregestimil oder Pregomin).

Dauernahrung

Die Flaschennahrung, die mit der Ziffer 1 (früher teiladaptiert) gekennzeichnet ist, enthält als Kohlenhydrat neben Milchzucker (Laktose) auch Stärke (etwa 2 Prozent). Sie ist sämiger und dickflüssiger als die Pre-Nahrung. Mit der stärkehaltigen und damit kalorienreicheren Säuglingsmilch, die zu einer längeren Sättigung führt, kann der Säugling leicht überfüttert werden. Geben Sie deshalb diese Säuglingsmilch frühestens ab dem 5. Lebensmonat und achten Sie genau auf die entsprechend dem Alter angegebene Dosierungsmenge im Verhältnis zur Flüssigkeit. Einige Produkte (z.B. Humana Dauernahrung, Humana babyfit, Milumil 1, Aletemil, Aponti 1, Lactana B) enthalten neben Milchzucker und Stärke noch andere, für den Säugling jedoch überflüssige Kohlenhydrate (Maltodextrine oder Saccharose). Auf zusätzliche Kohlenhydrate sollten Sie möglichst verzichten.

Folgemilch
Die Folgemilch oder Folgenahrung mit der Ziffer 2 ähnelt in ihrer Zusammensetzung eher einer Vollmilch als der Muttermilch und kann bis zum Ende des Flaschenalters gefüttert werden. Achten Sie auch hier auf überflüssige Zutaten. Wenn Ihr Kind allerdings mit der einmal gewählten Säuglingsmilch zufrieden ist, brauchen Sie ab dem 6. Monat nicht mehr auf Folgemilch umzusteigen. Sie können Ihr Kind auch das ganze erste Lebensjahr mit Pre-Nahrung füttern, bis es die Milch aus der Tasse trinkt.

Selbstgemachte Säuglingsmilch
Der Aufwand, mit besonderer Genauigkeit das exakte Mischungsverhältnis einer Säuglingsmilch selbst herzustellen, lohnt sich nicht, weil der streng geregelte Nährstoffgehalt einer industriellen Säuglingsanfangsnahrung nicht annähernd erreicht wird. Mit selbstgekochter Milch können sich sehr leicht Ernährungsfehler einschleichen, weil weder Vitamin A noch Vitamin C darin enthalten sind, die der Säugling ab der 6. Lebenswoche notwendig braucht. Zu frühe Beikost und damit ein hohes Allergierisiko wären die Folgen. Außerdem besteht die Gefahr, daß das Baby mit der selbst zubereiteten Säuglingsmilch zu viele Keime aufnimmt. Ebensowenig ist die Zweidrittelmilch (2/3 Vollmilch und 1/3 Wasser mit Getreideschleim) für die Säuglingsernährung in den ersten Lebensmonaten geeignet, weil sie zu protein- und mineralstoffreich ist. Auch Mandelmilch deckt den Nährstoffbedarf des Babys nicht. Eine selbstgemachte Halbmilch (1/2 Vollmilch und 1/2 Wasser) läßt sich dann einsetzen, wenn Ihr Baby Kuhmilch verträgt, also frühestens mit Beginn des Breialters als Abendmahlzeit. Besser wäre es, die Kuhmilch in der Babynahrung im ganzen 1. Lebensjahr wegzulassen.

Fläschchenzubereitung

Zur Zubereitung des Fläschchens wird das Milchpulver mit Wasser vorsichtig verrührt. Die Qualität des Wassers muß einwandfrei sein (s. S. 61). Ist der Nitratgehalt des Trinkwassers zu hoch, sollten Sie auf ein »für die Zubereitung von Säuglingsnahrung geeignetes« stilles Mineralwasser ausweichen. In Apotheken und Drogerien gibt es auch ein speziell für Babys aufbereitetes Trinkwasser, das – keimfrei abgefüllt – nicht mehr abgekocht werden muß.

Zubereitung: Frisch abgekochtes Wasser vor der Zubereitung auf etwa 55° C abkühlen lassen. Die Hälfte des benötigten Wassers in das Fläschchen einfüllen und die auf der Packung laut Tabelle vorgeschriebene Menge des Milchpulvers hineingeben. Fläschchen verschließen und leicht schwenken, bis sich das Pulver aufgelöst hat. Restliche Wassermenge dazugießen, nochmals schwenken und die Milch auf Trinktemperatur abkühlen lassen.

Bevor Sie Ihr Baby füttern, kontrollieren Sie noch einmal die Milchtemperatur. Verwenden Sie Plastikfläschchen, dann lassen Sie am besten etwas Milch auf die Innenseite des Handgelenks tropfen. Durch die wärmedämmende Wirkung des Kunststoffes bleibt die Milch zwar länger warm als in Fläschchen aus Glas, aber die Temperatur kann nicht wie bei Glasfläschchen am geschlossenen Augenlid überprüft werden.

Fertige Milch darf nicht zu lange im Flaschenwärmer warmgehalten werden, weil sich darin sehr schnell Keime vermehren können. Unmittelbar vor der Mahlzeit wird die Trinkmenge für nur eine Mahlzeit frisch zubereitet. Nahrungsreste dürfen nicht noch einmal verwendet werden.

Sollten Sie für unterwegs einen Vorrat an Säuglingsmilch benötigen, dann kühlen Sie das fertige Fläschchen sofort unter fließendem Wasser ab und stellen Sie es bis zum Gebrauch in den Kühlschrank. Die Milch hält sich so höchstens 24 Stunden.

Keimfreie Fläschchen und saubere Sauger

Im ersten halben Lebensjahr ist peinlichste hygienische Sorgfalt bei der Flaschenzubereitung notwendig, weil das Immunsystem des Babys noch nicht ausgereift ist. Die kindliche Darmflora wird noch nicht mit krankmachenden Keimen fertig.

Fläschchen, Sauger und Verschlüsse müssen nach jedem Gebrauch mit fließendem Wasser gründlich gereinigt und anschließend sterilisiert werden. Mehrere Möglichkeiten stehen zur Auswahl:

Fläschchen und Sauger werden 3 Min. in einem Topf mit sprudelnd heißem Wasser ausgekocht. Dabei müssen Fläschchen und Sauger ganz mit Wasser bedeckt sein. Es dürfen sich keine Luftblasen bilden. Saubere Fläschchen mit gewaschenen Händen mit der Öffnung nach unten auf ein ausgekochtes Küchentuch stellen und ein zweites darüberlegen.

Den Sauger sollten Sie regelmäßig vor dem Auskochen umstülpen, kräftig mit Salz ausreiben und nachspülen.

Wirkungsvoll bei Glasfläschchen ist die Dampfdruck-Sterilisation im Dampfdrucktopf mit hohem Druck und hoher Temperatur.

Am einfachsten geht die Heißdesinfektion mit einem Vaporisator (Dampfdesinfektionsgerät). In dem eierkocherähnlichen Gerät werden fünf Flaschen 5 Min. in Wasserdampf sterilisiert. Dieses Gerät lohnt sich nur, wenn Sie Ihrem Kind ständig Flaschennahrung geben.

Wenn Ihr Baby älter als sechs Monate ist, können die Fläschchen auch in der Spülmaschine gereinigt werden.

Bei den Trinksaugern muß das Saugloch beim Trinken oben am Gaumen liegen. Es darf nur so groß sein, daß die Nahrung, wenn man die Flasche senkrecht hält, nicht heraustropft.

Achten Sie bei der Auswahl der Trink- und Beruhigungssauger darauf, daß sie frei von der allergieverdächtigen Chemikalie MBT (2-Mercaptobenzothiazol) sind. Die neuen Sauger sind auf der Verpackung als MBT-frei gekennzeichnet.

Die Zwiemilch-Ernährung

Oft ist das Stillen des Babys mit Schwierigkeiten verbunden. Verhaltensweisen wurden in der Klinik falsch eingefädelt, oder es fehlt der Rückhalt in der Familie, oder die Mutter ist zu sehr gestreßt. Wenn das Baby nicht genügend zunimmt (wöchentliche Gewichtszunahme in den ersten sechs Monaten 120 bis 200 g), liegt es vielleicht auch an einer falschen Saugtechnik. Durch Frühgeburt, Krankheit oder Neugeborenengelbsucht kann das Baby zu schwach zum Saugen sein. Bei räumlicher Trennung besteht die Möglichkeit, die Milch abzupumpen und dem Kind mit der Flasche zu füttern. Oft reicht in solchen Streßsituationen die Milchmenge tatsächlich nicht aus.

Schreit das Baby nach dem Stillen, obwohl es gut aufgestoßen hat, machen Sie eine Wiegeprobe über möglichst alle Mahlzeiten am Tag. Dazu wiegen Sie das Baby mit der gleichen Wäsche und Windel vor und nach jeder Brustmahlzeit. Die Differenz der beiden Werte entspricht der Menge der getrunkenen Muttermilch. Wenn die Milchmenge durch häufiges Anlegen im Zwei-Stunden-Rhythmus, auch in der Nacht, nicht ausreicht, sollten Sie den Kinderarzt zu Rate ziehen.

Die Empfehlung, nach jedem Stillen mit dem Fläschchen HA-Nahrung nach Bedarf zuzufüttern, ist oft der Anfang vom Ende einer Stillbeziehung. Übergangsweise funktioniert diese Methode der Zwiemilch-Ernährung sogar, sie ist immer noch besser als ganz auf die Flaschenfütterung umzusteigen. Allerdings erfordert sie viel Geduld seitens der Mutter. Wenn das Baby nach dem Stillen auf beiden Seiten immer noch hungrig ist, geben Sie ihm das Fläschchen. Schreiben Sie auf, wieviel der Säugling von der Flasche getrunken hat. Durch häufiges Anlegen können Sie die künstliche Milch auf eine Flasche pro Tag begrenzen oder schließlich ganz weglassen. Gewöhnt sich das Kind erst einmal an die Flasche, wird ihm das Trinken an der Brust meist zu anstrengend. Das Baby besteht dann mit heftigem Geschrei auf seiner Flaschenmahlzeit. Um das zu verhindern, kann man auch vorübergehend eine Stillhilfe verwenden. Lassen Sie sich bei Stillproblemen vom Kinderarzt oder von der Geburtsklinik die Adresse einer erfahrenen Stillberaterin geben, über die Sie ein Brust-Ernährungsset bestellen können.

Die Zufütterung über das Brust-Ernährungsset

Beim Stillen mit der Stillhilfe saugt das Baby gleichzeitig aus der Brust Muttermilch und aus dem Fläschchen des Brust-Ernährungssets zugefütterte künstliche Säuglingsmilch oder abgepumpte Muttermilch. Das Baby bekommt durch die Zusatznahrung ausreichend Milch, wenn die Muttermilch direkt von der Brust nicht ausreicht. Mit seinem Saugen stimuliert das Baby gleichzeitig die Brustwarzen, was die Milchbildung anregt. Auf diese Weise steigert sich nach und nach die Menge der Muttermilch, bis man auf das Brust-Ernährungsset wieder verzichten kann.

Aufgabe des Brust-Ernährungssets ist es, während des Stillens gut regulierbar zusätzliche Milch zuzuführen, ohne daß Luft angesaugt wird. Sie hängen sich eine Kordel um den Hals, befestigen daran das Fläschchen mit der zu fütternden Milch auf Brusthöhe mit der Öffnung nach unten. An dem Verschluß, der sich mittels Halteplättchen je nach Bedarf öffnen oder schließen läßt, ist ein Ring mit zwei dünnen Schläuchen angebracht. Diese Schläuche werden am Warzenhof der beiden Brüste befestigt und mit hautfreundlichem Heftpflaster fixiert. Das Baby erfaßt beim Trinken Brust und Schlauch gleichzeitig. Dieser Lernprozeß erfordert von Mutter und Kind etwas Übung.

Stillen und zufüttern

Wann beginnt die stillende Mutter am besten mit dem Zufüttern? Nicht vor dem 6. Lebensmonat, auch wenn die Hersteller der Gläschennahrung frühere Zeitpunkte angeben. Nach den Empfehlungen der La Leche Liga sollten Sie Ihr Baby mindestens sechs Monate voll stillen, d.h. vor dem 7. Monat keine Beikost füttern.

Ein Säugling mit einem halben Jahr kann feste Nahrung schon recht gut verdauen. Dennoch kommen viele Babys erst mit sieben oder acht Monaten auf den Geschmack. Wenn Sie Ihr Kind jedoch auffallend oft stillen müssen, damit es satt wird, oder wenn es ein starkes Kaubedürfnis hat, ist meist das Breialter gekommen. Gesteigertes Stillverlangen vor einem halben Jahr kann aber auch mit Wachstumsschüben (zwischen 7. und 14. Lebenstag, 4. und 6. Woche, 3. und 4. Monat), mit dem Zahnen oder mit einer beginnenden Erkältung zusammenhängen. Zur Befriedigung des wachsenden Beißbedürfnisses geben Sie dem Baby einen Beißring. Einen reifen, geschälten Apfelschnitz oder eine Brotrinde sollten Sie frühestens ab dem 9. Monat anbieten, wenn das Baby schon die ersten Schneidezähne hat.

Manche Kinder beobachten gierig jeden Bissen, den die Mutter in den Mund schiebt, und versuchen sogar ihn wegzuschnappen. Wenn dieses Interesse am Essen mehrere Tage anhält, können Sie sicher sein, daß Ihr Baby Appetit auf etwas Festes hat. Versuchen Sie es zunächst mit einem Löffelchen zerdrückter, reifer Banane. Schmeckt es Ihrem Baby, dann füttern Sie nach dem Stillen etwas Banane (Vorsicht Verstopfung!). Lehnt es die Banane ab, versuchen Sie es zu einem späteren Zeitpunkt noch einmal. Lassen Sie Ihr Baby entscheiden, wann es reif für feste Nahrung ist. Außerdem: Je mehr Sie zufüttern, desto weniger Muttermilch wird neu gebildet. Die Umstellung vom Stillen auf Alltagskost mit Brei und Löffelchen beginnt noch früh genug. Wenn das Baby soweit ist, sitzt es bestimmt schon bequem im Hochstuhl.

Einführung von neuen Nahrungsmitteln

Ein hungriges Mäulchen kann nicht warten. Deshalb ist es besser, Ihr Baby vor dem Zufüttern fester Nahrung erst zu stillen. Suchen Sie sich eine ruhige Minute aus, wenn Sie etwas Neues ausprobieren. Machen Sie dabei Ihr Kind mit fester Nahrung erst einmal vertraut, es muß nicht satt werden. Bieten Sie eine Woche lang nur ein Nahrungsmittel ein- bis zweimal am Tag an. Anfangs füttern Sie knapp ein halbes Löffelchen voll, dann steigern Sie die Menge, bis das Kind soviel ißt, wie es möchte. Zeigt Ihr Baby nach einer Woche keine auffallende Reaktion auf die neue Speise, dann können Sie davon ausgehen, daß es sie verträgt. Reagiert das Stillkind aber mit Ausschlag, trockenem Ekzem, Wundsein oder gar Erbrechen, dann setzen Sie eine Woche mit der neuen Speise aus. Reagiert es bei einem erneuten Angebot überempfindlich, dann sollten Sie nach Rücksprache mit dem Kinderarzt bis zum nächsten Versuch sechs Monate verstreichen lassen. Nahrungsmittel-Unverträglichkeiten sind oft schwer zu erkennen, da die Beschwerden nicht direkt nach dem Essen auftreten, sondern sich erst nach mehreren Stunden oder Tagen entwickeln.

Mit zusammengekochten Speisen wie Suppen oder Getreidemischungen können Sie experimentieren, wenn Ihr Kind die einzelnen Bestandteile bereits kennt.

Obst und Gemüse als Beikost

Als Frischobst wählen wir einheimischen Apfel oder Birne. Den Apfel reiben Sie am besten auf einer Glas- oder Plastikreibe. Birne bieten Sie ab dem 6. Monat zuerst leicht gedünstet an. Wenn das Baby Birne verträgt, geben Sie das Obst roh, feingerieben. Melone und Aprikosen mögen Babys ab acht bis neun Monaten. Mit Pfirsichen sollte man zunächst vorsichtig sein, da sie aufgrund der Säure oft Ausschlag oder Wundsein verursachen. Mango und Beerenfrüchte sind erst ab dem 10. bis 11. Monat geeignet. Erdbeeren können Allergien auslösen. Blaubeeren oder

Kulturheidelbeeren, Himbeeren, Johannisbeeren (oft unverträglich, weil der Säuregehalt zu hoch ist) und Trauben sollten durch ein Sieb gestrichen werden, weil das Baby die Beerensamen nicht verdauen kann. Entsteinte Süßkirschen, Mirabellen oder Pflaumen ohne Schale bieten sich als Kompottspeisen ab dem 11. oder 12. Monat an. Zitrusfrüchte (Orangen, Mandarinen, Grapefruit und Zitronen) gehören im ersten Jahr noch nicht auf Babys Speisezettel, und wenn, nur tropfenweise, ebenso Kiwi und Ananas (zu säurehaltig). Quitten und Hagebuttenmark (Vitamin-C-Träger) können nach dem 1. Geburtstag Ihres Kindes eingesetzt werden. Obst aus Konserven, das immer stark gesüßt ist, sollten Sie vermeiden. Trockenfrüchte wie Datteln gibt man wegen der klebrigen Süße sogar erst ab drei Jahren.

Als Erstgemüse eignen sich am besten Karotten oder Kürbis, in wenig Wasser gegart, natürlich ohne Salz, mit einigen Tropfen Keimöl angereichert. Beginnen Sie mit ein oder zwei Löffelchen Gemüse nach dem Stillen. Pastinaken oder Petersilienwurzeln lassen sich gut mit Karotten mischen.

Das Gemüse sollte im 1. Lebensjahr nur aus kontrolliert-biologischem Anbau stammen. Es ist erhältlich auf Biomärkten, im Naturkostladen, in Reformhäusern oder über Abokisten, die oft im Umkreis von Großstädten angeboten werden. Wenn Sie kein unbelastetes Gemüse einkaufen können, sollten Sie lieber in der ersten Zeit auf industriell hergestelltes Karottenmus ausweichen, da der Nitratgehalt kontrolliert niedrig gehalten ist.

Auch Kartoffeln oder Topinambur sind bei Babys als erste feste Nahrung sehr beliebt. Die für Babys gut verträglichen Knollen werden nach dem Einführen täglich jeder Gemüsemahlzeit beigemengt. Die meisten Nährstoffe bleiben erhalten, wenn sie in der Schale gekocht werden.

Gedünstete Zucchini geben Sie fein püriert zusätzlich ab dem 7. Monat. Brokkoli führen Sie im 8. Monat, Kohlrabi und Fenchel im 9. Monat ein. Blumenkohl oder zartes Blattgemüse wie Spinat können Sie ab dem 10. Monat füttern. Mangold, rote Bete und Bleichsellerie sollten nicht zu früh angeboten werden, weil diese Gemüsesorten besonders nitrathaltig sind.

Rohkost ist im 1. Lebensjahr zu schwer verdaulich und landet unverdaut in der Windel, die Nahrung kann einfach im gekochten Zustand besser vom Organismus aufgenommen werden. Gegen einen Eßlöffel frisch gepreßten Karottensaft ist jedoch ab dem 9. Monat nichts einzuwenden.

Frische Kräuter verträgt das Baby ab dem 10. Monat. Es empfiehlt sich, Kräuter wie Basilikum, Dill oder Petersilie in einem Blitzhacker oder in einer Kräuter-Moulinette mit 1–2 EL Flüssigkeit ganz fein zu hacken, weil das Baby sie zu grob gehackt wahrscheinlich ablehnt.

Breizubereitung aus Vollkornflocken und gemahlenem Getreide

Reis ist das am leichtesten verdauliche Getreide. Deshalb führen Sie Reisflocken als erstes ein, später gemahlenen Vollreis. Auch Dinkelflocken oder Schmelzflocken aus Hafer eignen sich gut zur Breizubereitung. Es gibt auch fertige Vollkorn-Säuglingsnahrung (z.B. von Holle). Meiden Sie am Anfang jedoch Fertigbreimischungen und achten Sie darauf, daß kein Zuckerzusatz oder Honig darin enthalten ist. Das Baby mag den Brei auch so, nur mit Wasser zubereitet. Selbstverständlich können Sie ab dem 10. Monat dem Kind auch getoastetes Vollkornbrot aus feinem Mehl, in mundgerechte Stücke geschnitten, statt Brei anbieten.

Ab dem 12. Monat kochen Sie aus feingemahlenem und über Nacht eingeweichtem Getreideschrot einen Vollkornbrei, zuerst nur aus einem Getreide. Beginnen Sie mit Dinkel, setzen dann mit Hafer fort und später mit Weizen.

Vorsicht bei Milchprodukten und Eiern

Kuhmilch löst oft Durchfall, Verstopfung, Hautausschläge oder Allergien aus (s. S. 44), deshalb empfehlen Kinderärzte, Kuhmilch erst nach dem 1. Geburtstag in den Speiseplan des Kindes aufzunehmen und nur dann, wenn Sie bis dahin schon abgestillt haben. Vollmilch oder fettreduzierte Frischmilch ist aufgrund ihrer Nährstoffzusammensetzung für die Ernährung im 1. Lebensjahr viel schlechter geeignet als eine Säuglingsmilch. Butter und Sahne können in geringen Mengen bereits ab dem 7. bzw. 8. Monat gefüttert werden. Bei allergiegefährdeten Kindern sollten Sie auch Joghurt, Dickmilch, Buttermilch, Kefir, Sauerrahm, Quark, Frischkäse und Käse erst nach einem Jahr einführen. Der Bedarf an Milcheiweiß und Calcium wird bei Stillkindern durch die Muttermilch gedeckt.

Auch bei Eiern treten häufig Nahrungsmittelallergien auf (s. S. 47). Außerdem enthalten Eier zu viel Eiweiß für ein noch nicht einjähriges Kind. Beginnen Sie mit dem Eigelb eines gekochten Eies, anfangs knapp ein halbes Löffelchen voll.

Das Breialter

Trinkt Ihr Baby aus dem Fläschchen und die Säuglingsmilch reicht als einzige Nahrung nicht mehr aus, wird im 6. Monat eine Gemüsebreimahlzeit gefüttert. Es empfiehlt sich, mit Frühkarotten aus dem Gläschen zu beginnen, weil der Nitratgehalt kontrolliert niedrig gehalten ist.

Wenn Sie stillen, brauchen Sie bei der Einführung von Breikost nicht genau nach Plan zu gehen und Monat für Monat eine Milchmahlzeit durch eine Breimahlzeit zu ersetzen. Richten Sie sich ausschließlich nach den Bedürfnissen des Babys.

Die erste Breimahlzeit (6. bis 12. Monat)

Gemüsebrei zum Mittagessen

Die erste Beikost beginnt mit reinem Karottenmus mit Fettzusatz (z.B. Maiskeimöl oder Sojaöl) zur besseren Aufnahme des Betacarotins. Verträgt Ihr Baby keine Karotten, können Sie auch Kürbispüree als ersten Gemüsebrei geben. Reines Karottenmus oder Kürbispüree füttern Sie so lange, bis Ihr Baby das Löffeln gewohnt ist. Dann werden schrittweise Kartoffeln oder Topinambur eingeführt. Für Flaschenkinder wird nach und nach ein- bis zweimal pro Woche 20 g mageres, gekochtes Fleisch dazupüriert. Ein Stillkind braucht so früh noch kein Fleisch, vorausgesetzt die Mutter hat selbst keinen Eisenmangel. Eine ausreichende Versorgung mit Eisen ist für Flaschenkinder besonders wichtig. Fleisch gilt als optimale Nahrungsquelle für Eisen, Zink und Vitamin B.

Schon einmal erhitzte Gemüsereste dürfen für das Baby kein zweites Mal aufgewärmt werden. Dadurch vermehren sich leicht Keime. Außerdem gehen beim Aufwärmen Nährstoffe verloren.

Den Rest der Baby-Mahlzeit verwenden Sie abgewandelt und nachgewürzt für die ganze Familie. Karottenmus oder Kürbispüree ist übrigens eine hervorragende Saucen- oder Suppengrundlage.

Die zweite Breimahlzeit (6. bis 12. Monat)

Milch-Getreide-Brei zum Abendessen
Ab Ende des 6. Monats erhält das Flaschenkind als zweite zugefütterte Mahlzeit einen Milch-Getreide-Brei aus Flocken oder Grieß. Bei Kuhmilch-Unverträglichkeit kochen Sie anstelle der verdünnten Vollmilch die entsprechende Menge Wasser, streuen die Getreideflocken bzw. die Vollkorn-Säuglingsnahrung ein und rühren anschließend die entsprechende Menge Säuglingsmilchpulver oder HA-Nahrung unter (Säuglingsmilch darf nicht kochen!). Instant-Getreideflocken rühren Sie in die fertig vorbereitete Säuglingsmilch oder HA-Nahrung ein.

Am besten beginnen Sie mit glutenfreien Produkten (z. B. Reis), da die anderen Getreidearten Unverträglichkeiten hervorrufen können (s. S. 46). Bei Vollkornprodukten finden sich die Allergene vor allem in den Randschichten des Kornes. Wenn Ihr Kind die ausgemahlenen Sorten der Getreidearten verträgt, sollten Sie den Vollkornanteil langsam erhöhen. Füttern Sie zur Milchmahlzeit 1 TL geriebenen Apfel bzw. Birne dazu oder mischen den Saft unter die Milch. Durch den Vitamin-C-Träger wird das Eisen aus Getreide besser aufgenommen. Auf Süßungsmittel wird generell verzichtet.

Gestillte Kinder erhalten einen nur mit Wasser zubereiteten Brei, eventuell mit etwas Sahne abgeschmeckt (Rezepte s. S. 120 ff.); die Menge richtet sich nach dem Appetit des Babys.

Milch-Getreide-Brei *weitere Rezepte s. S. 94 ff.*
100 ml Vollmilch (3,5% Fett) und 100 ml Wasser
oder 200 ml Vollmilch (3,5% Fett)
bzw. Säuglingsmilch oder HA-Nahrung
Getreideflocken nach Packungsanleitung (ca. 20 g)
evtl. 20 g Obstmus oder -saft

Fertigmilchbreie sind für Babys mit Allergierisiko nicht geeignet, weil sie Kuhmilch in Form von Milchpulver enthalten.

Die dritte Breimahlzeit (7. bis 9. Monat)

Getreide-Obst-Brei am Nachmittag

Im Alter von sieben Monaten bekommt das Stillkind wie das Flaschen-Baby einen milchfreien Getreide-Obst-Brei. Dieser Brei wird nur mit Wasser zubereitet: Als Getreide eignen sich Getreideflocken aus Vollkorn, die zu Brei gekocht werden, oder Instantprodukte, die in warmes Wasser eingerührt werden, und denen weder Milch noch Obstflocken oder Süßungsmittel beigemischt sind. Für den Obstanteil nehmen Sie frisches Obst der Jahreszeit (z.B. Apfel oder Birne), das Sie anfangs dünsten und mit etwas Öl unter den warmen Getreidebrei mischen. Bananen eignen sich wegen ihrer natürlichen Süße sehr gut zum Mischen mit weniger süßem Obst. Überprüfen Sie aber vorher die Getreidearten und Obstsorten im Wochenrhythmus einzeln auf Verträglichkeit.

Getreide-Obst-Brei *weitere Rezepte s. S. 120 ff.*
100–150 ml Wasser
Getreideflocken nach Packungsanleitung (ca. 20 g)
5 g Pflanzenöl
100 g Obstmus

Es gibt auch milchfreie Getreide-Obst-Breie im Gläschen. Achten Sie auf die Zutatenliste und meiden Sie zuckerhaltige Produkte. Alternative Hersteller verwenden oft Honig als Zuckerersatz, was jedoch den Zuckeranteil nicht vermindert. Nehmen Sie einfach zusammengesetzte Breie aus einheimischen Obstsorten ohne jedes Süßungsmittel und testen sie ebenfalls in wöchentlichen Abständen auf Verträglichkeit. Exotische Früchte und Fruchtzubereitungen können eine Allergie hervorrufen.

Die vierte Mahlzeit (6. bis 12. Monat)

Milch am Abend
Stillkinder werden auch im 2. Lebenshalbjahr und darüber hinaus so lange nach Bedarf gestillt, bis sich das Kind selbst entwöhnt oder bis die Mutter die Stillbeziehung beendet. Im 1. Lebensjahr ist das Saugbedürfnis eines Kindes noch sehr stark ausgeprägt.

Behalten Sie auch beim Flaschenkind die Trinkmahlzeiten im 2. Lebenshalbjahr als vierte Mahlzeit bei und geben Sie Ihrem Kind Säuglingsnahrung bzw. HA-Milch, wenn es die Flasche will. Damit Ihr Kind genügend Calcium erhält, sollte es bis zum Ende des 1. Lebensjahres noch mindestens zwei Milchmahlzeiten bekommen.

Erweiterung der Baby-Speisekarte (10. bis 12. Monat)

Einführung der Familienkost
Ab dem 10. Monat kommen für das Baby drei Hauptmahlzeiten und zwei Zwischenmahlzeiten auf den Tisch. Morgens zur Stillmahlzeit, zu Milch bzw. Säuglingsnahrung oder HA-Milch aus der Tasse gibt es feingemahlenes Dinkelvollkornbrot oder Vollkorntoast mit Butter.

Der Gemüse-Kartoffel-Brei, teilweise mit Fleischzusatz, bleibt weiterhin in erster Linie auf Babys Mittagsspeisekarte, nur muß er nicht mehr unbedingt püriert werden. Es genügt, ihn mit der Gabel zu zerdrücken. Mit seinen ersten Schneidezähnen kann das Kind inzwischen festere Nahrung kauen. Der Getreide-Obst-Brei und der Milch-Getreide-Brei werden allmählich durch zwei Zwischenmahlzeiten und durch ein Abendbrot ersetzt. Als Zwischenmahlzeiten bieten sich Obst, frisch gepreßter Saft, Brot oder Getreideflocken oder Reisdesserts an. Zum Abendessen gibt es Brot mit Aufstrich, Milch bzw. Säuglingsnahrung oder HA-Milch aus der Tasse und Obst.

Gläschen, mit Vitamin C haltbar gemacht

Zweifellos: der Brei aus dem Gläschen ist weitgehend frei von Schadstoffen. Er ist auch hygienisch in Ordnung, aber es ist und bleibt eine Konservenkost. Die Zucker- und Salzgehalte wurden zwar inzwischen auf ein erträgliches Maß reduziert. Doch gesüßt wird – je nach Hersteller – in der einen oder anderen Form: mit Apfeldicksaft, Maltodextrose, einem aus Getreide gewonnenen Kohlenhydratgemisch, oder mit Honig. Um die Fertigkost haltbar zu machen, wird künstliche Ascorbinsäure zugesetzt (so heißt der chemische Name für Vitamin C), und das vertragen viele Babys noch nicht. Auch viele Getreidebreie, Frucht- und Gemüsesäfte für Babys und Kleinkinder sind mit künstlichen Vitaminen angereichert.

Wenn ein Gläschen angebrochen ist, soll es nicht länger als einen Tag gut verschlossen im Kühlschrank aufbewahrt werden. Reste von erwärmtem Brei dürfen kein zweites Mal aufgewärmt werden. Das gilt vor allem für Brei mit Spinat. Bakterien können durch die Hitze das eventuell enthaltene Nitrat in schädliches Nitrit umwandeln.

Die Ernährung des Kleinkindes (13. bis 18. Monat)

Nach dem 1. Lebensjahr kann das Kleinkind das meiste essen, was für die restliche Familie auf den Tisch kommt. Daran muß das Kind aber ganz allmählich gewöhnt werden, weil die Verdauung und vor allem die Fähigkeit Rohes zu verdauen, noch nicht voll entwickelt ist.

Hat Ihr Kind noch keine Kuhmilch bekommen, können Sie jetzt schrittweise die einzelnen Milchprodukte austesten. Stark allergen wirkende Lebensmittel, wie Hühnerei, Fisch und Nüsse, sollten beim allergiegefährdeten Kind auch im 2. Lebensjahr noch gemieden werden.

Achten Sie bei der Ernährung des Kleinkindes auf eine ausgewogene und gesunde Mischkost. Gemüse und Obst enthalten viele Vitamine, Mineralstoffe und Spurenelemente. Brot und Vollkornprodukte, Kartoffeln, Hirse und Reis liefern die nötigen Kohlenhydrate. Fleisch und Geflügel – auch selbstgekochte Rindfleisch- oder klare Hühnerbrühe – gelten als optimale Nahrungsquelle für Eisen, Zink, Vitamin B und tierisches Eiweiß. Gedünsteter, grätenfreier Fisch ist ein wichtiger Iodträger. Milch, Quark, Joghurt, milder Käse, Eier und Tofu sind wegen ihres hohen Eiweißgehaltes wertvoll. Beziehen Sie diese Eiweißträger – je nach Verträglichkeit – in den täglichen Speiseplan des Kindes mit ein. Als Fette eignen sich in diesem Lebensabschnitt Butter, Maiskeimöl, Distelöl, Sonnenblumenöl und Olivenöl.

Sie werden merken, daß sich der Geschmack Ihres Kindes immer wieder verändert. Plötzlich lehnt es Speisen, die es früher mit Appetit gegessen hat, entschieden ab. Gewöhnen Sie es frühzeitig an die natürliche Süße von gegartem Gemüse, von Getreide (enthält gut verwertbares Eisen) oder von nur sparsam gesüßten Kompotten.

Kinder, die weder zu süße noch zu salzige oder zu scharf gewürzte Nahrungsmittel erhalten, werden sich bestimmt nicht zu Naschkatzen entwickeln. Wer sein Kind jedoch mit Würstchen, Pommes frites und Ketchup füttert, braucht sich nicht zu wundern, wenn das natürliche Gleichgewicht des kindlichen Körpers aus dem Lot gerät. Stark gesalzene oder scharf gewürzte Gerichte ziehen – sozusagen als Ausgleich – Gelüste auf Süßigkeiten nach sich. Gewürze und Würzmittel enthalten zudem häufig Allergene. Auch schwerverdauliche Nahrungsmittel sind für Kinder in diesem Lebensalter absolut ungeeignet. Vermeiden Sie ausgesprochen fetthaltige Speisen wie Sahne- und Buttercremetorten, fette Wurst und fetten Käse, ebenso wie in Fett Ausgebackenes. Schokolade und andere zuckerhaltige Süßigkeiten empfinden Kleinkinder als viel zu süß. Auch Hülsenfrüchte und Kohl vertragen die Kleinen noch nicht.

Der tägliche Speiseplan fürs Kleinkind

Zum Frühstück gibt es nach einer jetzt oft schon zwölfstündigen Nachtpause als Auftakt entweder Getreidebrei, Grießbrei mit Früchten oder Müsli, aber auch Brot (Bauernbrot, Dinkelbrot oder Weizenvollkornbrot) mit Butter, Käse oder schwach gesüßter Marmelade bzw. Hagebuttenmark oder einem Brotaufstrich aus dem Rezeptteil, dazu eine Tasse Tee, Milch oder Kakao.

Als zweites Frühstück steht – je nach Appetit des Kindes – Obst oder Kompott auf dem Speiseplan.

Zum Mittagessen bringen Sie als warme Mahlzeit Gemüse, Kartoffeln und ab und zu Fleisch oder eine Fleischbrühe auf den Tisch, abwechselnd mit Vollkorngetreide, Reis oder Nudeln bzw. Geflügel oder Fisch. Gelegentlich kann dem Kind auch eine kräftige Suppe mit einer reichhaltigen Nachspeise angeboten werden.

Wenn das Kind nachmittags Appetit hat, geben Sie ihm als Zwischengericht frisches Obst, Kompott oder Reiswaffeln, ein Dessert, Kekse bzw. Zwieback mit Tee oder Saft.

Abends essen manche Kinder gerne wieder einen süßen Getreidebrei oder eine Getreidesuppe, andere bevorzugen belegtes Brot mit einer Tasse Tee oder Milch. Je nach Tagesablauf innerhalb der Familie kann das Mittagessen auch abends verzehrt werden.

Babys Umgang mit dem Löffel

Vom Füttern zum Löffeln

Mit dem Breialter lernt das Baby die ersten Löffelversuche. Von der flüssigen Milch steigt es um auf breiförmiges Mus. Das erfordert Übung, denn das Baby muß sich vom Saugreflex auf einen Schluck-Kau-Mechanismus umgewöhnen.

- Stillen Sie das Baby zuerst, bevor Sie es auf dem Schoß den ersten Löffel Karottenmus probieren lassen. Wenn es die ungewohnte Speise wieder ausspuckt, versuchen Sie es zu einem späteren Zeitpunkt.
- Gewöhnen Sie Ihr Baby vorsichtig an jede neue Speise. Füttern Sie davon zuerst ganz wenig. Das Baby muß das Gericht erst einmal kennenlernen. Hat es ein paar Löffelchen von der neuen Nahrung geschluckt und sein Mißfallen geäußert, dann geben Sie ihm gleich etwas Gewohntes, was es gern ißt.
- Geben Sie niemals zwei neue Speisen gleichzeitig, sondern immer zuerst eine, und wenn das Baby sie kennt, die nächste. Anfangs mischen Sie am besten die neue Nahrung in kleinen Portionen einem bekannten Gericht bei. Schrittweise vergrößern Sie die hineingemischten Mengen, bis es die neue Speise pur akzeptiert.
- Kosten Sie alles, was Sie dem Baby füttern, vorher mit einem extra Löffel und prüfen Sie, ob das Essen nicht zu heiß ist. Wichtig ist auch eine entspannte Umgebung beim Füttern. Führen Sie neue Gerichte nie an heißen Tagen oder auf einer Reise ein.
- Wenn Ihr Kind dann bereits gut allein sitzen kann, soll es auch an den gemeinsamen Mahlzeiten teilnehmen. Sie füttern das Baby immer am gleichen Stammplatz, am besten während Sie selbst essen. Wenn Ihr Kind Ihnen oder seinen Geschwistern zuschaut, wird sein Interesse am eigenen Eßbesteck erwachen.
- Zwischen dem 13. und 17. Monat startet das Kleinkind wahrscheinlich den ersten Versuch, alleine mit dem Löffel zu essen. Zeigen Sie ihm, wie es den Löffel richtig halten muß, oder führen

Sie ihm die Hand. Bei seinen ersten Experimenten mit dem Löffel wird am Anfang noch eine Menge danebengehen. Geben Sie ihm nur eine kleine Portion auf den Teller. Loben Sie es jedesmal, wenn es ihm gelingt, den Löffel in den Mund zu schieben, ohne daß die Hälfte hinunterfällt. Wenn es mit dem Essen spielt, ist es meist satt. Mit 18 Monaten beherrschen die meisten Kleinkinder das Essen mit dem Löffel.

Was tun, wenn sich ein Baby verschluckt?

Verschluckt sich das Baby doch einmal an Brotkrümeln, an einer Brotrinde oder an einem weichen Apfelstückchen, dann klopfen Sie ihm leicht auf den Rücken und halten es in der Waagerechten, bis das Verschluckte wieder hochgewürgt ist. Babys verfügen über einen sehr guten Würgereflex.
Vorsicht bei Kindern unter 3 Jahren! Rohe Karotten in Stücken können in die Atemwege rutschen. Auch Erdnüsse und gehackte Nüsse besitzen eine besonders gefährliche Größe. Geraten sie unzerkaut in die Verästelungen der Bronchien, reagiert das Kind erst mit ständigem Hustenreiz und dann mit Atemnot, weil die Bronchien nicht mehr richtig durchblutet werden können. Dann sollten Sie sofort in die Kinderklinik, bevor sich das verschluckte Karotten- oder Nußstück zu zersetzen beginnt. Dieses kann mittels einer Bronchoskopie aus den Verästelungen der Luftröhre entfernt werden.

Aus der Tasse trinken lernen

- Lassen Sie das Kind mit der leeren Plastiktasse spielen, damit es sich mit dem Gefäß vertraut macht.
- Nehmen Sie eine kleine Tasse für die ersten Trinkversuche, so daß das Kind über den Tassenrand hinwegschauen kann. Bei einer großen Tasse erschrickt es vielleicht, wenn es plötzlich ganz dunkel wird. Dann lehnt es möglicherweise eine ganze Weile die Tasse ab.

- Beim ersten Versuch faßt es die Tasse mit beiden Händen, dann nuckelt es am Tassenrand. Plötzlich hebt es die Tasse hoch über sich und schüttet sich möglicherweise den ganzen Tasseninhalt ins Gesicht. Ersparen Sie Ihrem Kind diese schlechte Erfahrung. Gießen Sie nur kleine Mengen in die Tasse oder verwenden Sie für den Anfang eine Schnabeltasse.
- Schimpfen Sie nicht, wenn etwas danebengeht, oder wenn Ihr Kind beim ersten Versuch alles wieder ausspuckt. Es muß sich erst daran gewöhnen, daß es jetzt beim Schlucken mehr Flüssigkeit in den Mund bekommt als beim Saugen an der Brust oder an der Flasche.
- Lassen Sie Ihr Kind vor dem Anlegen an der Brust oder vor der Flaschenfütterung aus der Tasse trinken.
- Klappt das Tassentrinken nicht auf Anhieb, versuchen Sie es mit einem Schnapsgläschen oder mit einem kleinen Probier-Trinkglas. So können Sie die Flüssigkeitszufuhr besser kontrollieren. Außerdem ist das Gläschen für Ihr Kind handlicher.

Essensgewohnheiten richtig einfädeln

Die Weichen für gesunde Essensgewohnheiten werden schon früh gestellt. Seine Verhaltensweisen bei Tisch lernt das Kind vor allem durch Nachahmung. Das Essenlernen ist für das Kind eine große Leistung. Nach Ihrem Vorbild wird es sich dabei richten. Zu Machtkämpfen beim Essen muß es nicht kommen, wenn Sie das Eßverhalten Ihres Kindes richtig einüben: konsequent, behutsam und ohne Zwang.

- Seine Mahlzeiten sollte das Kind möglichst immer zur selben Essenszeit bekommen. Es stellt sich dann auf den Eß-Fahrplan ein. Weichen Sie dann nicht zu lange von den gewohnten Zeiten ab, denn ein hungriges Mäulchen wartet nicht gerne.
- Das Essen beginnt mit dem Einkaufen, Kochen und Backen. Lassen Sie Ihr Kind beim Zubereiten dabeisein. Spielerisch lernt es die einzelnen Zutaten kennen, wie sie riechen und schmecken.

- Ißt Ihr Kind einmal weniger oder gar nichts, sollten Sie es nicht zwingen, seinen Teller leer zu essen. Es hat bestimmt seinen Grund, wenn es sein Essen ablehnt. Kinder, die bestimmte Nahrungsmittel nicht vertragen, verweigern diese oft rigoros. Das ist eine ganz natürliche Reaktion. Manchmal brütet das Kind auch etwas aus und ist deshalb nicht ganz bei der Sache. Vielleicht bricht gerade ein Zähnchen durch. Der Appetit stellt sich dann meist von selbst wieder ein. Machen Sie also kein Drama daraus. Überlassen Sie Ihrem Kind, wieviel es essen möchte. Und vor allem – überladen Sie den Teller nicht.
- Essen Sie stets gemeinsam mit Ihrem Kind. Sobald das Kind mit dem Löffel umgehen kann, richten Sie Ihre Aufmerksamkeit auf Ihre eigene Mahlzeit, nicht auf die des Kindes. Vermeiden Sie jede Ablenkung, die über ein normales Gespräch hinausgeht.
- Weisen Sie Ihr Kind nach und nach auf Tischsitten hin, ohne ihm den Spaß am Essen zu verderben. Geben Sie ihm stets sein eigenes Geschirr, sein kindgerechtes Lernbesteck, seinen unzerbrechlichen Trinkbecher mit zwei Henkeln und seine Serviette. Wischen Sie ihm, wenn es trinken will, immer mit seiner Serviette den Mund ab, dann wird das für das Kind eine Selbstverständlichkeit. Während des Essens soll es nicht aus seinem Hochstuhl herausklettern, erst wenn es mit dem Essen fertig ist.

Vorsicht: Nahrungsmittel-Unverträglichkeit!

Kinder aus erblich vorbelasteten Familien mit der Veranlagung zu Allergien weisen oft Unverträglichkeitsreaktionen gegen Nahrungsmittel (oder deren künstliche Zusätze) auf. Ein atopisches (endogenes) Ekzem oder Neurodermitis ist auf eine anlagebedingte »konstitutionelle« Überempfindlichkeit zurückzuführen und äußert sich durch juckende Rötungen, fleckige Schuppen oder Nässen. Babys, die Milchschorf auf der Kopfhaut bekommen, haben meist eine entsprechende Veranlagung (Säuglingsekzem). Streß und Zahnungsschübe können die Beschwerden verstärken.

Eine Nahrungsmittel-Unverträglichkeit entsteht, wenn pflanzliches oder tierisches Fremdeiweiß (alle Nahrungsproteine) die noch durchlässige Darmschleimhaut des Babys durchdringt und damit die körpereigenen Abwehrzellen mobilisiert. Das Immunsystem reagiert überschießend und bildet Immunglobuline. Diese Antikörper entfachen einen heftigen Kampf gegen das Fremdeiweiß im kindlichen Organismus. Die Haut rötet sich, schwillt an und juckt, oder die Augen tränen und die Nase läuft. Erst wenn der letzte Rest des unverträglichen Nahrungsmittels ausgeschieden ist, klingt die Überreaktion des Immunsystems ab.

Wie erkennt man unverträgliche Bestandteile in Nahrungsmitteln?

Kommt der Körper nach der Sensibilisierung mit dem Allergen häufig in Kontakt, kann dies zum Ausbruch einer allergischen Erkrankung führen. Die Indikatorsuche für die Bestimmung von Allergenen kann dadurch erschwert werden, daß nicht das Lebensmittel selbst eine Allergie auslöst, sondern andere Bestandteile, wie z.B. Schimmelpilze, die sich in Käse, Joghurt oder Trockenfrüchten finden. Stellen Sie deshalb frühzeitig eine individuelle Unverträglichkeitsliste auf.

Beim Einführen von Beikost empfiehlt es sich grundsätzlich, jedes Nahrungsmittel eine Woche lang zu testen und auf eventuell auftretende Symptome zu achten (Reaktionen innerhalb von 15 Minuten bis 72 Stunden nach dem Verzehr). Gut verträglich bei Kindern mit Neurodermitis sind Kartoffeln, Kohlrabi, Spinat, Mangold, Zucchini, Auberginen, später Kalb, Pute und Lammfleisch. Beim atopischen (erblich vorbelasteten) Kleinkind lassen sich durch das Rotationsprinzip Unverträglichkeiten leichter erkennen (Rotationsdiät, s. S. 225 ff.). Dabei gilt: Was Sie selbst zubereiten, ist besser durchschaubar.

Wenn die Kinder zahnen, reagiert der Körper häufig mit ekzemartigen Hautausschlägen. Deshalb läßt sich oft nicht erkennen, wer der Übeltäter war, wenn es zu einem Ausschlag kommt.

Unverträglichkeit von Kuhmilcheiweiß

Sowohl Muttermilch wie Kuhmilch (s. Tabelle 2) besteht aus Wasser, Eiweiß, Fett, Kohlenhydraten, Vitaminen, Mineralstoffen und Salzen sowie geringsten Mengen an Hormonen. Die größten Unterschiede ergeben sich bei den Proteinen. Kuhmilch hat mehr als doppelt soviel spezifische Eiweißstoffe wie Muttermilch und ist für den menschlichen Magen, der nicht auf das Casein eingerichtet ist, sehr schwer verdaulich. Immunreaktionen gibt es vor allem gegen Casein, das auch in Ziegen- oder Schafmilch enthalten ist, gegen Lactalbumin und gegen Molkenprodukte. Muttermilch enthält kein artfremdes Eiweiß, sondern zusätzlich Immunglobulin A, das die Schleimhäute gegen antigenes Immunglobulin schützt. Sie liefert alle lebenswichtigen Eiweißbausteine, die Aminosäuren, in genau richtiger Zusammensetzung für das Baby. Wenn Säuglingsnahrung auf der Basis von Kuhmilch hergestellt wird, muß das überschüssige Eiweiß reduziert werden, damit es für Babys verträglich ist. Auch der Anteil der Mineralstoffe ist bei der Kuhmilch mehr als doppelt so hoch wie bei der Muttermilch.

Die kindlichen Nieren können die überschüssigen Mineralstoffe, selbst wenn die Milch mit Wasser verdünnt ist, nicht ausscheiden.

Ist Ihr Baby allergiegefährdet, dann sollten Sie unbedingt mindestens die ersten sechs, am besten acht bis neun Lebensmonate voll stillen, ohne jegliche Beikost. In dieser Zeit ist der Säugling besonders anfällig für Allergien. Geben Sie ihm vor dem 1. Lebensjahr keine Kuhmilch. Babys mit Milchschorf, der ersten Form eines Säuglingsekzems, sollten vorsorglich in den ersten zwei Lebensjahren keine Kuhmilch bekommen. Schränken Sie während der Stillzeit Ihren eigenen Milch- und Käsekonsum rigoros ein oder lassen Sie das verdächtige Allergen ganz aus Ihrer Nahrung weg, wenn sich trotz ausschließlichem Stillen eine Überempfindlichkeit gegen Kuhmilch entwickeln sollte.

Rohmilch oder Vorzugsmilch ist nicht nur aus hygienischen Gründen für den Säugling absolut bedenklich – sie kann krankheitsauslösende Keime enthalten und muß deshalb unbedingt abgekocht werden. Wegen des hohen Gehalts an Kuhmilcheiweiß darf dem Baby auch keine verdünnte Kuhmilch angeboten werden. Wenn die Mutter nicht ausreichend stillen kann, sollte sie als Zwiemilch-Ernährung lieber die ersten sechs Monate ein industriell gefertigtes Milchersatzprodukt (Vorsicht, die meisten Säuglingsnahrungen werden auf Kuhmilchbasis hergestellt!), am besten hypoallergene Säuglingsnahrung (z.B. Pregestimil), zufüttern. Dieses Milchersatzprodukt kann auch zum Zubereiten von Reisschleim bzw. Getreidebrei (z.B. von Holle) und Mandelmilch eingesetzt werden. Es gibt auch hypoallergene Fertigbreie. Ziegenmilch oder Schafmilch, die etwas besser verträglich sind, dienen dann ab dem 9. Monat als Ersatz für Kuhmilch. Butter, besser Sauerrahmbutter, können Sie nach der Stillzeit in den Speiseplan mit aufnehmen, weil diese kaum Milcheiweiß enthält. Gesäuerte Milchprodukte wie Quark oder Naturjoghurt sind etwas besser verträglich als Kuhmilch und enthalten ebensoviel Calcium. Bei einer Kuhmilch-Unverträglichkeit wird Ihr Kind allerdings auch gegen diese Milchprodukte allergisch reagieren. Probieren Sie es ab dem 15. bis 18. Monat. Kuhmilcheiweiß ist übrigens in vielen Fertigprodukten versteckt.

Tabelle 2:
Nährstoffgehalt Muttermilch/Kuhmilch im Vergleich (pro 100 g)

	Muttermilch	Kuhmilch
Energie (kcal)	67	64
Eiweiß (g)	1,2	3,3
Fett (g)	4,0	3,5
Kohlenhydrate (g)	7,1	4,8
Mineralstoffe (g)	0,2	0,7

Unverträglichkeit von Getreideeiweiß

Ein Kind zwischen sechs Monaten und zwei Jahren kann noch kein rohes Vollkorngetreide verdauen. Durch den zu frühen Einsatz von glutenhaltigen Getreideprodukten aus Vollkorn, wie Dinkel, Weizen, Hafer, Gerste, Grünkern (halbreifer Dinkel) und Roggen, entstehen leicht Darmstörungen, die eine Glutenunverträglichkeit auslösen können. Gluten ist das Klebereiweiß, das in den genannten Getreidearten vorkommt. Es ist übrigens auch im geschälten Getreide enthalten. Bei der Zöliakie handelt es sich um eine Allergie gegen Klebereiweiß, die begleitet ist von Durchfällen und Gedeihstörungen bei Kindern.

Ein Säugling sollte möglichst keimarm ernährt werden. Deshalb ist im 1. Lebensjahr vom Einweichen von Getreide über Nacht wegen der Keimbesiedlung abzuraten. Ebensowenig ist die vielzitierte Frischkornmilch für die Säuglingsernährung geeignet. Auch Mandelmilch deckt den Nährstoffbedarf eines Säuglings nicht ausreichend, obwohl sie in Allergikerfamilien gerne verwendet wird. Am besten beginnt man mit Getreidesorten, die seltener Allergien auslösen, wie z.B. Reis.

Unverträglichkeit von Hühnereiern

Im Eiklar finden sich stark allergen wirkende Eiweißstoffe. Geben Sie Ihrem Kind Eigelb frühestens mit einem Jahr, Eiweiß sogar erst mit 18 Monaten, dann wird es normalerweise gut vertragen. Reagiert Ihr Kind allergisch auf Hühnerei, müssen Sie es unbedingt vom Speiseplan streichen. Meiden Sie dann auch Hühnerfleisch sowie industriell hergestellte Produkte, die Hühnereiprotein enthalten.

Unverträglichkeit von säurehaltigen Nahrungsmitteln

Zitrusfrüchte, exotische Früchte und Obst mit einem hohen Gehalt an Fruchtsäuren, z.B. Beerenfrüchte, greifen die Schleimhäute des kindlichen Magens an. Erdbeeren bewirken oft allergieähnliche Reaktionen und führen durch Histaminausschüttung bei manchen Kindern zu juckendem Hautausschlag. Auch Nahrungsmittel, die im Stoffwechsel Säuren bilden, lösen solche sogenannten Pseudo-Allergien aus. Eine Übersäuerung des Körpers können Fleisch, vor allem Schweinefleisch, Wurstwaren, Käse, Tomaten, Paprika, Zwiebeln, zuckerhaltige Lebensmittel und Süßigkeiten hervorrufen. Oft ist darüber hinaus noch die Darmflora gestört.

Andere Nahrungsmittel

Besonders häufig zu allergischen Reaktionen kommt es nach dem Genuß von Schokolade, Nüssen, Sesam, Sojabohnen, Sojamilch, Sojamehl, Erbsen, Kohl, Mais, Sellerie, exotischen oder scharfen Gewürzen, Hefeextrakt, Kräutern und Tees (vor allem solche mit ätherischen Ölen). Auch Huhn, Fisch und Schalentiere können eine Allergie auslösen. Versuchen Sie bei einer allergenreduzierten Ernährung alle verdächtigen Nahrungsmittel (s. Tabelle 3) im 1. Lebensjahr erst einmal zu meiden.

Tabelle 3:
Allergieauslösende Nahrungsmittel bei allergiegefährdeten Kindern

- Milch- und Milchprodukte
- Eier
- Glutenhaltiges Getreide
- Zucker, Honig, Süßigkeiten, Schokolade
- Nüsse (Haselnuß, Paranuß, Walnuß) und Samen (Anis, Fenchel, Sesam)
- Fisch und Schalentiere
- Huhn, Schweinefleisch, Wurst, deren Inhalt oft undefinierbar ist, Innereien
- Hülsenfrüchte (Erbsen, Erdnuß, Soja), Kohl, Zwiebeln, Paprika, Tomaten, Sellerie, saure Gurken, Sauerkraut
- exotische und scharfe Gewürze (Curry, Koriander, Kümmel, Kurkuma, Muskatnuß, Paprika, Pfeffer, Vanille, Zimt), Gewürzmischungen
- Tees (Kamille, Pfefferminze, Zitronenmelisse)
- Kräuter (Basilikum, Dill, Liebstöckel, Salbei, Schnittlauch, Thymian)
- Zitrusfrüchte (Orangen, Zitronen), Beerenfrüchte (Erdbeeren, Himbeeren), exotische Früchte (Ananas, Kiwi, Mango, Avocado)
- Fertigprodukte mit Farb- (Vorsicht bei Gummibärchen!) und Konservierungsstoffen

Informationen über Ursachen und Behandlungsmöglichkeiten der verschiedenen allergischen Erkrankungen vermittelt die Arbeitsgemeinschaft Allergiekrankes Kind. Erfahrungsberichte von Eltern werden dort gesammelt und anderen zugänglich gemacht.

Anschrift:

Bundesverband AAK e.V.
Arbeitsgemeinschaft Allergiekrankes Kind
Hilfen für Kinder mit Asthma, Ekzem oder Heuschnupfen
Nassaustr. 32
35745 Herborn
Telefon: 0 27 72/92 87-0
Telefax: 0 27 72/92 87-48
e-mail: aak-team@aak.de
internet: www.aak.de

Gesunde Nährstoffe für Babys und Kleinkinder

Laktose und andere Kohlenhydrate

Laktose (Milchzucker) liefert als erstes Kohlenhydrat dem Baby sofort Energie. Milchzucker ist unentbehrlich für die Entwicklung des Gehirns und des zentralen Nervensystems. Zudem baut Laktose die Darmflora auf durch das Wachstum der Bifidusbakterien, die Voraussetzung für eine optimale Verwertung von Mineralstoffen wie Calcium sind.

Muttermilch enthält fast doppelt soviel Laktose wie Kuhmilch. Deshalb wird bei der Säuglingsnahrung auf Kuhmilchbasis ein höherer Zuckeranteil zugefügt. Der Mineralstoff- und Salzanteil ist bei Muttermilch wesentlich geringer als bei Kuhmilch.

Kohlenhydrate spielen auch als erste Beikost eine große Rolle. Geeignet sind natürliche Kohlenhydrate als Energielieferant Nr. 1, wie glutenfreie (klebereiweißfreie) Getreideflocken, Kartoffeln und Reis.

Alle Brotgetreidesorten wie z. B. Dinkel, Weizen oder Hafer enthalten Getreidestärke (Klebereiweiß), die das Baby erst ab dem 7. Monat als Flocken verdauen kann. Dieses Gluten kann bei einer noch nicht ausgereiften Darmschleimhaut sogar eine allergische Entzündung hervorrufen, die Zöliakie (s. S. 46).

Getreideflocken sind als Trockenprodukt (z.B. von Demeter oder Holle) zur Zubereitung von Milchbreien oder milchfreien Breien erhältlich. Achten Sie auf die Zutatenliste. Wenn Honig oder Datteln darin enthalten sind, lassen Sie die Packung besser im Regal stehen.

Kartoffeln sind reich an Aminosäuren, mehrfach ungesättigten Fettsäuren, Vitamin A, B1, B6, Mineralstoffen und Spurenelementen.

Naturreis enthält hochwertiges Eiweiß, Kohlenhydrate, B-Vitamine und Mineralstoffe.

Zucker nur in Form von frischem Obst

Raffinierter Zucker (Saccharose) und Ersatzzuckersorten verderben den Geschmackssinn des Babys, weil sie viel zu süß sind. Sie enthalten nur wertlose Kalorien, liefern weder Vitamine noch Mineral- und Ballaststoffe, stören die Darmflora und verursachen Karies. Bei Kindern mit Neurodermitis verstärkt Zucker Hautausschlag und Juckreiz. Zahnschädigend sind neben dem Haushaltszucker auch Malzzucker (Maltose, Maltodextrin), Glucose, Traubenzucker, Glucosesirup, Fructose, Fruchtzucker, Apfel- und Birnendicksaft sowie Honig. Achten Sie darauf, daß Breie aus der Tüte (Fertigmilchbreie, Frischmilchbrei) oder im Gläschen keinen Zucker enthalten. Honig ist mindestens ebenso süß wie Zucker. Obwohl Honig ein wertvolles naturbelassenes Süßungsmittel ist, sollte er dem Kind auch nicht vor dem 16. Monat gegeben werden.

Frisches Obst ist in der Breiphase das beste natürliche Süßungsmittel. Nach dem 1. Lebensjahr eignet sich zum Süßen am ehesten Rohrohrzucker (Naturkostladen), der noch Mineralstoffe, Vitamine und Aminosäuren enthält, oder tropfenweise Ahornsirup.

Hochwertige Fette und Öle

Die Muttermilch enthält etwa 4 Prozent Lipide. Damit entspricht der Fettgehalt, der sich übrigens täglich ändert, etwa 40 Prozent der Gesamtkalorienmenge und ist ideal auf die Bedürfnisse des Babys abgestimmt. Das Fett wird durch die Lipase, dem Enzym für die Fettverdauung, in Fettsäuren aufgespalten. Nur so kann es vom kindlichen Organismus optimal verwertet werden. Mit der ersten Beikost liefern Nahrungsfette dem kindlichen Körper zusätzliche Energie für den hohen Energiebedarf in der Wachstumsphase. Tierische Fette wie Butter enthalten Cholesterin, ein Fettbegleitstoff, der vor allem im 1. Lebensjahr dringend gebraucht wird. Außerdem enthalten Fette Lecithin, das vorwiegend in Soja enthalten ist, und verschiedene Aromastoffe. Die fettlöslichen Vitamine A, D, E, K und die essentiellen Fettsäuren Linol- und Linolensäure, die der Organismus selbst nicht herstellen kann, müssen in Form von mehrfach ungesättigten Fettsäuren aus hochwertigen pflanzlichen Ölen über die Nahrung aufgenommen werden. Als erstes Öl eignet sich sehr gut Maiskeimöl zum Anreichern von Breien, abwechselnd mit Sojaöl. Da dem Sojaöl das Sojaeiweiß entzogen ist, besteht keine Allergiegefahr. Zur Zubereitung der Gemüsegerichte empfehlen sich später kaltgepreßtes Distelöl, Sonnenblumenöl und Olivenöl aus erster Pressung.

Lebensnotwendiger Baustein Eiweiß

Eiweißstoffe oder Proteine bestehen aus 22 verschiedenen Aminosäuren, die als Bausteine des Körpergewebes für das Wachstum und für den Aufbau des Immunsystems unerläßlich sind. Bei einem Kind sind 10 Aminosäuren (beim Erwachsenen 8) lebensnotwendig, die das Baby im richtigen Verhältnis zueinander mit der Muttermilch erhält. Nach der Stillzeit muß das Kind sie über die Folgenahrung aufnehmen. Tierisches Eiweiß, wie z.B. die Eiweißstoffe der Kuhmilch oder des Hühnereis, wird vom Organismus zwar besser verwertet als pflanzliches Eiweiß, aber zu früh eingesetzt wirkt es als körperfremder Stoff, der das Immunsystem und den Stoffwechsel des Babys stören und allergische Reaktionen hervorrufen kann (s. S. 43 ff.).

Nach den Empfehlungen der Deutschen Gesellschaft für Ernährung (DGE) sollte die Ernährung vorwiegend pflanzliche Produkte beinhalten. Dabei kann der Anteil an Proteinen bereits durch geringe Mengen tierischen Eiweißes aufgewertet werden. Eine Ernährung auf rein pflanzlicher Basis ist möglich, wenn bestimmte Eiweißstoffe sich so ergänzen, daß eine hohe biologische Wertigkeit gewährleistet ist. Hochwertiges pflanzliches Protein enthalten Sojabohnen sowie Getreidearten wie Dinkel, Weizen, Gerste, Hafer, Roggen, Hirse, Mais und Reis in den Randschichten des Korns, ebenso Kartoffeln, jedoch in etwas geringeren Mengen. Auch Buchweizen, Sonnenblumenkerne und Nüsse sind relativ eiweißreich. Hochwertiges tierisches Protein liefern Nahrungsmittel wie Fleisch, Fisch, Milch und Milchprodukte sowie Eier.

Vitamine aus Obst und Gemüse

In den ersten 18 Lebensmonaten wächst Ihr Kind enorm. Sein Stoffwechsel läuft ständig auf Hochtouren. Deshalb sollte es optimal mit Vitaminen versorgt werden. Diese winzigen Vitalstoffe steuern die Stoffwechselvorgänge. Der Organismus kann sie aber nicht oder nur in geringen Mengen selbst bilden. Einige von ihnen werden vom kindlichen Körper gleich wieder ausgeschieden. Der Bedarf muß täglich ausreichend mit naturbelassener Nahrung gedeckt werden. Ein Mangel an nur einem dieser Zündstoffe fürs Wachstum beeinträchtigt den gesamten Stoffwechsel und kann zu bleibenden Schäden führen. Durch denaturierte Nahrungsmittel werden dem Körper essentielle Stoffe wie Vitamine, Mineralsalze, Enzyme und ungesättigte Fettsäuren sogar entzogen.

Die fettlöslichen Vitamine A, D, E und K kann der Körper gut speichern. Vorsicht vor zu hohen Dosierungen! Wasserlöslich sind die B-Vitamine, Vitamin C, die Bioflavonide und Biotin. Sie müssen dem Organismus ständig zugeführt werden.

Unter der Bezeichnung Vitamin F werden die ungesättigten Fettsäuren zusammengefaßt.

Im Vergleich zu Erwachsenen haben Babys und Kleinkinder einen erhöhten Vitaminbedarf. Babys, die voll gestillt werden, bekommen über die Muttermilch – wenn sich die Mutter ausgewogen ernährt – fast alle Vitamine, und zwar genau die Menge, die das Baby braucht.

Wenn Sie als Beikost im 2. Lebenshalbjahr Apfel, Birne, Karotte, Kürbis, Pastinake, Kartoffeln und Topinambur geben und noch dazu stillen, bekommt es alle wichtigen Vitamine.

Die wichtigsten Vitamine auf einen Blick

Vitamin A (Retinol) und Carotin, eine Vorstufe des Vitamins, benötigen Babys erst mit der ersten Beikost. Es wird für die Bildung von Immunglobulin A sowie für den Aufbau von Haut und Schleimhäuten und für das Wachstum gebraucht. Außerdem regeneriert es die Augen. Enthalten ist Carotin in Karotten, Grünkohl, Fenchelkraut, Tomaten und Aprikosen. Vitamin A kommt auch in Butter, Sahne, Milch, Eigelb, Fisch, Mais und Weizen vor.

Vitamin D ist wichtig für die Festigkeit der Knochen. Bei Kindern kann durch Mangelerscheinungen unzureichende Knochenerhärtung (Rachitis) und eine Verbiegung der belasteten Knochen die Folge sein. Muttermilch und Säuglingsanfangsnahrungen enthalten Vitamin D nur in geringen Mengen. Vitamin D wird vor allem unter Sonneneinstrahlung in der Haut gebildet. Deshalb bekommen alle Kinder die ersten beiden Winter täglich eine Vitamin-D-Tablette. Meist enthalten die Tabletten auch Fluorid, das die Zähne vor Karies schützt und den Knochenaufbau fördert. In Wasser oder in Muttermilch auf einem kleinen Löffel aufgelöst, wird es dem Kind verabreicht. Allergiegefährdete Kinder benötigen ein milcheiweißfreies Präparat. Später kann der Vitamin-D-Bedarf auch durch Pilze, Eigelb, Sahne, Käse und Fisch gedeckt werden.

Vitamin E (Tocopherol) ist unentbehrlich für den Fettstoffwechsel und schützt die ungesättigten Fettsäuren vor Zerstörung. Muttermilch und Säuglingsnahrung decken den Vitamin-E-Bedarf des Babys. Später wird das Kind am besten mit Vitamin E versorgt, wenn Sie mit kaltgepreßten Pflanzenölen kochen. Gute Quellen sind auch Brombeeren, Himbeeren, schwarze Johannisbeeren, Schwarzwurzeln, Rosenkohl, Wirsing, Lauch, Mandeln, Milch und Eier.

Vitamin K (Phyllochinon) ist wichtig für die Blutgerinnung. Einen geringen Vorrat an Vitamin K bringt das Baby bereits mit auf die Welt. Wenn es später Kuhmilch bekommt, wird das Vitamin auch durch Darmbakterien gebildet. Auch Blumenkohl, Rosenkohl, Spinat, Getreide, Milch, Milchprodukte, Eier, Fleisch und Fisch decken den Bedarf.

B-Vitamine sind in Muttermilch und Säuglingsnahrung reichlich enthalten:

Vitamin B1 (Thiamin) ist beteiligt beim Kohlenhydratstoffwechsel. Der Bedarf an Vitamin B1 steigt drastisch durch den Verzehr von zuckerhaltigen Nahrungsmitteln und Weißmehlprodukten. Gute Quellen sind später Schwarzwurzeln, Erbsen, Mais, Kartoffeln, Haferflocken, Weizenkeime, Reis, Buchweizen, Sojabohnen, Sesam, Sonnenblumenkerne, Fisch und Fleisch.

Vitamin B2 (Riboflavin) ist als Enzymbestandteil beteiligt am Eiweiß-, Fett- und Kohlenhydratstoffwechsel. Es ist wichtig für Haut, Schleimhäute und für den Sehvorgang. Der Bedarf wird am besten gedeckt durch Brokkoli, Champignons, Erbsen, Grünkohl, Rosenkohl, Mangold, Spinat, Petersilie, Kartoffeln, Vollkornprodukte, Buchweizen, Haferflocken, Milch, Milchprodukte, Eier, Geflügel und Fisch.

Niacin (Nicotinsäureamid, Nicotinsäure) ist als Enzymbestandteil bei Stoffwechselprozessen für die Energiegewinnung verantwortlich. Aus folgenden Nahrungsmitteln kann Niacin gebildet werden: Pilze, Vollkornbrot, Milch, Eier, Geflügel und Fisch.

Vitamin B6 (Pyridoxin) ist als Enzymbestandteil am Eiweißstoffwechsel beteiligt. Es ist unerläßlich für Nervensystem, Immunabwehr und Blutbildung. Das Vitamin ist enthalten in Hefe, Bananen, Holunderbeeren, Avocado, Blumenkohl, Brokkoli, Champignons, Erbsen, Rosenkohl, Spinat, Sojabohnen, Kartoffeln, Haferflocken, Hirse, Reis, Milch, Milchprodukten, Eiern und Geflügel.

Vitamin B12 (Cobalamin) ist wichtig für Blutbildung und Wachstum. Es ist enthalten in Keimlingen, Milch, Milchprodukten, Eiern und Fleisch.

Folsäure trägt zusammen mit Vitamin B12 entscheidend zur Bildung von roten Blutkörperchen bei. Außerdem wirkt Folsäure bei der Zellteilung mit. Hauptlieferanten sind Hefe, Banane, Honigmelone, Erdbeeren, Zitrusfrüchte, Brokkoli, Chinakohl, Rosenkohl, Wirsing, Spargel, rote Bete, Sojabohnen, Weizenkeime, Eier und Leber.

Biotin ist wichtig für den Kohlenhydrat- und Fettstoffwechsel. Außerdem wirkt es auf Haut und Haare. Biotin wird wie Vitamin K durch die Darmbakterien gebildet. Später läßt sich der Bedarf durch Nüsse, Pilze, Sojabohnen, Vollkornprodukte, Milch und Eier decken.

Vitamin C (Ascorbinsäure) stimuliert die Abwehrkräfte und ist bei Entgiftungsreaktionen beteiligt. Es sorgt für die Bildung von Bindegewebe, Knochen, Knorpeln und Zähnen. Zudem fördert es die Eisenaufnahme und die Wundheilung. Wenn sich die stillende Mutter Vitamin-C-reich ernährt, erhält das Baby über die Muttermilch genügend Vitamin C. Auch die Säuglingsnahrung ist mit Vitamin C angereichert. Mit der ersten Beikost wird das Baby durch Obst und Gemüse ausreichend mit Vitamin C versorgt. Besonders ergiebig kommt Vitamin C in Zitrusfrüchten, Kiwi, Hagebutten, schwarzen Johannisbeeren, Sanddornsaft, Fenchel, Kohlrabi, Rosenkohl, Grünkohl und Wirsing vor.

Wichtige Mineralstoffe und Spurenelemente

Mineralstoffe und Spurenelemente sind lebensnotwendige Grundbausteine unserer Nahrung. Sie werden für den reibungslosen Ablauf des Stoffwechsels als Funktionsstoffe (wie z.B. Vitamine, Hormone, Enzyme und Proteine) benötigt und dienen zum Aufbau von Gerüstsubstanzen in Knochen, Zähnen und Geweben. Der Organismus kann keinen Mineralstoff und kein Spurenelement selbst herstellen.

Essentielle Mineralstoffe sind Calcium, Eisen, Kalium, Iod, Magnesium und Natrium. Jeder Mineralstoff wirkt mit Vitaminen und den anderen Nährstoffen eng zusammen. Die meisten Mineralstoffe sind in frischen, naturbelassenen Lebensmitteln enthalten: Milchprodukte, Gemüse, Salate, Fisch, Fleisch, Butter und Öle.

Die wichtigsten Spurenelemente sind Chrom, Kupfer, Mangan, Selen, Silicium und Zink.

Calcium und Phosphor – die Aufbauminerale

Calcium ist bei allen Reaktionen des Immunsystems beteiligt. Der Baustein für die Bildung fester Knochen und guter Zähne hilft auch bei allergischen Veränderungen der Haut. In der Wachstumsphase sorgt die Calcium- und Phosphorzufuhr dafür, daß die Knochen eine möglichst hohe Dichte erhalten. Damit Calcium optimal verwertet werden kann, ist Vitamin D notwendig. Bei Calciummangel holt sich der Körper den fehlenden Baustein aus den Knochen. Dadurch können sich Knochen- und Gelenkkrankheiten entwickeln.

Einige frische Kräuter können fein gehackt als Calciumspender eingesetzt werden: Basilikum, Estragon, Majoran, Petersilie, Rosmarin, Salbei und Thymian. Weitere Calciumlieferanten sind: Brokkoli, Grünkohl, Kohlrabi, Lauch, Spinat, Sojabohnen, Nüsse (z.B. Mandeln) und Samen (sehr viel in Sesamsaat), Milch, Milchprodukte, Käse (am meisten in Parmesankäse) und Mineralwasser.

Phosphor ist enthalten in Gemüse, Kartoffeln, Getreide, Haferflocken, Hirse, Milch, Milchprodukten, Käse, Fleisch und Fisch.

Eisen stärkt die körpereigene Abwehr

Alle Babys zehren von dem Eisenvorrat, den sie von Geburt an von ihrer Mutter mitbekommen haben. Säuglingsanfangsnahrung und Muttermilch enthalten genügend Eisen, falls die Mutter keinen Eisenmangel hat. Ansonsten sollte die Mutter ihre Eisenreserven durch eine zusätzliche Eisengabe regulieren. Dabei resorbiert der Körper in der Regel nur so viel, wie gebraucht wird.

Eisen, der Baustein des roten Blutfarbstoffes, ist beteiligt an vielen Stoffwechselprozessen, u. a. am Aufbau des Gehirns. Es stärkt die körpereigenen Abwehrkräfte und macht widerstandsfähig gegen Krankheiten. Eisen wird in Kombination mit Vitamin C aus Fleisch besser aufgenommen als aus pflanzlichen Produkten. Gute pflanzliche Eisenlieferanten sind getrocknete Aprikosen, schwarze Johannisbeeren, Fenchel, Mangold, Spinat (der Eisengehalt ist lange nicht so hoch, wie er jahrelang überall veröffentlicht wurde; man hat sich tatsächlich um eine Kommastelle geirrt), Sojabohnen, Haferflocken, Vollkornbrot. Milch hemmt die Absorbierbarkeit des Mineralstoffs.

Fluorid – Schutz vor Karies

Fluorid garantiert die Stabilität von Knochen und Zähnen und schützt durch Härtung des Zahnschmelzes vor Karies. In Muttermilch ist wenig Fluorid enthalten. Eine zusätzliche Fluoridgabe wird bei allen Säuglingen in Kombination mit Vitamin D empfohlen. Salz wird inzwischen auch mit Fluor angereichert (nicht vor dem 1. Lebensjahr einsetzen!). Außerdem enthalten Kinderzahncremes, die allerdings nicht vor 2 Jahren verwendet werden sollten, Fluorid. Achten Sie darauf, daß die Fluoridgaben insgesamt nicht zu hoch werden.

Natrium, Chlorid und Kalium halten die Zellfunktionen aufrecht

Diese Mineralstoffe erhalten die Gewebespannung und koordinieren die Muskelkontraktionen und den Wasserhaushalt der Zellen. Natrium reguliert den Blutdruck. Kalium ist außerdem am Eiweißaufbau und an der Kohlenhydratverwertung beteiligt. Natrium ist wesentlicher Bestandteil des Kochsalzes und kommt fast in allen Nahrungsmitteln vor. Der Bedarf an Chlorid wird durch Kochsalz und Mineralwasser gedeckt. Lieferanten für Kalium sind Bananen, Aprikosen, Melonen, Nektarinen, Brokkoli, Grünkohl, Kohlrabi, Karotten, Sojabohnen, Kartoffeln, Fleisch, Milch, Käse und Mineralwasser.

Iod – ein lebenswichtiges Spurenelement

Das mit der Nahrung aufgenommene Iod wird im Dünndarm fast vollständig resorbiert und vor allem in der Schilddrüse gespeichert, die den Stoffwechsel reguliert. Iod fördert das Wachstum und die Entwicklung des kindlichen Organismus. Enthalten ist das Spurenelement in Brokkoli, Karotten, Grünkohl, Cashewkernen, Milch, Eiern, Fisch und iodiertem Speisesalz.

Magnesium – das Anti-Streß-Mittel aus der Natur
Magnesium ist der natürliche Gegenspieler des Calciums. Es hilft bei der Regulierung des Blutdrucks, beim Aufbau von Knochen und im Zusammenspiel von Nerven und Muskeln. Außerdem aktiviert es zahlreiche Enzyme und stärkt das Immunsystem. Magnesium ist enthalten in Bananen, Himbeeren, Brombeeren, Brokkoli, Rote Beten, Mais, Vollkornprodukten, Reis, Milch, Milchprodukten und Käse.

Selen – Schutzmineral für die Zellen
Selen ist als Enzymbestandteil unersetzlich für das Immunsystem. Enthalten ist es in Spargel, Kohlrabi, Vollkornbrot, Reis, Fisch und Fleisch.

Zink stärkt das Immunsystem
Muttermilch enthält wenig Zink, aber es wird vom Baby gut aufgenommen. Zink ist an vielen Stoffwechselvorgängen beteiligt und für Kinder im Wachstumsalter besonders wichtig. Es ist auch für das Haarwachstum und die Hautstruktur verantwortlich. Zudem stärkt es das gesamte Immunsystem. Nahrungsmittel, die Zink enthalten, sind: Brokkoli, Erbsen, Vollkornprodukte, Fisch, Rindfleisch, Milch, Milchprodukte und Käse.

Salz und Gemüsebrühextrakte

Grundsätzlich braucht das Baby im 1. Lebensjahr kein zusätzliches Salz. Spuren von Kochsalz sind sowohl in der Muttermilch als auch in jeder natürlichen Nahrung vorhanden. Genau diese Menge benötigt ein Säugling für seinen Stoffwechsel. Alles was darüber hinaus geht, belastet den kleinen Organismus. Verzichten Sie also im 1. Lebensjahr unbedingt auf Salz.

Kochsalz (Natriumchlorid) schädigt in zu hoher Konzentration die wichtigsten Stoffwechselsysteme im Körper. Überdies wird es vor allem durch stilles Mineralwasser aufgenommen. Nehmen Sie besonders natriumarmes Mineralwasser mit dem Zusatz »für die

Zubereitung von Säuglingsnahrung geeignet«. Bei fertigen Babybreien sollten Sie darauf achten, daß sie weniger als 120 mg/100 g Natrium enthalten. Erhöhter Konsum von konservierten Nahrungsmitteln überflutet den Organismus mit Kochsalz. Es wird, wie alle anderen überflüssigen Mineralstoffe, ausgeschieden und das führt zur Überlastung der kindlichen Nieren. Im 2. Lebensjahr kann Meersalz oder Kräutersalz mit reduziertem Kochsalzgehalt sparsam verwendet werden. Beide Salzarten wirken auf den Mineralstoffhaushalt des Körpers besser als das reine Speisesalz.

Auch an Gewürze muß sich das Baby erst gewöhnen. Geben Sie deshalb nicht vor dem 10. Monat frische, feingehackte Kräuter an die Speisen.

Ebenso wie bei Zucker tritt bei Salz ein Gewöhnungseffekt ein. Alle Rezepte bis zum 12. Monat enthalten aus diesem Grund keine Angaben für Salz oder Zucker. Würzmittel, wie Gemüsebrühextrakte (nur vom Naturkostladen oder vom Reformhaus), sollten frühestens ab dem 9. Monat verwendet werden.

Durststillende Getränke

Abgekochtes Trinkwasser oder stilles Mineralwasser

Normalerweise braucht das Baby in den ersten 5 bis 6 Monaten zusätzlich zur Muttermilch oder zur Säuglingsmilch keine Flüssigkeit. Manche Geburtskliniken geben bei einer Neugeborenengelbsucht dem Säugling Tee. Bei Fieber oder bei heißem Wetter gleicht abgekochtes Trinkwasser oder stilles Mineralwasser den Flüssigkeitsverlust durch starkes Schwitzen aus.

Mit Beginn des Breialters wollen gestillte Babys gern aus einem Glas trinken. Geben Sie ihm vor oder nach dem Essen abgekochtes Wasser oder kohlensäurefreies Mineralwasser in einem Becher mit Schnabel und lassen Sie es seine ersten Versuche damit anstellen. Bieten Sie Ihrem Kind immer zuerst Wasser an, wenn es etwas trinken will; später können es auch Tee oder mit Wasser verdünnte Obstsäfte sein.

Säuglinge reagieren empfindlich auf erhöhte Nitratgehalte im Trinkwasser. Wenn Leitungswasser nicht mehr als 20 mg Nitrat pro Liter enthält, ist das Wasser unbedenklich. Der offizielle Grenzwert liegt bei 50 mg pro Liter. Sie können die genauen Werte bei Ihrem Wasserwerk erfragen oder mit einem Teststreifen selbst prüfen. Bei erhöhtem Nitratgehalt sollten Sie auf Mineralwasser zurückgreifen.

Folgende Grenzwerte an Natrium und Nitrat sind für Mineralwässer mit dem Zusatz »für die Zubereitung von Säuglingsnahrung geeignet« erlaubt: für Natrium höchstens 20 mg pro Liter, für Nitrat maximal 10 mg pro Liter. Die Höchstmenge für Nitrit beträgt 0,02 mg, für Fluorid 1,5 mg und für Mangan 0,2 mg.

Im 1. Lebensjahr nur ungezuckerter Tee

Absolut tabu sind gezuckerte Instant-Tees, die in der Flasche gegeben den Zahnschmelz der ersten Zähne zerstören können. Verwenden Sie als ersten Tee frisch gebrühten, ungesüßten Fencheltee aus der Apotheke oder löslichen Baby-Fenchel-Tee (ohne Eiweiß!), die beide bei Magen-Darm-Störungen helfen. Lauwarm getrunken, wirkt Fencheltee ebenso wie Anis- oder Kümmeltee beruhigend bei Blähungen und stillt den Durst ohnehin besser als gesüßte Instant-Tees. Ab dem 6. Monat eignen sich auch Kümmel-Fenchel-Anis-Tee, den es fertig gemischt zu kaufen gibt, oder Kamillentee.

Beachten Sie, daß Kräutertees immer eine Heilwirkung haben, deshalb sollten Babys nur ganz geringe Dosierungen erhalten. Außerdem können Anis, Fenchel und Kamille allergen wirken. Testen Sie die einzelnen Teesorten auf ihre Verträglichkeit.

Teezubereitung
1/4 TL Fenchel- oder Anissamen (bzw. 1 Msp. Kümmelsamen) leicht zerstoßen. 125 ml Wasser 1–2 Min. sprudelnd kochen und über die Samen gießen. Etwa 10 Min. ziehen lassen, abseihen und 30 ml vor der Mahlzeit geben oder der Flaschennahrung zusetzen.

Warnung!
Geben Sie Ihrem Kind auf keinen Fall zuckerhaltige Früchtetees oder Kindertees aus dem Fläschchen. Diese Pulvertees können das Milchgebiß zerstören. An dem »Nursing Bottle Syndrom« mit folgenreichem Karies-Fraß an den Milchzähnen erkranken 6 bis 7 Prozent jedes Geburtsjahrgangs. Durch die neue Warnung auf den Verkaufsdosen, »Dauernuckeln« an teegefüllten Babyfläschchen könne »zu schweren Karies-Schäden führen«, sind sich offenbar die Babynahrungshersteller im klaren, daß ihr Tee dem kindlichen Konsumenten schaden kann.

Teemischungen ab dem 1. Lebensjahr

Hat Ihr Kind den 1. Geburtstag schon gefeiert, dann können Sie weitere Teesorten aus der Apotheke zusammenstellen lassen: Als Grundtee nehmen Sie 20 g Himbeertee und 10 g Brombeertee. Folgende Mischungen passen dazu:

- 10 g getrocknete Pfefferminzblätter und 10 g Hagebuttenschalen;
- 10 g Hagebuttenschalen und 10 g Hibiskus;
- 10 g Melissenblätter, 5 g Kamillenblüten und 5 g Lindenblüten.

1 gestrichenen TL der einzelnen Mischungen in eine Teekanne geben. 250 ml Wasser sprudelnd kochen lassen und die Teeblätter damit übergießen, etwa 5 Min. ziehen lassen, danach abseihen.

Wenn der Tee etwas abgekühlt ist, eventuell einige Tropfen Zitronensaft hinzufügen oder mit 1 Msp. Honig süßen.

Säfte nur frisch gepreßt

Wenn Sie selbst Säfte herstellen, wissen Sie, welches Obst Sie dafür verwenden (heimische Früchte aus biologisch-kontrolliertem Anbau). Frisch gepreßte Säfte sollten immer mit Wasser verdünnt werden. Gekochter Saft ist anfangs besser verträglich als roh gepreßter, enthält dagegen weniger Vitamine. Geben Sie dem Baby keine zucker- und fruchtsäurehaltigen Getränke. Auch auf sogenannte Kinderfruchtsäfte können Sie getrost verzichten. Zum Durstlöschen sind Säfte sowieso nicht geeignet, sie machen eher satt. In Saftform nimmt Ihr Kind eine konzentrierte Ansammlung von Früchten auf, die es sonst in dieser Menge niemals essen würde. Deshalb ist es besser, das Kind nicht unbedingt an Saft als tägliches Getränk zu gewöhnen. Lassen Sie Ihr Kind vor oder nach dem Essen Wasser trinken. Trinkt es während des Essens, wird der Appetit geschwächt und die Verdauung gehemmt. Geben Sie hin und wieder einen Saft (z.B. Karottensaft mit Wasser verdünnt) statt einer Zwischenmahlzeit. In geringen Mengen verbessert Saft die Eisenaufnahme.

Mit dem Baby im Urlaub

Wenn Sie mit Ihrem Wickelkind Urlaub machen wollen, erfordert dies zwar etwas mehr Planung, aber Sie können mit Ihrem Allerkleinsten ohne Streß die schönsten Wochen des Jahres genießen. Das Baby sollte mindestens vier Monate alt sein, bevor es seine erste Reise antritt.

Achten Sie bei allen Transportmitteln, ganz gleich ob Sie Bahn, Auto oder Flugzeug wählen, darauf, daß die Anreise in die Schlafenszeit des Kindes fällt. Im Auto schläft der Säugling bei einer Nachtfahrt meist durch. Die meisten Fernzüge haben Sonderabteile für Eltern mit Kleinkindern bzw. Schlafwagen. Bei Flugreisen erhalten Mütter mit Babys einen speziellen Platz (rechtzeitig einchecken!) mit Schlafmöglichkeit fürs Baby. Der Druckausgleich im Mittelohr ist bei Starts und Landungen bei Babys und erkälteten Kindern besonders schmerzhaft. Stillen Sie Ihr Baby oder geben ihm das Fläschchen oder den Sauger und dem Kleinkind etwas zum Kauen, damit das Schlucken angeregt wird.

Es gibt inzwischen Ferienziele mit Säuglings-Service und babygerechten Unterkünften, weil sich viele Hotels auf den zunehmenden Baby-Tourismus eingestellt haben. Bei solchen Ferienquartieren dürfte es kein Problem sein, Flaschen und Sauger für Flaschenkinder, die noch keine sechs Monate alt sind, steril zu halten. Wer allerdings auf eigene Faust reist, muß sich entsprechende Utensilien mitnehmen. Hochstühle und Kinderbetten stehen in den meisten kinderfreundlichen Hotels zur Verfügung.

Völlig unkompliziert ist ein Ferienaufenthalt, wenn die Mutter ihr Baby voll stillt und noch nicht zufüttert.

Das Klima des Urlaubsgebietes sollte möglichst gemäßigt sein. Fahren Sie dennoch ans Meer oder ins Hochgebirge, dann fragen Sie den Kinderarzt, ob Ihr Baby dieses Reizklima verträgt.

Allein durch die Klimaumstellung kann Durchfall bei Kindern auftreten. Damit der Ortswechsel für das Baby erträglich bleibt, empfiehlt es sich erst einmal bei der gewohnten Babykost zu bleiben, bis sich das Kind nach etwa einer Woche an die neue Umgebung gewöhnt hat. Packen Sie die Säuglingsmilch Ihres Babys in ausreichender Menge ein.

Wenn das Kind schon Breikost bekommt, sollten Sie Instant-Getreideflocken und Reisflocken mitnehmen, die Sie mit abgekochtem, warmem Mineralwasser anrühren. Grundsätzlich verwenden Sie für die Flaschen- und Breizubereitung im Urlaub nur Mineralwasser. In manchen Staaten, wie z.B. im Osten der USA, ist das Wasser sehr stark chloriert. Dort gibt es dann in großen Plastikbehältern Mineralwasser zu kaufen, das Sie in einer Ferienwohnung auch zum Kochen verwenden sollten. Das gleiche gilt auch für die Mittelmeergebiete (z.B. Mallorca), wenn Sie einem möglichen Durchfall vorbeugen wollen.

Nehmen Sie auf jeden Fall »Oralpädon«, eine Elektrolytlösung für Kinder, mit in die Reiseapotheke. Das hilft bei Durchfall den gefährlichen Flüssigkeitsverlust auszugleichen. Flaschenkinder sollten dann statt ihrer üblichen Säuglingsnahrung eine Heilnahrung erhalten (nicht bei Allergiekindern). Ein einfaches Hausmittel gegen Durchfall ist zerdrückte Banane oder geriebener Apfel, falls das Baby schon Beikost bekommt. Apfelsaft dagegen fördert den Durchfall.

Stecken Sie unbedingt eine Glas- oder Plastikreibe mit ins Reisegepäck, damit Sie unterwegs wenigstens einen Apfel (unbehandelte Äpfel eventuell mitnehmen) in den Getreidebrei reiben können, oder Sie verwenden Obstgläschen. Bananen sind überall erhältlich.

Beim Gemüse-Kartoffel-Brei wird es schon schwieriger. Wenn Sie sich selbst versorgen, können Sie Gemüse-Kartoffel-Brei, Reis oder Nudeln – je nach Ferienland mit Mineralwasser – selbst zubereiten, allerdings sollten Sie darauf achten, daß Sie ungespritzte Zutaten erhalten. Wenn das im Urlaub zu aufwendig ist, können Sie das Baby auch mit Gläschen füttern, die es in jedem Land zu kaufen gibt.

Wer in Italien Ferien macht und in einem Hotel untergebracht ist, wo die Gastwirtin noch selbst die Nudeln macht, kann sein 9- bis 10monatiges Baby auch einmal mit Butter-Tagliatelle füttern. Man ist dort auch gerne bereit, Kartoffeln oder Karotten pur – also ohne Salz – extra fürs Kind zuzubereiten. Darüber etwas heiße Butter oder einige Tropfen vom allerbesten Olivenöl träufeln. Ihr Kind wird das Mahl im Hochstuhl genießen.

Ist das Kind schon über ein Jahr alt, empfiehlt es sich, zum Frühstück eine Haferflockenmischung im Schraubglas mitzunehmen, z.B. das Vierwochen-Müsli (s. S. 195).

Vor zuviel Sonne müssen Sie Ihr Kind unbedingt schützen. Gerade in den ersten 12 Monaten sollten Sie die empfindliche Haut Ihres Kindes nicht mit Sonnenschutzmitteln belasten. Nutzen Sie den einfachsten und wirksamsten Sonnenschutz: sonnendichte Baumwollkleidung und Schatten.

Zeig her deine Zähnchen!

Mit sechs bis acht Monaten blitzt meist das erste Schneidezähnchen im Unter- oder Oberkiefer Ihres Babys. Die ersten Backenzähne brechen dann nach dem 1. Geburtstag durch. Wenn die Eckzähne kommen, ist Ihr Kind wahrscheinlich knapp 1 1/2 Jahre, mit 2 1/2 Jahren ist das kindliche Gebiß mit 20 Milchzähnen vollständig.

Genauso unregelmäßig wie bei den einzelnen Babys die Beißerchen durchbrechen, so individuell verschieden ist die Schmerzempfindung beim Zahnen. Viele Babys sind unruhig, schreien viel und sind anfällig gegen Infekte, manche kriegen ihre Zähne mit Durchfall oder Fieber, wieder andere bekommen Hautausschläge.

Die Gebißbildung beginnt schon beim Stillen. Ein Baby, das an der Brust saugt, trainiert seine Muskeln und fördert damit die Kieferentwicklung optimal. Die Zahnreihen werden ebenmäßig gebildet. Flaschenkinder brauchen später eher Zahnregulierungen wegen Kieferverformungen, weil das Trinken aus der Flasche einfacher ist als das Saugen an der Brust. Oft haben die bleibenden Zähne keinen Platz im Zahnbogen des Oberkiefers. Deshalb muß die Öffnung im Sauger möglichst klein sein, wenn Ihr Baby aus der Flasche trinkt. Die Flaschenmahlzeit sollte auf höchstens 20 Minuten begrenzt sein, sonst kann die Babynahrung schon früh die Zähne schädigen. Dabei umspülen die Getränke die Frontzähne und waschen den natürlichen Speichelschutz von den Zähnen. Auch Dauernuckeln an gesüßtem Tee oder gezuckertem Frucht- oder Karottensaft macht die Zähne kaputt. Bei Muttermilch taucht dieses Problem erst gar nicht auf. Gestillte Kinder trinken schon früh ungesüßte Tees, Leitungswasser oder stilles Mineralwasser aus dem Becher.

Beim Zahnen wird die Speichelproduktion angeregt. Der Speichel schützt die Zähnchen und neutralisiert die Kariessäuren. Sind die beiden ersten Schneidezähne durch, dann genügt es, diese alle 2 bis 3 Tage mit einem nassen Mulläppchen abzuwischen.

Wattestäbchen eignen sich deshalb nicht, weil der Kunststoff unter der Watte den zarten Zahnschmelz leicht zerkratzen kann. Wenn Ihr Kind selbst zu löffeln beginnt, sollten sie ihm die erste Babyzahnbürste mit Gumminoppen in die Hand geben, auf der es spielerisch herumkaut, während Sie sich selbst die Zähne putzen. Durch Ihr Vorbild lernt es, mit der Zahnbürste richtig umzugehen. Wenn es dann mit 1 1/2 Jahren die erste Kinderzahnbürste mit weichen Borsten erhält, putzen Sie ihm auf dem Schoß die Zähne, zunächst ohne Kinderzahnpasta (Fluoridgehalt höchstens 0,025 Prozent), bis es gelernt hat, richtig zu spülen und auszuspucken. Bei seinen Putzversuchen wird es noch genügend Zahncreme verschlucken.

Machen Sie morgens und abends ein regelmäßiges Ritual aus dem mindestens 3minütigen Zähneputzen und erzählen Sie immer wieder die Geschichte von Karius und Baktus, zwei Winzlingen, die große Löcher in die Zähne hacken und starke Zahnschmerzen verursachen. Wenn Ihr Kind einen Keks bekommt, sollten Sie gleich danach seine Zähne putzen, damit es rechtzeitig lernt, daß nach dem Essen von Süßigkeiten die Zähne gereinigt werden. Und kaufen Sie Ihrem Kind alle 2 bis 3 Monate eine neue Zahnbürste.

Ernährungsplan für Babys vom 6. bis zum 12. Monat

Hier finden Sie Tagespläne für die verschiedenen Mahlzeiten des Tages ab dem 6. bis zum 12. Monat. Diese Vorschläge gelten für jeweils eine Woche. Die Reihenfolge kann selbstverständlich auch ausgetauscht und dem Tagesablauf innerhalb der Familie angepaßt werden. Die Rezepte dazu finden Sie im Großen Rezeptteil ab S. 77.

6. Monat

Wenn Sie den 6. oder sogar den 7. Monat voll stillen wollen, brauchen Sie nichts zuzufüttern. Tagsüber wird Ihr Baby alle 2 1/2 bis 3 Stunden Hunger haben, nachts werden Sie es ein- bis zweimal anlegen müssen. Flaschenkinder brauchen ab dem 6. Monat die erste Beikost. Stillkinder füttert die Mutter nach Appetit des Babys.

Erste Mahlzeit
Muttermilch nach Bedarf oder 220 ml Säuglingsmilch.

Zweite Mahlzeit
1. Woche: 2–3 TL Karottenmus oder Kürbispüree zur Flaschen- oder Stillmahlzeit;
2. Woche: 50 g Karottenmus oder Kürbispüree;
3. Woche: 50 g Karottenmus oder Kürbispüree;
4. Woche: 100 g Karotten-Pastinaken-Mus oder Kürbispüree mit 50 g Kartoffelschnee oder Topinamburpüree;
dazu ab der 2. Woche jeweils 10 g (1 EL) Maiskeim- oder Sojaöl (3 x pro Woche) bzw. 10 g Butter (4 x pro Woche), eventuell 1 x pro Woche mit 20 g Putenfleisch anreichern.

Dritte Mahlzeit
Muttermilch nach Bedarf oder 220 ml Säuglingsmilch.

Vierte Mahlzeit
Muttermilch nach Bedarf oder 220 ml Säuglingsmilch.
Statt Säuglingsmilch kann für Flaschenkinder bei Verträglichkeit Milch-Getreide-Brei eingeführt werden.
Zur Muttermilch:
1. Woche: Reisflockenbrei mit Apfelmus;
2. Woche: Reisflockenbrei mit Apfel;
3. Woche: Reisflockenbrei mit Birne;
4. Woche: Bananen-Reis-Brei.

7. Monat

Erste Mahlzeit
Muttermilch nach Bedarf oder 240 ml Säuglingsmilch.

Zweite Mahlzeit
1. Woche: 100 g Karotten-Pastinaken-Mus oder Kürbispüree mit 50 g Kartoffelschnee oder Topinamburpüree;
2. Woche: 100 g Zucchinigemüse mit 50 g Kartoffelschnee;
3. Woche: 100 g Karottenmus oder Kürbispüree mit 50 g Kartoffelschnee;
4. Woche: 100 g Karotten-Pastinaken-Mus mit 50 g Kartoffelschnee oder 150 g Topinambur-Pastinaken-Püree;
dazu jeweils 10 g (1 EL) Maiskeim- oder Sojaöl (3 x pro Woche) bzw. 10 g Butter (4 x pro Woche), eventuell 1 x pro Woche mit 25 g Putenfleisch anreichern.

Dritte Mahlzeit
Muttermilch nach Bedarf oder 240 ml Säuglingsmilch.

Zur Muttermilch:
1. Woche: 2 TL Apfelmus;
2. Woche: 2 TL frisch geriebener Apfel;
3. Woche: Bananenmus;
4. Woche: Zwieback mit Birnenmus.

Vierte Mahlzeit
Flaschenkinder: Milch-Getreide-Brei.
Zur Stillmahlzeit:
1. Woche: Reisflockenbrei mit Birne;
2. Woche: Schmelzflockenbrei;
3. Woche: Dinkelflockenbrei;
4. Woche: Porridge.

8. Monat

Erste Mahlzeit
Muttermilch nach Bedarf oder 240 ml Säuglingsmilch.

Zweite Mahlzeit
1. Woche: 100 g Brokkoligemüse mit 50 g Kartoffelschnee;
2. Woche: 100 g Kürbispüree mit 50 g Kartoffelschnee;
3. Woche: 100 g Zucchinigemüse mit 50 g Kartoffelschnee;
4. Woche: 150 g Topinambur-Pastinaken-Püree;
dazu jeweils 10 g (1 EL) Maiskeim-, Sonnenblumen- oder Sojaöl (3 x pro Woche) bzw. 10 g Butter (4 x pro Woche), eventuell 1 x pro Woche mit 30 g Putenfleisch anreichern.

Dritte Mahlzeit
Muttermilch nach Bedarf und/oder milchfreier Getreidebrei aus Getreideflocken und Obstmus.

Vierte Mahlzeit
Flaschenkinder: Milch-Getreide-Brei.

Zur Stillmahlzeit:
1. Woche: Siebenkornbrei;
2. Woche: Schmelzflockenbrei;
3. Woche: Dinkelflockenbrei;
4. Woche: Porridge.

9. Monat

Erste Mahlzeit
Muttermilch nach Bedarf oder 240 ml Säuglingsmilch.

Zweite Mahlzeit
1. Woche: 120 g Kohlrabigemüse mit 60 g Kartoffelschnee;
2. Woche: 120 g Brokkoligemüse mit 60 g Kartoffelschnee;
3. Woche: 120 g Fenchelgemüse mit 60 g Kartoffelschnee;
4. Woche: 120 g Karotten-Pastinaken-Mus mit 60 g Kartoffelschnee oder 180 g Topinambur-Pastinaken-Püree;

dazu jeweils 10 g (1 EL) Maiskeim-, Sonnenblumen- oder Sojaöl (3 x pro Woche) bzw. 10 g Butter (4 x pro Woche), eventuell 1 x pro Woche mit 30 g Puten- oder Rindfleisch anreichern.

Dritte Mahlzeit
Muttermilch nach Bedarf und/oder
milchfreier Getreidebrei aus Getreideflocken und Obstmus.

Vierte Mahlzeit
Flaschenkinder: Milch-Getreide-Brei.
Zur Stillmahlzeit:
1. Woche: Reisflockenbrei mit Apfel;
2. Woche: Schmelzflockenbrei;
3. Woche: Dinkelflockenbrei;
4. Woche: Dinkelgrießbrei mit Aprikosenmus.

10. Monat

Erste Mahlzeit
Muttermilch nach Bedarf oder 4 x pro Woche 250 ml Säuglingsmilch und 3 x pro Woche nach Verträglichkeit 150 g Vollmilch (3,5 % Fett);
dazu 3 x pro Woche 25 g feines Dinkel- oder Weizenvollkornbrot mit 5 g Butter.

Zwischenmahlzeit
Wahlweise:
20 g Vollkornzwieback oder Reiswaffeln;
25 g Dinkelbrötchen mit 5 g Butter;
50 g Apfel, frisch gerieben oder entsaftet;
50 g Banane;
10 g Getreideflocken mit 50 g Obst der Saison.

Zweite Mahlzeit
1. Woche: 120 g Blumenkohl- oder Brokkoligemüse mit 60 g Kartoffelschnee;
2. Woche: 120 g Kürbis-Karotten-Gemüse mit 60 g Kartoffelschnee;
3. Woche: 120 g Blattspinat mit 60 g Kartoffelschnee;
4. Woche: 120 g Kohlrabigemüse mit 60 g Kartoffelschnee;
dazu jeweils 10 g (1 EL) Maiskeim-, Sonnenblumen- oder Sojaöl (3 x pro Woche) bzw. 10 g Butter (4 x pro Woche), eventuell 1 x pro Woche mit 35 g Puten- oder Rindfleisch anreichern.

Zwischenmahlzeit
Wahlweise:
20 g Vollkornzwieback oder Reiswaffeln;
25 g Dinkelbrötchen mit 5 g Butter;
50 g Apfel, frisch gerieben oder entsaftet;
50 g Banane;
10 g Getreideflocken mit 50 g Obst der Saison.

Dritte Mahlzeit
Flaschenkinder: 4 x pro Woche Milch-Getreide-Brei und 3 x pro Woche 25 g feines Dinkel- oder Weizenvollkornbrot mit 5 g Butter oder Frischkäse, 150 g Vollmilch (3,5 % Fett) und 50 g Obst der Saison.
Zur Stillmahlzeit wahlweise:
Vollreis-Grieß-Brei mit Birnensaft;
Vollreisbrei mit Kulturheidelbeeren;
Dinkelflockenbrei;
Weizenvollgrießbrei mit Brombeersaft.

11. Monat

Erste Mahlzeit
Muttermilch nach Bedarf oder 4 x pro Woche 250 ml Säuglingsmilch und 3 x pro Woche 150 g Vollmilch (3,5 % Fett);
dazu 3 x pro Woche 25 g feines Dinkel- oder Weizenvollkornbrot mit 5 g Butter.

Zwischenmahlzeit
Wahlweise:
20 g Vollkornzwieback oder Reiswaffeln;
25 g Dinkelbrötchen mit 5 g Butter;
50 g Apfel, frisch gerieben oder entsaftet;
50 g Banane;
10 g Getreideflocken mit 50 g Obst der Saison.

Zweite Mahlzeit
1. Woche: 120 g Blumenkohl- oder Brokkoligemüse mit 60 g Kartoffelschnee;
2. Woche: 120 g Viererlei Gemüse mit 60 g Kartoffelschnee;
3. Woche: 120 g Blattspinat mit 60 g Kartoffelschnee;
4. Woche: 120 g Karotten-Pastinaken-Mus mit 60 g Kartoffelschnee oder 180 g Topinambur-Pastinaken-Püree;

dazu jeweils 10 g (1 EL) Maiskeim-, Sonnenblumen- oder Sojaöl (3 x pro Woche) bzw. 10 g Butter (4 x pro Woche), eventuell 1 x pro Woche mit 35 g Puten- oder Rindfleisch anreichern.

Zwischenmahlzeit
Wahlweise:
20 g Vollkornzwieback oder Reiswaffeln;
25 g Dinkelbrötchen mit 5 g Butter;
50 g Apfel, frisch gerieben oder entsaftet;
50 g Banane;
10 g Getreideflocken mit 50 g Obst der Saison.

Dritte Mahlzeit
Flaschenkinder: 4 x pro Woche Milch-Getreide-Brei und 3 x pro Woche 25 g feines Dinkel- oder Weizenvollkornbrot mit 5 g Butter oder Frischkäse, 150 g Vollmilch (3,5 % Fett) und 50 g Obst der Saison.
Zur Stillmahlzeit wahlweise:
Ungekochter Haferflockenbrei;
Vollreisbrei mit Kulturheidelbeeren;
Dinkelflockenbrei;
Weizenvollgrießbrei mit Aprikosenmus.

12. Monat

Erste Mahlzeit
Muttermilch nach Bedarf oder 4 x pro Woche 250 ml Säuglingsmilch und 3 x pro Woche 150 g Vollmilch (3,5 % Fett);
dazu 3 x pro Woche 25 g feines Dinkel- oder Weizenvollkornbrot mit 5 g Butter.

Zwischenmahlzeit
Wahlweise:
20 g Vollkornzwieback oder Reiswaffeln;

25 g Dinkelbrötchen mit 5 g Butter;
50 g Apfel, frisch gerieben oder entsaftet;
50 g Banane;
10 g Getreideflocken mit 50 g Obst der Saison.

Zweite Mahlzeit
1. Woche: 120 g Fenchel-Bleichsellerie-Sauce mit 60 g Pellkartoffeln;
2. Woche: 120 g Viererlei Gemüse mit 60 g Dämpfkartoffeln;
3. Woche: 120 g Spargel mit 60 g Kartoffelbrei mit Spargelsud;
4. Woche: 120 g Kürbis-Karotten-Gemüse mit 60 g Kartoffelschnee;
dazu jeweils 10 g (1 EL) Maiskeim-, Sonnenblumen- oder Sojaöl (3 x pro Woche) bzw. 10 g Butter (4 x pro Woche), eventuell 1 x pro Woche mit 35 g Puten- oder Rindfleisch anreichern.

Zwischenmahlzeit
Wahlweise:
20 g Vollkornzwieback oder Reiswaffeln;
25 g Dinkelbrötchen mit 5 g Butter;
50 g Apfel, frisch gerieben oder entsaftet;
50 g Banane;
10 g Getreideflocken mit 50 g Obst der Saison.

Dritte Mahlzeit
Flaschenkinder: 4 x pro Woche Milch-Getreide-Brei und 3 x pro Woche 25 g feines Dinkel- oder Weizenvollkornbrot mit 5 g Butter oder Frischkäse, 150 g Vollmilch (3,5 % Fett) und 50 g Obst der Saison.
Zur Stillmahlzeit wahlweise:
Vollkornbrei;
Vollreisbrei mit Brombeeren;
Dinkelflockenbrei;
Dinkelgrießbrei mit Himbeersaft.

Großer Rezeptteil

Praktische Hinweise zu den Rezepten

Achten Sie beim Einkauf von Lebensmitteln für Babys und Kleinkinder auf die allerbeste Qualität. Es empfiehlt sich, vieles im Reformhaus (z.B. Vollkorn-Säuglingsnahrung, Getreideflocken, Vollgrieß, Vollkornmehl, Pflanzenöle) oder im Naturkostladen (z.B. Getreidekörner, Naturreis, Polenta, Hirse, Mandelmus, Tahin/Sesammus, Rohrohrzucker, Vollreismalz) zu besorgen. Das in den Rezepten verwendete Vollkornmehl können Sie, wenn Sie eine Getreidemühle haben, selbst mahlen oder im Naturkostladen frisch mahlen lassen. Ganze Getreidekörner lassen sich zwei Jahre lagern, Getreideflocken und gekaufter Schrot in der Originalverpackung höchstens 6 Monate, frisch gemahlenes Mehl maximal 14 Tage.

Verwenden Sie im 1. Lebensjahr – je nach Jahreszeit – nur frisches Obst und Gemüse aus kontrolliert-biologischem Anbau. Durch lange Lagerung und Vorratshaltung verlieren die frischen Produkte erheblich an Nährstoffen, Mineralstoffen und Vitaminen. Treibhausware ist weniger gehaltvoll und meist stärker mit Nitrat und Schadstoffen belastet als Freilandware. Auch bei der Auswahl an frischen Kräutern richten Sie sich nach der Jahreszeit.

Die Wassermengen sind für Beikostspeisen exakt angegeben. Beim Kochen von Gerichten im Kleinkindalter sind sie nicht mehr einzeln aufgeführt, nur dort, wo die Wassermenge eine wichtige Rolle spielt.

Bei den einzelnen Gerichten werden die Zeiten fürs Quellen, Garen, Ruhen und Backen angegeben, Zubereitungszeiten sind nicht gesondert ausgewiesen.

Die Abfolge der Mahlzeiten richtet sich individuell nach dem Tagesablauf einer Familie. Da die Mutter in vielen Fällen mit ihrem Kleinsten zur Mittagsmahlzeit allein oder zusammen mit einem Geschwisterkind ißt, sind die meisten Rezepte nur für 1 Erwachsenen und 1 Kind ausgerichtet. Denn sowohl die stillende Mutter als auch das zu fütternde Baby benötigen zur Mittagsmahlzeit ausreichend Nährstoffe. Brei- und Flaschenmahlzeiten sowie Obst, Mus, Kompotte und Zwischenmahlzeiten sind – wenn nicht anders angegeben – für 1 Baby oder für 1 Kinderportion berechnet. Dabei ist zu berücksichtigen, daß je nach Konstitution des Kindes der Appetit und Energiebedarf unterschiedlich groß ist. Bei etwas komplizierteren Gerichten gilt die Menge für 2 Erwachsene und 2 Kinder.

Unentbehrliche Geräte

Unentbehrlich für den Anfang ist eine Glas- oder Plastikreibe. Apfel und Birne werden stets frisch gerieben. Gegartes Erstgemüse püriert man am besten mit einem Pürierstab, in einer Moulinette oder im Mixer-Aufsatz einer Küchenmaschine. Rohes Gemüse läßt sich blitzschnell kleinschneiden auf einer Gemüsereibe oder einem Gemüsehobel mit verschieden großen Einsätzen. Je feiner es geraspelt wird, umso kürzer sind die Garzeiten. Statt einer Rohkostreibe kann auch der Durchlaufschnitzler einer Küchenmaschine (z.B. bei Kartoffeln für Reibekuchen) eingesetzt werden. Für das haarfeine Zerkleinern von Kräutern ist eine Kräuter-Moulinette ideal. Als Kochgeschirr empfiehlt sich ein Emailletopf. Das Gemüse läßt sich schonend dünsten im Dämpfeinsatz. Wenn das Baby rohes Obst oder Gemüse verträgt, lohnt sich auch ein Entsafter. Für Vollwertkost mit frisch gemahlenem Getreide wäre die Anschaffung einer Getreidemühle zu überlegen. Ein Blitzhacker leistet gute Dienste, wenn es ums Zerkleinern von Körnern oder Nüssen geht.

Vorratsküche

Bei der Zubereitung des Gemüsebreis können Sie den Arbeitsaufwand verringern, indem Sie mehrere Breiportionen auf einmal kochen.

Teilen Sie die gesamte Gemüsemenge nach dem Pürieren in Tagesportionen auf und füllen Sie diese ungemischt in Gläschen oder in Koch-Gefrierbeutel ein, verschließen diese möglichst luftdicht und frieren sie ein. Im Kühlschrank kann vorgekochtes Gemüse einen Tag aufbewahrt werden.

Das Fleisch kochen Sie weich, pürieren es oder drehen es durch den Fleischwolf. Danach füllen Sie es in Eiswürfelbereiter oder verpacken die einzelnen Portionen in Koch-Gefrierbeutel. Die Portionen müssen sofort schockgefroren werden, damit keine Vitamine verlorengehen und sich Keime nicht vermehren können.

Kartoffeln werden immer frisch zubereitet.

Vom Einsatz der Mikrowelle rate ich ab, da mikrowellenerhitzte Nahrung ohne Energie ist. Zudem ist die Strahlenbelastung durch die Mikrowelle umstritten.

Abkürzungen

EL	=	Eßlöffel, leicht gehäuft, wenn nicht anders angegeben, bei Butter und Öl gestrichen
TL	=	Teelöffel, leicht gehäuft, wenn nicht anders angegeben, bei Butter und Öl gestrichen
g	=	Gramm
kg	=	Kilogramm
ml	=	Milliliter
l	=	Liter
Msp.	=	Messerspitze
°	=	Grad (Celsius)

Lebensmittel für die Baby-Küche

Gemüse

Kaufen Sie unbelastetes Gemüse, das in unseren Breiten wächst, denn das Licht der Sonne baut Nitrat ab. Gemüse sollte immer gründlich gewaschen bzw. die äußeren Blätter oder Schalen entfernt werden. Pestizide und Rückstände befinden sich bei behandeltem Gemüse meist auf der Oberfläche. Treibhausgemüse besitzt wesentlich weniger Vitamine und Nährstoffe wie Freilandware. Verwenden Sie im 1. Lebensjahr nur Gemüsesorten aus kontrolliert-biologischem Anbau. Grünes Blattgemüse, Bleichsellerie, rote Bete und Radieschen sind von Natur aus besonders reich an Nitraten. Durch Stickstoffdüngung oder Treibhauskulturen werden die Werte künstlich noch erhöht. In den Wintermonaten verdreifachen sie sich sogar.

Bakterien im unreifen Verdauungstrakt des Babys wandeln das unschädliche Nitrat in giftiges Nitrit um, das den Sauerstoffüberträger aus den roten Blutkörperchen verdrängt. Dadurch kann die »Blausucht«, eine Art inneres Ersticken ausgelöst werden. Je kleiner das Baby ist, um so empfindlicher reagiert es auf erhöhte Nitratwerte. Im Alter von 3 Monaten produziert es im Magen noch kaum Salzsäure, die die Nitritbildung verhindern könnte. Erst mit einem Jahr verträgt das Baby geringe Nitratkonzentrationen.

Fenchel

Der zarte grünlich-weiße Fenchel ist eine Heil-, Gewürz- und Gemüsepflanze. Gemüsefenchel mit seinen zwiebelförmig verdickten Knollen hat einen süßlich-bitteren, leicht an Anis erinnernden Geschmack. Er wird meist aus Italien importiert. Gedünstet und anschließend püriert eignet er sich als Beikostgemüse. Das zarte Fenchelkraut kann zum Würzen mitverwendet werden, die Stengel lassen sich für eine Gemüsebrühe verwerten.

Die Früchte, die sich aus ihren gelben Blüten entwickeln, enthalten ein ätherisches Öl, das entzündungshemmend, krampfstillend und verdauungsfördernd wirkt. Fencheltee ist der erste Tee, den ein Baby trinken kann.

Karotte
Das auch als Möhren oder gelbe Rüben bekannte Wurzelgemüse hat von allen Gemüsesorten den höchsten Vitamin-A-Gehalt. Der gelbrote Farbstoff der Karotte, der ihr den Namen gegeben hat, sorgt für das Anpassungsvermögen der Augen an Helligkeit und Dunkelheit, bildet Hornhaut und Sehpurpur und schützt Haut und Schleimhäute. Dieses Betacarotin, die Vorstufe des Vitamin A, ist nur in Fett löslich. Deshalb sollte zu Karotten immer etwas Öl oder Butter hinzugefügt werden. Außerdem enthält die Karotte reichlich Arsen, Eisen, Kalium, Kieselsäure, Kobalt, Kupfer, Iod, Mangan, Nickel und Phosphor. Bei Babys erhöht feingeriebene rohe Karotte ab dem 9. Monat die Infektabwehr und gibt ihnen ein gesundes Aussehen. Kinder mit Neurodermitis vertragen allerdings Karotte häufig nicht. Scheiben oder Stücke von rohen Karotten sollten Sie einem Kind unter drei Jahren nicht geben, denn es könnte sich daran verschlucken.

Kartoffeln
In der stärkereichen Kartoffelknolle steckt viel Nährwert und Heilkraft. Das Hauptnahrungsmittel enthält zahlreiche Aminosäuren, hochwertiges Eiweiß, mehrfach ungesättigte Fettsäuren, Mineralstoffe, vor allem Kalium, reichlich Vitamine (vor allem Vitamin A, B1, B6 und C) und ist darüber hinaus leicht verdaulich, also ideal als erste Beikost für Babys. Kartoffeln helfen durch ihre basische Grundtendenz bei Magen- und Darmbeschwerden. Verwenden Sie niemals angekeimte oder grüne Kartoffeln, sie sind ungenießbar. In der Schale gekocht oder im Ofen gebacken, behalten sie mehr Vitamine. Festkochende Kartoffeln eignen sich für Salat und Kinder-Rösti, vorwiegend festkochende Kartoffeln nimmt man für Dämpf- oder Pellkartoffeln, mehligkochende Kartoffeln sind ideal für Suppen, Pürees oder Puffer. Von Fertigprodukten ist grundsätzlich abzuraten, besonders von fertigem Kar-

toffelpüree, weil das darin enthaltene Phosphat auf der Packung nicht deklariert werden muß.

Kürbis
Dieses Gemüse ist wegen seiner milden Süße im Herbst als erste Beikost für Babys sehr gut geeignet. Winterkürbisse gibt es in zahlreichen Farben, Formen und Größen. Vom Geschmack her am besten sind der orangefarbene Hokkaido-Kürbis mit seiner harten Schale und der Muskatkürbis. Der gelbe runde Gartenkürbis mit leicht faserigem Fruchtfleisch schmeckt ausgesprochen mild. Alle Sorten enthalten wie Karotten reichlich Vitamin C und Betacarotin, aber wenig Kohlenhydrate. Kürbis ist sehr gesund, weil er überhaupt keine Säure enthält, zudem wirkt er entgiftend. Die ölhaltigen getrockneten Kürbiskerne können gemahlen ab dem 16. Monat ins Frühstücksmüsli gestreut werden.

Pastinake und Petersilienwurzel
Die nahen Verwandten der Karotte zählen ebenfalls zu den Wurzelgemüsen. Beide gelblich-weißen Wurzeln sind mild und eher süßlich, aber würzig, fast nussig im Geschmack, lassen sich sehr gut mischen mit Karotten und liefern für den Gemüsebrei im Winter viele Vitamine. Wichtiger Bestandteil einer guten Gemüsebrühe.

Rote Bete
Das auch als rote Rübe bezeichnete dickfleischige Wurzelgemüse enthält alle wichtigen Mineral- und Nährstoffe. Die kleinen, runden roten Bete mit ihrer dünnen, rötlich-braunen Schale schmecken angenehm süß. Verletzt man die Schale der roten Bete vor dem Kochen, scheiden die Rüben den roten Farbstoff Betanin aus. Kindern, die blutarm wirken, gibt man frisch gepreßten Rote-Bete-Saft mit Apfel gemischt. Allerdings sollten rote Bete aus kontrolliert-biologischem Anbau stammen, da die mit Stickstoff gedüngte Wurzel hohe Nitratwerte aufweist.

Schwarzwurzel

Der Spargel der armen Leute zählt zu den köstlichsten Wurzelgemüsesorten in der kalten Jahreszeit. Der Kohlenhydratgehalt der Schwarzwurzel ist eine Vorstufe des Fruchtzuckers. Kinder mögen diesen süßlichen Geschmack.

Die Schwarzwurzel besitzt eine schwarz-braune Rinde. Schälen Sie Schwarzwurzeln in lauwarmem oder unter fließend lauwarmem Wasser, damit die Hände nicht harzig werden. Wenn die geschälten Wurzeln der Luft ausgesetzt werden, verfärben sie sich. Deshalb sollten Schwarzwurzeln sofort nach dem Schälen in Zitronenwasser (Vorsicht bei Allergien!) gelegt werden.

Sellerie

Die mineralreiche und vitaminhaltige Wurzelknolle ist stark wassertreibend. Seine intensive Würzkraft verdankt der Sellerie den in der Knolle enthaltenen ätherischen Ölen. In der Babykost sollte die geschälte Knollensellerie nicht vor einem Jahr eingesetzt werden, weil das Gemüse eine Allergie auslösen kann. Bleichsellerie ist meist mit Nitraten belastet. Sellerie eignet sich ausgezeichnet als Suppengemüse.

Spinat

Blattspinat ist sehr reich an Vitamin A, C und Chlorophyll. Zudem enthält er Arsen, Calcium, Eisen, Kupfer, Iod, Phosphor und Schwefel. Ein großer Nachteil des Spinats ist sein hoher Nitratgehalt. Verwenden Sie deshalb ausschließlich Spinat aus kontrolliert-biologischem Anbau. Spinat darf nicht aufgewärmt werden, da es beim Aufwärmen durch Mikroorganismen (die bereits bei Zimmertemperatur aktiv werden) zu einer Umwandlung von Nitrat in giftige Nitrite kommt. Bei tiefgefrorenem Spinat werden diese Mikroorganismen abgetötet.

Topinambur

Die der Kartoffel ähnlichen Topinamburknollen einer Sonnenblumenart besitzen einen hohen Gehalt an Vitamin B1, Eisen, Kalium und Magnesium. Roh erinnert Topinambur im Geschmack an eine frische Kokosnuß, in Butter gedünstet schmeckt sie entfernt nach Artischocken. Besonders süß schmeckt Topinambur wie Kartoffeln zubereitet und püriert.

Getreide

Es gibt glutenhaltige und glutenfreie Getreide. Gluten (Klebereiweiß) heißt der Eiweißbestandteil der Getreidearten Dinkel, Grünkern (halbreifer Dinkel), Gerste, Hafer, Roggen und Weizen.

Glutenfrei sind Reis, Mais, Hirse, Amaranth, Buchweizen. Dabei zählen Amaranth und Buchweizen botanisch betrachtet nicht zu den Getreidesorten, aber sie ähneln in ihrer Zusammensetzung den Getreiden. Die positiven Eigenschaften von Hirse, Amaranth und Buchweizen werden allerdings durch eventuell enthaltene Rückstände vermindert, die beim Schälvorgang nicht entfernt wurden. Deshalb sollten diese Nicht-Brotgetreidearten erst ab dem 2. Lebensjahr angeboten werden.

Amaranth

Das wiederentdeckte Inka-Getreide aus Mittelamerika zeichnet sich durch seinen hohen Gehalt an Lysin aus, es ist ein idealer Eiweißspender. Außerdem enthält Amaranth Kohlenhydrate, Vitamine, außerordentlich viel Calcium und Eisen sowie Magnesium. Die nußartig schmeckenden kleinen Samen eignen sich, mit Weizenmehl gemischt gemahlen, am besten zum Backen. In gepopter Form ist Amaranth-Popcorn noch vielseitiger verwendbar: zum Bestreuen von Butterbrot, fürs Müsli, fürs Dessert sowie zur Verfeinerung von Brot und Brötchen.

Buchweizen

Botanisch gesehen zählt Buchweizen zu den Knöterichgewächsen. In Zusammensetzung und Verwendung ist er dem Getreide ähnlich. Buchweizen ist reich an hochwertigem Eiweiß (dreimal soviel wie Weizen) und an Kohlenhydraten. Er enthält den essentiellen Eiweißbaustein Lysin, der das Knochenwachstum fördert, viel B-Vitamine, Calcium, Eisen, Kalium, Kieselsäure, Lecithin, Phosphor und ungesättigte Fettsäuren. Zu kaufen gibt es Buchweizen als ganze Körner, die vor dem Kochen mit heißem Wasser abgespült werden, um den enthaltenen roten Farbstoff zu zerstören.

Dinkel und Grünkern
Dinkel ist eine Weizenart. Der gesamte Eiweißbedarf des Kindes kann durch Dinkeleiweiß gedeckt werden. Das Urgetreide enthält wie Weizen alle acht essentiellen Aminosäuren (von den 22 Aminosäuren können acht vom Körper nicht selbst hergestellt, sondern müssen zugeführt werden), übertrifft den Weizen aber weit in seiner biologischen Wertigkeit und ist dabei feiner im Geschmack. Die reifen Körner enthalten eine ideale Zusammensetzung von Nährstoffen, von Eiweiß, Kohlenhydraten, Fett, Mineralstoffen, Spurenelementen und Vitaminen. Dabei ist Dinkel leichter verträglich als alle anderen Getreidesorten. Zum Backen eignet er sich ausgezeichnet, weil Dinkel ebensoviel Kleber enthält wie Weizen. Wird Dinkel im unreifen Zustand geerntet, so heißt er Grünkern. Seit einigen Jahren gibt es in vielen Bäckereien wieder Dinkelbrot, meist in der Vollkornvariante, aus dem dunklen Vollkorndinkelmehl gebacken.

Hirse
Die goldgelben, geschälten Hirsekörner enthalten hochwertiges Eiweiß und Kohlenhydrate. Zudem ist Hirse reich an Calcium, Eisen, Fluor, Kieselsäure, Magnesium, Phosphor und anderen Mineralstoffen sowie Vitaminen.

Im Handel erhältlich sind Hirsekörner oder Hirseflocken, die aus dem vollen Korn gewalzt und bei leichter Dampfzufuhr thermisch behandelt wurden. Dadurch wird ihre Haltbarkeit erhöht. Hirseflocken enthalten den vollen Anteil an Ballaststoffen sowie alle Bestandteile der Kornhülle. In Kombination mit Gemüse kann man aus Hirseflocken ein schnelles Gericht zaubern. Hirse muß vor der Zubereitung normalerweise nicht heiß abgespült werden. Vorsicht: Überalterte Hirse wird ranzig und bitter.

Es gibt zwei Möglichkeiten der Zubereitung: Hirse in Butter anrösten, mit Wasser ablöschen und zugedeckt garen, bis die Körner aufplatzen, oder Hirse in kochendes Wasser schütten, damit sie körniger bleibt. Hirse kann als Beilage gereicht werden, als Brei oder als Auflauf.

Mais

Die Maiskörner sind zum Kochen und zum Mahlen zu hart. Im Handel erhältlich ist Mais als Maismehl (Kukuruz), Maisgrieß (Polenta) und Maisstärke (z.B. für Pfannkuchen). Mais ist reich an Kohlenhydraten und vorwiegend im Keimling an Fetten. Zudem enthält er hochwertiges Eiweiß, Vitamine (vor allem Betacarotine und Vitamin E) und Mineralstoffe. Aus Mais hergestellte Cornflakes sind industriell stark verarbeitet. Dabei gehen wichtige Bestandteile verloren.

Reis

Naturreis bzw. Vollkornreis enthält hochwertiges Eiweiß, Kohlenhydrate, vor allem B-Vitamine und wichtige Mineralstoffe. Diese wertvollen Inhaltsstoffe mitsamt den Ballaststoffen gehen beim weißen Reis durch Schälen und Polieren des Reiskornes verloren. Parboiled Reis wird in Heißdampf behandelt, bevor er geschält und poliert wird. Dadurch bleiben die Vitamine und Mineralstoffe weitgehend im Reiskorn erhalten. Langkornreis bleibt nach dem Garen körnig und trocken, Mittelkornreis ist nach dem Kochen etwas weicher, aber immer noch körnig. Rundkornreis, z. B. Arborio- oder Vialone- bzw. süßer Mochi-Reis, der sich für Risotto und Süßspeisen eignet, wird weich und klebrig. Durch seine schleimbildenden Substanzen eignet sich Reis vorzüglich als erste Beikost.

Milchprodukte

Joghurt

Als Joghurt sollte ausschließlich Naturjoghurt oder Bioghurt verwendet werden, möglichst mit rechtsdrehender Milchsäure. Frucht- oder Beerenmus mischen Sie dann selbst hinein. Gekaufter Fruchtjoghurt enthält nämlich Konservierungsstoffe in der Fruchtzubereitung, die auf der Verpackung nicht deklariert werden müssen, da sie nicht dem Joghurt selbst zugesetzt werden. Joghurt läßt sich mit einer Joghurtmaschine leicht selbst herstellen. Durch das Impfen mit einer Pilzkultur setzt die Milchsäuregärung ein, die Milchzucker zu Milchsäure umwandelt. Dadurch wird Joghurt leichter verdaulich als Kuhmilch.

Kuhmilch

Frische, pasteurisierte Vollmilch mit 3,5 % Fett gilt als wichtigster Calciumlieferant für Kinder. Zudem wird ein großer Teil des täglichen Bedarfes an Eiweiß und Vitamin A und B2 gedeckt. Trotzdem sollte man, wenn Kuhmilch vor dem 1. Geburtstag eingeführt wird, auf mögliche Reaktionen achten. Kuhmilch verursacht nämlich nicht selten eine Unverträglichkeit gegen Milcheiweiß oder gegen Milchzucker. Handelt es sich um eine allergische Reaktion (z.B. Darm- und Hautreaktionen) gegen Milcheiweiß, verträgt das Kind meist Milchprodukte mit geringem Proteinanteil, wie z.B. Sahne, oder durch Säuerung verändertes Milcheiweiß, wie z.B. Naturjoghurt und Sauerrahmbutter. Milch ist kein Durstlöscher, sondern ein Nahrungsmittel.

Quark

Magerquark (bis zu 10 % Fett) wird aus entrahmter und pasteurisierter Milch gewonnen, die gleichzeitig mit Lab und Milchsäurebakterien versetzt wird. Je nach Fettgehaltsstufe wird dem Quark entsprechend viel Sahne zugesetzt. Wenn Ihr Kind 13 Monate alt ist, können Sie probieren, ob es den feinsäuerlichen Topfen schon verträgt. Manche Kinder reagieren darauf sofort mit einem Ekzem.

Obst

Apfel

Der Apfel ist die wichtigste einheimische Obstart. Er enthält reichlich Eisen, Pektine, Phosphor und je nach Sorte mehr oder weniger Vitamin C. Geriebener Apfel wirkt heilsam bei Durchfall. Er ist entzündungshemmend, schleimlösend und beseitigt Bakterien. Die verschiedenen Apfelsorten variieren in Farbe, Geschmack und Konsistenz. Für Babys eignen sich am besten süßfleischige, milde Sorten, wie z.B. Cox Orange oder Elstar, die auch gekocht gut schmecken. Säuerliche Äpfel sind ungeeignet. Im Winterhalbjahr ist der Apfel in der Babykost der wichtigste Vitaminspender.

Aprikose

Aprikosen brauchen Sonne und Wärme zum guten Gedeihen. Die Früchte sind hellgelb bis orange und haben eine samtige Haut, die für die Babykost abgezogen wird. Aprikosen weisen einen hohen Gehalt an Betacarotin auf, der Vorstufe des Vitamin A. Außerdem enthalten sie Calcium, Eisen und Phosphor. Sie fördern die Blutbildung. Aprikosen gibt es frisch im Sommer und getrocknet das restliche Jahr über. Achten Sie beim Einkauf darauf, daß die Trockenfrüchte ungeschwefelt sind. Getrocknete Aprikosen müssen vor der Weiterverarbeitung 12 Std. eingeweicht werden. Während der Saison empfiehlt es sich, Aprikosenmus, wenig gesüßte Marmelade und Kompott einzukochen.

Banane

Die aus den Tropen und Subtropen stammenden Bananen sind reich an Kalium und an Pektinen. Achten Sie bei Bananen auf Sorten, die nicht in Gaskammern behandelt werden. Viele exotische Früchte werden nämlich mit Pflanzenschutz- und Insektenvertilgungsmitteln behandelt. Als Vorsichtsmaßnahme sollten Sie deshalb bei allen Bananenrezepten 2 cm der Endstücke abschneiden. Empfohlen werden laut Ökotest die Bio-Finco-Bananen aus Teneriffa. Gute Alternativen sind Chiquita, Cobana oder Del Monte.

Die kleinen kolumbianischen Bananen eignen sich für die erste Beikost sehr gut. Ihren süßen Geschmack entwickeln sie meist erst, wenn die gelbe Schale leicht braune Flecken aufweist. Bei Verdauungsproblemen und Blähungen helfen Bananen zwischen den Mahlzeiten.

Birne
Birnen bekommen leicht Druckstellen und lassen sich schlecht lagern. Reife Birnen erkennt man daran, daß das Fleisch am Stiel beim Berühren nachgibt. Dann entwickeln sie ihr volles Aroma. Für die Babykost eignen sich nur weiche Birnen. Vorsicht, sie verderben schnell! Zum Kochen braucht die Birne noch nicht vollreif zu sein.

Melone
Die mit den Gurken verwandte Melone hat einen hohen Wassergehalt. Man unterscheidet Zuckermelonen (Netzmelonen, Charantais-Melonen) und Wassermelonen. Zuckermelonen sind reich an Calcium, Kalium, Magnesium, Betacarotin, der Vorstufe des Vitamin A, und Vitamin C. Für Babys ab dem 8. Monat sind diese Melonen in geringen Mengen am besten geeignet.

Zitrone, Orange, Grapefruit und Mandarine
Zitrusfrüchte enthalten viel Vitamin C, sollten aber wegen der Säure dem Kind nicht vor dem 1. Lebensjahr gegeben werden. Viele Kinder reagieren auf Zitrusfrüchte mit einem wunden Po.

Mus

Mandelmus
Weißes Mandelmus wird aus geschälten süßen Mandeln hergestellt. Es enthält hochwertiges pflanzliches Eiweiß und reichlich Calcium. Die Grundlage für Mandelmilch läßt sich auch zum Verfeinern von Brei und Nachspeisen verwenden. Auch als Brotaufstrich schmeckt Mandelmus köstlich.

Sesammus
Tahin oder Sesammus ist im Reformhaus oder im Naturkostladen erhältlich. Die Sesamkörner werden zuerst geröstet und dann sehr fein gemahlen und zu einer Creme verarbeitet. Vor allem für Kinder, die keine Kuhmilch vertragen, ist Sesammus als Brotaufstrich oder als Würze für die Suppe ein wichtiger Calciumspender. Zudem enthält es Vitamin A, C sowie B-Vitamine. Es sollte aber erst nach dem 1. Lebensjahr eingesetzt werden. Sesammus im Kühlschrank aufbewahren, sonst wird es leicht ranzig.

Süßungsmittel

Ahornsirup
Das älteste Süßungsmittel Nordamerikas ist der durch schonendes Erhitzen eingedickte Saft wildwachsender Ahornbäume. Ahornsirup liefert wichtige Mineralstoffe und hat eine starke Süßkraft. Zum Aromatisieren von Joghurt, Quark und Nachspeisen kann er ab dem 1. Lebensjahr tropfenweise verwendet werden. Im Kühlschrank aufbewahren.

Apfel- und Birnendicksaft
Der konzentrierte Dicksaft enthält durch die lange Einkochzeit von frischem Apfel- und Birnensaft zwar keine Vitamine mehr, aber die Mineralstoffe bleiben erhalten. Das aromatische Süßungsmittel mit vorherrschendem Fruchtgeschmack eignet sich ab dem 13. Monat vor allem für Müsli und Nachspeisen.

Honig
Das natürliche Süßungsmittel enthält neben verschiedenen Zuckerarten und Wasser aromatische Substanzen, Aminosäuren, Enzyme, Fermente, Hormone, Mineralstoffe und Pollenkörner. Beim Erhitzen über 40° gehen diese Inhaltsstoffe teils verloren. Für die Säuglingsernährung ist der für den Babygaumen viel zu süße Honig nicht geeignet. Honig verursacht ebenso Karies wie Haushaltszucker. Zu früh gefüttert, kann er nicht nur Durchfall auslösen. Ei-

ne seltene, lebensbedrohende Krankheit, der Säuglings-Botulismus wird über Bakteriensporen in unerhitztem Honig übertragen. Dabei entwickeln sich im Darm der Babys die Sporen zu Bakterien und vermehren sich. Sie bilden das Botulingift, das zunächst zu Verstopfung führt. Kommt es in die Blutbahn, kann es zu Lähmungen führen. Gefährdet sind nur Kinder im 1. Lebensjahr. Warten Sie ab, bis Ihr Kind 16 Monate alt ist, bevor Sie nach Verträglichkeit in verdünnter Form bestimmte Honigsorten sparsam austesten. Beginnen Sie mit Akazien-, Lindenblüten- oder Tannenhonig.

Rohrohrzucker
Dieses hellbraune feinkörnige Granulat enthält im Gegensatz zu braunem raffiniertem Zucker und Haushaltszucker noch Mineralstoffe, Vitamine und Aminosäuren. Er besteht aus dem getrockneten Pflanzensaft des Zuckerrohrs. Rohrohrzucker läßt sich im Mixer oder Blitzhacker fein zu Puderzucker zerkleinern und wird ab dem 1. Lebensjahr als Streuzucker eingesetzt.

Vollreismalz
Die Süße aus gedämpftem Vollkornreis wird mit gekeimter und anschließend gerösteter Gerste (Malz) auf natürliche Weise gewonnen. In verdünnter Form als Brotaufstrich, für Müsli, Nachspeisen und zum Süßen von Tee ab dem 13. Monat geeignet.

Milchmahlzeiten

Auch wenn Sie sich für das Babyfläschchen entschieden haben, können Sie Ihrem Kind Nähe, Geborgenheit und Bindung vermitteln. Füttern Sie es immer im Arm, nahe an Ihrer Brust, das Fläschchen an den Körper gelehnt und wechseln Sie immer wieder die Seite. Nehmen Sie sich genügend Zeit zum Füttern in entspannter Atmosphäre und lassen Sie Ihr Baby niemals mit festgeklemmter Flasche allein saugen.

Statt der Säuglingsmilch am Abend erhält das Flaschenkind ab dem 6. Monat einen flüssigen Milch-Getreide-Brei im Fläschchen. Was dabei zu beachten ist, finden Sie ab Seite 32 im Abschnitt »Das Breialter«. Am Anfang empfiehlt es sich, wie in den Rezepten berücksichtigt, die Vollmilch mit Wasser zu verdünnen. Nach zwei oder drei Monaten können Sie statt dieser Halbmilch die gesamte Menge Vollmilch nehmen oder aber Sie geben im 1. Lebensjahr statt Vollmilch nur Säuglingsmilch.

Die zum Kochen gebrachte Milchzubereitung muß auf etwa 40° abgekühlt werden; prüfen Sie auch dann noch die Trinktemperatur an Augenlid oder Handgelenk.

Die Konsistenz der Milch bestimmt die Lochgröße des Saugers. Sie stimmt, wenn bei umgedrehter Flasche 1 bis 2 Tropfen in der Sekunde fallen. Verwenden Sie spezielle Sauger für Brei.

Reisflockenmilch

ab 6. Monat

120 ml Wasser und 100 ml frische, pasteurisierte Vollmilch (3,5 % Fett)
oder Säuglingsmilchpulver bzw. HA-Nahrung laut Packungsanleitung für 220 ml Flüssigkeit
2 El feine Reisflocken (Demeter)
eventuell Saft von 1/4 geriebenem Apfel

Zubereitung mit Vollmilch: Reisflocken mit 120 ml abgekochtem warmem Wasser und 100 ml abgekochter Milch anrühren.

Zubereitung mit Säuglingsmilch: Reisflocken mit 220 ml abgekochtem Wasser anrühren und etwas abkühlen lassen. Das Säuglingsmilchpulver in den warmen Reisschleim mischen.

Apfelviertel auf der Glasreibe fein reiben, durch ein Teesieb streichen, den Apfelsaft jeweils in die abgekühlte Milch gießen. Die Milch in eine Babyflasche füllen und leicht schwenken.

Reismilch

ab 6. Monat

2 EL Süßer Reis (Mochi-Reis bzw. Arborio- oder Vialone-Reis), mehlfein gemahlen
300 ml Wasser (ergibt etwa 120 ml Reisschleim)
100 ml frische, pasteurisierte Vollmilch (3,5 % Fett)
oder Säuglingsmilchpulver bzw. HA-Nahrung laut Packungsanleitung für 220 ml Flüssigkeit
1/2 TL Weizenkeimöl

Gemahlenen Reis in einem Topf mit 300 ml Wasser kalt aufsetzen und bei schwacher Hitze etwa 15 Min. köcheln lassen. Reisschleim eventuell durch ein feines Haarsieb streichen.

Zubereitung mit Vollmilch: Für eine Babyflasche 120 ml Reisschleim und 100 ml Milch in einem kleinen Topf unter ständigem Rühren mit dem Schneebesen zum Kochen bringen. 2–3 Min. köcheln lassen und das Weizenkeimöl unterschlagen. Die Reismilch in eine Babyflasche füllen und leicht schwenken.

Zubereitung mit Säuglingsmilch: 120 ml Reisschleim mit 100 ml Wasser aufkochen und etwas abkühlen lassen. Das Säuglingsmilchpulver in den warmen Reisschleim einrühren. Wer gelegentlich Instant-Reisschleim (z.B. von Holle) verwendet, bereitet die Säuglingsmilch zuerst zu und mischt den Instant-Reisschleim in die warme Säuglingsmilch.

Reisschleim pur ist ein bewährtes Hausmittel gegen Durchfall.

Vollkorn-Dinkelmilch

ab 7. Monat

120 ml Wasser und 120 ml frische, pasteurisierte Vollmilch (3,5 % Fett)
oder Säuglingsmilchpulver bzw. HA-Nahrung laut Packungsanleitung für 240 ml Flüssigkeit
10 g (2 schwachgehäufte EL) Vollkorn-Dinkel-Instantflocken (Holle-Säuglingsnahrung)
eventuell Saft von 1/4 geriebener Birne

Zubereitung mit Vollmilch: Vollmilch, Wasser und Vollkorn-Dinkel-Instantflocken in einem kleinen Topf glatt verrühren und unter ständigem Rühren mit dem Schneebesen zum Kochen bringen. 1–2 Min. köcheln lassen. Den Topf vom Herd nehmen.

Zubereitung mit Säuglingsmilch: Vollkorn-Dinkel-Instantflocken mit 240 ml Wasser aufkochen und etwas abkühlen lassen. Das Säuglingsmilchpulver einrühren.

Birnenviertel auf der Glasreibe fein reiben, durch ein Teesieb streichen, den Birnensaft jeweils in die abgekühlte Milch gießen. Die Milch in eine Babyflasche füllen und leicht schwenken.

Dreikornmilch mit Dinkel

ab 7. Monat

120 ml Wasser und 120 ml frische, pasteurisierte Vollmilch (3,5 % Fett)
oder Säuglingsmilchpulver bzw. HA-Nahrung laut Packungsanleitung für 240 ml
10 g (2 schwach gehäufte EL) Dreikorn-Instantflocken mit Dinkel (Holle-Säuglingsnahrung)
eventuell Saft von 1/4 geriebenem Apfel

Zubereitung mit Vollmilch: Vollmilch, Wasser und Dreikorn-Instantflocken in einem kleinen Topf glatt verrühren und unter ständigem Rühren mit dem Schneebesen zum Kochen bringen.1–2 Min. köcheln lassen. Den Topf vom Herd nehmen.

Zubereitung mit Säuglingsmilch: Dreikorn-Instantflocken mit 240 ml Wasser aufkochen und etwas abkühlen lassen. Das Säuglingsmilchpulver einrühren.

Apfelviertel auf der Glasreibe fein reiben, durch ein Teesieb streichen, den Apfelsaft jeweils in die abgekühlte Milch gießen. Die Milch in eine Babyflasche füllen und leicht schwenken.
Variante: 5–Korn-Milch (Demeter)

Schmelzflockenmilch ab 7. Monat

120 ml Wasser und 120 ml frische, pasteurisierte Vollmilch (3,5 % Fett)
oder Säuglingsmilchpulver bzw. HA-Nahrung laut Packungsanleitung für 240 ml Flüssigkeit
7 g (2 gestrichene EL) Hafer-Schmelzflocken
eventuell Saft von 1/4 geriebenem Apfel

Zubereitung mit Vollmilch: 120 ml Wasser und 60 ml Milch in einem kleinen Topf mit den Schmelzflocken glatt verrühren und bei mittlerer Hitze unter ständigem Rühren mit dem Schneebesen zum Kochen bringen. Etwa 1 Min. aufkochen. Den Topf vom Herd nehmen und unter weiterem Rühren die restliche Milch hinzufügen.

Zubereitung mit Säuglingsmilch: Schmelzflocken mit 240 ml Wasser aufkochen und etwas abkühlen lassen. Das Säuglingsmilchpulver in den warmen Schmelzflockenschleim einrühren.

Apfelviertel auf der Glasreibe fein reiben, durch ein Teesieb streichen, den Apfelsaft jeweils in die abgekühlte Milch gießen. Die Milch in eine Babyflasche füllen und leicht schwenken.

Haferflockenmilch

ab 7. Monat

2 EL Haferflocken, Kleinblatt
250 ml Wasser (ergibt etwa 120 ml Haferschleim)
120 ml frische, pasteurisierte Vollmilch (3,5 % Fett)
oder Säuglingsmilchpulver bzw. HA-Nahrung laut Packungsanleitung für 240 ml Flüssigkeit
eventuell Saft von 1/4 geriebenem Apfel

250 ml Wasser in einem kleinen Topf mit den Haferflocken glatt verrühren und bei mittlerer Hitze unter ständigem Rühren mit dem Schneebesen zum Kochen bringen. Etwa 15 Min. zu einem Haferschleim köcheln lassen und durch ein feines Haarsieb streichen.

Zubereitung mit Vollmilch: Für eine Babyflasche 120 ml Haferschleim und 120 ml Milch in einem kleinen Topf unter ständigem Rühren mit dem Schneebesen zum Kochen bringen. 2–3 Min. köcheln lassen.

Zubereitung mit Säuglingsmilch: 120 ml Haferschleim mit 120 ml Wasser aufkochen und etwas abkühlen lassen. Das Säuglingsmilchpulver in den warmen Haferschleim einrühren.

Apfelviertel auf der Glasreibe fein reiben, durch ein Teesieb streichen, den Apfelsaft jeweils in die abgekühlte Milch gießen und unterrühren. Die Milch in eine Babyflasche füllen und leicht schwenken.

Mandelmilch

ab 7. Monat

240 ml Wasser
7 g Siebenkorn-Vollkornnahrung oder Dinkel-Vollkornnahrung oder Instant-Reisschleim
22 g weißes Mandelmus
eventuell Saft von 1/4 geriebenem Apfel

240 ml Wasser in einem kleinen Topf mit der Vollkornnahrung oder dem Instant-Reisschleim glatt verrühren und bei mittlerer

Hitze unter ständigem Rühren mit dem Schneebesen zum Kochen bringen. 2–3 Min. köcheln lassen. Den Topf vom Herd nehmen und abkühlen lassen. Mandelmus mit dem Schneebesen schlagen und die Breiflüssigkeit tropfenweise unterrühren.

Apfelviertel auf der Glasreibe fein reiben, durch ein Teesieb streichen, den Apfelsaft in die abgekühlte Mandelmilch gießen. Die Mandelmilch in eine Babyflasche füllen und leicht schwenken.

Als Variante zur Säuglingsmilch kann dem Flaschenkind bei Kuhmilchunverträglichkeit gelegentlich eine Mandelmilch gegeben werden. Sie deckt allerdings nicht den Nährstoffbedarf, den ein Baby im Säuglingsalter braucht, und sollte deshalb die Ausnahme bleiben.

Dinkelflockenmilch ab 7. Monat

2 EL Dinkelflocken, mehlfein gemahlen
300 ml Wasser (ergibt etwa 120 ml Dinkelflockenschleim)
120 ml frische, pasteurisierte Vollmilch (3,5 % Fett)
oder Säuglingsmilchpulver bzw. HA-Nahrung laut Packungsanleitung für 240 ml Flüssigkeit
eventuell Saft von 1/4 geriebener Birne

Gemahlene Dinkelflocken in einem Topf mit 300 ml Wasser kalt aufsetzen und bei schwacher Hitze etwa 15 Min. köcheln lassen. Dinkelschleim wenn nötig durch ein feines Haarsieb streichen.

Zubereitung mit Vollmilch: Für eine Babyflasche 120 ml Dinkelschleim und 120 ml Milch in einem kleinen Topf unter ständigem Rühren mit dem Schneebesen zum Kochen bringen. 2–3 Min. köcheln lassen.

Zubereitung mit Säuglingsmilch: 120 ml Wasser aufkochen, mit 120 ml Dinkelschleim verrühren und etwas abkühlen lassen. Das Säuglingsmilchpulver in den warmen Dinkelschleim einrühren.

Birnenviertel auf der Glasreibe fein reiben, durch ein Teesieb streichen, den Birnensaft jeweils in die abgekühlte Dinkelmilch gießen. Die Milch in eine Babyflasche füllen und leicht schwenken.

Vollkornmilch

ab 12. Monat

1 EL Dinkel, mehlfein gemahlen
300 ml Wasser (ergibt etwa 120 ml Dinkelschleim)
120 ml frische, pasteurisierte Vollmilch (3,5 % Fett)
oder Säuglingspulver bzw. HA-Nahrung laut Packungsanleitung für 240 ml Flüssigkeit
eventuell Saft von 1/4 geriebenen Birne

Dinkel in der Getreidemühle sehr fein mahlen, in einem Topf mit 300 ml Wasser kalt aufsetzen und bei schwacher Hitze etwa 20 Min. köcheln lassen. Dinkelschleim eventuell durch ein feines Haarsieb streichen.

Zubereitung mit Vollmilch: Für eine Babyflasche 120 ml Dinkelschleim und 120 ml Milch in einem kleinen Topf unter ständigem Rühren mit dem Schneebesen zum Kochen bringen. 2–3 Min. köcheln lassen.

Zubereitung mit Säuglingsmilch: 120 ml Wasser aufkochen, mit 120 ml Dinkelschleim verrühren und etwas abkühlen lassen. Das Säuglingsmilchpulver in den warmen Dinkelschleim einrühren.

Birnenviertel auf der Glasreibe fein reiben, durch ein Teesieb streichen, den Birnensaft in die abgekühlte Dinkelmilch gießen. Die Milch in eine Babyflasche füllen und leicht schwenken.

Wenn Sie das Getreide stets frisch selber mahlen, können Sie auch andere Getreidearten für den Vollkornbrei in der Flasche einsetzen, z.B. Hafer, Weizen oder auch die glutenfreie Hirse. Am besten lassen Sie das Getreide zweimal durch die Getreidemühle laufen.

Gemüsegerichte

Zum Mittagessen gibt es ab dem 6. Monat als erste Beikost Karottenmus mit Fettzusatz zur besseren Aufnahme des Betacarotins. Bei Kindern mit Neurodermitis sollten die Karotten im 6. Monat durch Kürbis, ab dem 7. Monat durch Zucchini, ab dem 8. Monat durch Brokkoli und ab dem 9. Monat durch Fenchel oder Kohlrabi ersetzt werden.

Das Gemüse wird ergänzt durch Kartoffeln oder Topinambur. Fleisch als wichtiger Eisenlieferant (s. S. 173) sollte nach und nach in geringen Mengen unter den Gemüsebrei gemischt werden. Im 2. Lebenshalbjahr genügt es, wenn das Kind ein- bis zweimal pro Woche 20 bis 35 g erhält.

Je nach jahreszeitlichem Angebot eignen sich als Gemüse Karotte, Kürbis, Pastinake oder Petersilienwurzel, Kartoffel, Topinambur, Zucchini, Brokkoli, Fenchel, Kohlrabi, Blumenkohl und Blattspinat. Achten Sie darauf, daß Sie die einzelnen Gemüsesorten in wöchentlichen Abständen neu einführen. So erkennen Sie auf Anhieb, wenn Ihr Kind eine Gemüsesorte nicht verträgt.

Das Gemüse wird gleich zu Beginn der Zubereitung mit einem Ölfilm umhüllt und am besten in einem Emailletopf in wenig Wasser sachte gedünstet, damit die Aromastoffe und Vitamine erhalten bleiben.

Karottenmus ab 6. Monat

150 g Karotten
1 TL Maiskeimöl oder Sojaöl
50 ml Mineralwasser

Karotten waschen, schälen und auf einer Gemüsereibe raspeln. Maiskeimöl oder Sojaöl in einem Pfännchen leicht erwärmen, die Karotten dazugeben und zugedeckt einige Sekunden im Öl schwenken. Etwas Mineralwasser angießen. Karotten im Topf

schütteln. Nach und nach das restliche Mineralwasser angießen, bis die Karotten nach etwa 10 Min. gar sind. Das fertige Karottengemüse mit dem Pürierstab fein zermusen.
Als Erstlingsbrei geben Sie Ihrem Baby vor oder nach der Mittags-Stillmahlzeit 1–2 TL Karottenmus. Die Menge steigern Sie ganz allmählich – je nach Appetit Ihres Babys – auf 50 g in der 1. Woche und 100 g am Ende der 2. Woche nach Einführung von fester Nahrung. Was übrig bleibt, verwenden Sie als Saucengrundlage für die »Großen«. Sie können den Rest auch in kleinen Portionen tiefkühlen, allerdings verlieren die Karotten durch das Einfrieren etwas an Geschmack.

Kürbispüree

ab 6. Monat

300 g Hokkaido- oder Gartenkürbis
100 ml Mineralwasser
1 EL Maiskeimöl oder Sojaöl

Kürbis vierteln, mit einem Löffel Kerne und bittere Fasern entfernen. Die Viertel in Spalten schneiden. Das Fruchtfleisch von der Schale lösen und auf einer Gemüsereibe grob raspeln.

Maiskeimöl oder Sojaöl leicht erwärmen, Kürbisraspel einige Sekunden im Öl schwenken und mit Mineralwasser angießen. Das Kürbisgemüse zugedeckt 10–15 Min. bei mittlerer Hitze garen. Mit dem Pürierstab fein mixen.
✔ Für 1 Erwachsenen und 1 Kind.
Der Rest kann noch am nächsten Tag gefüttert werden oder in 3-EL-Portionen in Tiefkühlbeuteln oder kleinen Gläsern mit Schraubverschluß tiefgekühlt werden.

Karotten-Pastinaken-Mus

ab 6. Monat

200 g Karotten
100 g Pastinaken
1 TL Maiskeimöl oder Sojaöl
50 ml Mineralwasser

Karotten und Pastinaken waschen, schälen und auf einer Gemüsereibe raspeln. Maiskeimöl oder Sojaöl in einem kleinen Topf leicht erwärmen, Gemüseraspel dazugeben und zugedeckt einige Sekunden im Öl schwenken. Etwas Mineralwasser angießen. Das Gemüse im Topf schütteln. Nach und nach das restliche Mineralwasser angießen, bis das Gemüse nach etwa 10 Min. gar ist. Mit dem Pürierstab fein zermusen.

Kartoffelschnee

ab 6. Monat

500 g Kartoffeln, vorwiegend mehligkochend
1 TL Butter oder Maiskeimöl

Kartoffeln waschen und mit der Schale in einem kleinen Topf mit 200 ml Wasser zum Kochen bringen, dann die Kartoffeln zugedeckt bei schwacher Hitze in 20–25 Min. garen. Die heißen Kartoffeln schälen und durch die Kartoffelpresse drücken, mit Butterflöckchen bedecken oder mit Maiskeimöl beträufeln. 50 g für das Kind sofort unter das Gemüse mischen.
✔ Für 1 Erwachsenen und 1 Kind.
Der Kartoffelschnee wird ab dem 6. Monat unter den Gemüsebrei gemischt. Wird der Gemüsebrei dadurch zu fest, fügen Sie etwas mehr Gemüse-Garwasser hinzu. Später kann der Kartoffelschnee auch getrennt gefüttert werden.

Karotten-Kartoffel-Gemüse ab 6. Monat

100 g Karottenmus (s. S. 101)
50 g Kartoffelschnee (s. S. 103)

Karottenmus mit Kartoffelschnee auf einem Teller anrichten.

Ab dem 6. Monat können Sie den Mittagsbrei einmal pro Woche mit 20–25 g gekochtem Putenfleisch (s. S. 174) anreichern.

Topinamburpüree ab 6. Monat

600 g Topinamburknollen
250 ml Mineralwasser
1 EL Butter

Topinamburknollen waschen, schälen und im ganzen in den Dämpfeinsatz geben. Mineralwasser in einem Topf zum Kochen bringen, dann das Gemüse zugedeckt bei mittlerer Hitze in etwa 20 Min. garen. Die Garflüssigkeit abgießen und aufbewahren. Die weichgekochten Knollen mit dem Pürierstab fein mixen. Butter in einem kleinen Topf schmelzen. Das Püree dazugeben und 1–2 Min. leicht dünsten, dabei etwas Garflüssigkeit angießen.

✔ Für 1 Erwachsenen und 1 Kind.

Topinambur-Pastinaken-Püree ab 6. Monat

200 g Topinamburknollen
200 g Pastinaken
200 ml Mineralwasser
1 EL Butter

Topinamburknollen und Pastinaken waschen, schälen und in 1 cm große Würfel schneiden. Mineralwasser in einem kleinen Topf zum Kochen bringen, dann das Gemüse zugedeckt bei schwacher Hitze in 15–20 Min. garen. Die Garflüssigkeit abgießen und aufbewahren. Die weichgekochten Würfel durch ein Sieb streichen. Butter in einem kleinen Topf schmelzen. Das Püree dazugeben und 1–2 Min. leicht dünsten, dabei etwas Garflüssigkeit angießen.

✔ Für 1 Erwachsenen und 1 Kind.

Dämpfkartoffeln

ab 7. Monat

600 g mittlere Kartoffeln, vorwiegend mehligkochend
2 EL Butter
ab 10. Monat zusätzlich: Schnittlauch

Kartoffeln waschen, schälen und in einem kleinen Topf mit 200 ml Wasser im Dämpfeinsatz zum Kochen bringen, dann die Kartoffeln bei schwacher Hitze in 15–20 Min. zugedeckt garen.

Ab dem 10. Monat etwas Schnittlauch waschen und in feinste Röllchen schneiden. Dämpfkartoffeln mit Butterflöckchen bedecken und eventuell mit Schnittlauch bestreuen.

✔ Für 1 Erwachsenen und 1 Kind.

Zucchinipüree

ab 7. Monat

300 g Zucchini
150 ml Mineralwasser
1 EL Maiskeimöl oder Sojaöl

Zucchini schälen, Stiel- und Blütenansätze entfernen. Auf einer Gemüsereibe grob raspeln. Maiskeimöl oder Sojaöl in einem Topf leicht erhitzen, Zucchiniraspel einige Sekunden im Öl schwenken und mit Mineralwasser angießen. Das Zucchinigemüse zugedeckt etwa 10 Min. bei mittlerer Hitze garen. Mit dem Pürierstab fein mixen.

✔ Für 1 Erwachsenen und 1 Kind.

Brokkoligemüse

ab 8. Monat

500 g Brokkoli
200 ml Wasser
1 EL Butter

Brokkoli putzen, waschen und in kleine Röschen pflücken. Die Stiele abschneiden. Wasser zum Kochen bringen. Brokkoliröschen in den Dämpfeinsatz geben und 8–10 Min. bei mittlerer Hitze zugedeckt garen. Mit kaltem Wasser überbrausen, damit die grüne Farbe erhalten bleibt.

Brokkoli mit dem Pürierstab pürieren, etwas Garwasser angießen und die Butter unter das heiße Mus rühren.

✔ Für 1 Erwachsenen und 1 Kind.

Fenchelgemüse

ab 9. Monat

300 g Knollenfenchel mit zartem Fenchelgrün
1/2 TL frische Petersilie
200 ml Wasser
1 Msp. Fenchelsamen
1 EL Butter

Fenchel waschen, die äußeren harten Schalen und Stengel entfernen und eventuell für eine Suppe verwenden, den Strunk herausschneiden. Das zarte Fenchelgrün fein hacken. Geputzten Fenchel auf einer Gemüsereibe grob raspeln. Petersilie waschen und fein hacken.

Wasser mit den ganzen Fenchelsamen in einem Topf zum Kochen bringen und den Fenchel in den Dämpfeinsatz füllen. Gericht zugedeckt etwa 8 Min. bei mittlerer Hitze garen.

Fenchelgemüse mit gehackter Petersilie und Fenchelgrün bestreuen und weitere 2 Min. ziehen lassen. Fenchel aus dem Dämpfeinsatz nehmen und abtropfen lassen.

Mit dem Pürierstab zermusen und die Hälfte der Fenchelbrühe

ohne Samen hinzugeben. Die Butter unter das heiße Mus rühren und das Fenchelgemüse mit Kartoffelschnee (s. S. 103) füttern.
✔ Für 1 Erwachsenen und 1 Kind.
Das zarte und Vitamin-C-reiche Fenchelgemüse ist für Kinder mit schwacher Konstitution ideal.

Kohlrabigemüse

ab 9. Monat

400 g kleine Kohlrabi mit 1 EL zarten Kohlrabiblättern
250 ml Wasser
1 Msp. Fenchelsamen
einige Tropfen Sonnenblumenöl
1/2 TL frische Petersilie
1 TL Butter
1 EL Sahne
ab 11. Monat zusätzlich:
1 Scheibe feines Weizenvollkornbrot, entrindet
1 Msp. Anissamen, frisch gemahlen

Kohlrabi waschen und die Stiele entfernen, dabei die zartesten Kohlrabiblätter fein hacken. Die Knollen schälen und auf dem Gemüsehobel in feine Streifen schneiden.

Wasser mit den ganzen Fenchelsamen und einem Schuß Sonnenblumenöl in einem Topf zum Kochen bringen und den Kohlrabi in den Dämpfeinsatz füllen. Gericht zugedeckt etwa 10 Min. bei mittlerer Hitze garen.

Petersilie waschen und fein hacken. Kohlrabigemüse mit gehackter Petersilie und Kohlrabigrün bestreuen und weitere 2 Min. ziehen lassen. Gemüse aus dem Dämpfeinsatz nehmen und abtropfen lassen.

Mit dem Pürierstab zermusen und die Hälfte der Kohlrabibrühe ohne Samen hinzugeben. Die Butter unter das heiße Mus rühren, die Sahne untermischen und das Kohlrabigemüse mit zerstampften Pellkartoffeln (s. S. 111) füttern.

Variante: Ab dem 11. Monat brauchen Sie die Kohlrabistreifen nicht mehr unbedingt zu pürieren. Das Gemüse wie beschrieben zubereiten. Brotscheibe entrinden und im Blitzhacker zu Bröseln hacken. Butter in einem Pfännchen schmelzen, die Brotbrösel mit dem Holzlöffel leicht anrösten und das Gemüse hinzufügen. Mit Sahne anreichern und mit Anissamen würzen.

✔ Für 1 Erwachsenen und 1 Kind.

Kohlrabi sind reich an Vitamin C und Magnesium.

Blumenkohlgemüse ab 10. Monat

1/2 kleiner Blumenkohl
300 ml Wasser
1 Msp. Anissamen
einige Tropfen Sonnenblumenöl
2 EL Butter
1 EL Vollkornmehl
125 ml Gemüsebrühe (s. S. 133)
2 EL Sahne
ab 13. Monat zusätzlich:
1 Eigelb
1 Msp. Muskatnuß, frisch gerieben
Meersalz

Blumenkohl waschen, putzen, den Strunk entfernen und in Röschen zerteilen. Wasser mit den ganzen Anissamen und einem Schuß Sonnenblumenöl in einem Topf zum Kochen bringen und die Blumenkohlröschen zugedeckt 15–20 Min. bei mittlerer Hitze garen. Das Gemüse in ein Sieb geben und abtropfen lassen.

1 EL Butter in einer Kasserolle erhitzen. Mehl mit einem Schneebesen einrühren und anschwitzen. Mit Brühe nach und nach ablöschen, glattrühren und kurz einkochen lassen. 1 EL Sahne hinzufügen. Blumenkohlröschen in die weiße Sauce geben und weitere 6–8 Min. köcheln lassen.

Alles mit dem Pürierstab zermusen. Die restliche Butter unter das heiße Mus rühren, die Sahne untermischen und das Blumenkohlgemüse mit zerstampften Pellkartoffeln (s. S. 111) füttern.

Ist das Kind älter als 1 Jahr, können Sie die weiße Sauce mit 1 Eigelb anreichern und mit Muskatnuß und Meersalz würzen.

✔ Für 1 Erwachsenen und 1 Kind.

Auch Blumenkohl ist reich an Vitamin C und Magnesium.

Blattspinat ab 10. Monat

250 g frischer Blattspinat
1 TL Olivenöl
Variante:
1 TL Butter
1 TL Vollkornmehl
1 TL Sahne
eventuell 1/4 TL frische Petersilie

Spinat verlesen, putzen, waschen und tropfnaß in einem großen Topf etwa 10 Min. im eigenen Saft zugedeckt dünsten. Den gekochten Spinat in ein Sieb abgießen, mit kaltem Wasser überbrausen, damit die grüne Farbe erhalten bleibt, und die ganze Flüssigkeit ausdrücken. Spinat fein pürieren. Olivenöl in einem Pfännchen erwärmen, den pürierten Spinat einrühren und sofort anrichten. Dazu paßt Kartoffelschnee (s. S. 103).

Der Blattspinat kann als Variante auch anders zubereitet werden: Butter in einer Kasserolle erhitzen. Mehl mit einem Holzlöffel einrühren und anschwitzen. Pürierten Spinat hinzufügen und einige Sekunden aufkochen. Mit Sahne abschmecken. Petersilie waschen, fein hacken und den fertigen Spinat damit bestreuen.

✔ Für 1 Erwachsenen und 1 Kind.

Blattspinat darf kein zweites Mal erhitzt werden, da es beim Aufwärmen zu einer Umwandlung von Nitrat in giftige Nitrite kommt.

Kürbis-Karotten-Gemüse ab 10. Monat

300 g Hokkaido- oder Gartenkürbis
300 g Karotten
1 EL Butter
1/4 TL frischer Dill
1 TL Sahne
200 ml Wasser

Kürbis vierteln, mit einem Löffel Kerne und bittere Fasern entfernen. Ein Viertel in Spalten schneiden. Das Fruchtfleisch von der Schale lösen. Karotten waschen und schälen. Gemüse auf einer Gemüsereibe grob raspeln.

Butter in einem Topf schmelzen, geraspeltes Gemüse andünsten, nach und nach Wasser angießen. 10–15 Min. zugedeckt dünsten.

Dill waschen und fein hacken. Kürbisgemüse mit Sahne und Dill abschmecken und fein zermusen.

✔ Für 1 Erwachsenen und 1 Kind.

Eignet sich ohne Zusatz von Sahne und Dill auch zum Tiefkühlen.

Viererlei Gemüse ab 11. Monat

200 g Zucchini
100 g Knollenfenchel
100 g Lauch, weiße Teile
100 g Pastinaken oder Petersilienwurzeln
500 ml Wasser
1 TL klare Suppe (Gemüsebrühextrakt)
1 TL frische Petersilie
1 Msp. Anissamen, frisch gemahlen
1/4 TL Olivenöl

Gemüse waschen, putzen und auf einer Gemüsereibe grob raspeln, Lauch in feine Ringe schneiden.

Wasser in einem Topf zum Kochen bringen, Gemüsebrühextrakt darin auflösen und das Gemüse in den Dämpfeinsatz füllen. Gericht zugedeckt etwa 5 Min. bei mittlerer Hitze garen.

Petersilie waschen und fein hacken. Gemüse mit gemahlenen Anissamen und gehackter Petersilie würzen und weitere 5 Min. garen.

Mit dem Pürierstab zermusen, Olivenöl und die Hälfte der Gemüsebrühe hinzugeben. Als Brei füttern oder mit restlicher Gemüsebrühe zur Suppe verdünnen.

✔ Für 1 Erwachsenen und 1 Kind.

Pellkartoffeln mit Fenchelsauce — ab 11. Monat

500 g Kartoffeln
300 g Knollenfenchel
50 g Bleichsellerie
1 EL Butter
1 EL Vollkornmehl
1 TL frische Petersilie

Kartoffeln waschen und mit der Schale in einem kleinen Topf mit 200 ml Wasser zum Kochen bringen, dann bei schwacher Hitze in 20–25 Min. zugedeckt garen. Pellkartoffeln kurz vor dem Essen schälen und mit dem Kartoffelstampfer zerdrücken.

Inzwischen Fenchel und Bleichsellerie putzen, waschen und auf dem Gemüsehobel in dicke Streifen schneiden. Gemüse in den Dämpfeinsatz füllen und in einem Topf mit 250 ml Wasser zugedeckt etwa 10 Min. bei mittlerer Hitze garen.

In einem kleinen Topf Butter schmelzen, das Mehl hinzufügen und mit einem Schneebesen glattrühren. Nach und nach mit Fenchel-Sellerie-Wasser ablöschen und die Sauce etwas eindicken lassen. Das Gemüse und die feingehackte Petersilie untermischen und weitere 5 Min. ziehen lassen.

Alles mit dem Pürierstab fein mixen und mit den zerdrückten Pellkartoffeln anrichten.
✔ Für 1 Erwachsenen und 1 Kind.

Kartoffelbrei mit Spargelsud ab 12. Monat

300 g Kartoffelschnee (s. S. 103)
100 ml Spargelsud (aus Rezept Spargel)
1 EL Butter
2 EL Sahne
Schnittlauch
eventuell 1 Msp. Koriander, frisch gemahlen

Spargelsud mit Butter und Sahne leicht erhitzen. Kartoffelschnee in eine Rührschüssel geben. Mit einem Schneebesen den Spargelsud unterschlagen. Etwas Schnittlauch waschen, in feinste Röllchen schneiden und über den Kartoffelbrei streuen. Eventuell etwas Koriander über das Gericht mahlen.

Spargel ab 12. Monat

500 g Spargel
1 TL Zitronensaft, frisch gepreßt
1 Msp. Rohrohrzucker
Meersalz
4 EL heiße Butter
1/2 TL frischer Estragon

Spargelstangen mit dem Spargelschäler schälen, die holzigen Endstücke mit dem Messer abschneiden. In einem schmalen hohen Kochtopf 1 1/2 l Wasser zum Kochen bringen. Den Spargel aufrecht in das kochende Wasser stellen. Zitronensaft, Rohrohrzucker und etwas Meersalz hinzufügen. Spargel bei schwacher Hitze zugedeckt in 15–20 Min. gar ziehen lassen. Butter in einem

Topf schmelzen. Spargel aus dem Sud nehmen, Sud aufheben. Estragon waschen, mit dem Blitzhacker fein hacken und mit 3 EL Spargelsud in die heiße Butter geben. 2 Stangen Spargel für das Kind in feinste Scheiben schneiden und mit etwas Estragonbutter beträufeln. Den Rest für den Erwachsenen anrichten und eventuell mit einigen Scheiben Beinschinken garnieren. Dazu passen Dämpfkartoffeln (s. S. 105).

✔ Für 1 Erwachsenen und 1 Kind.

Schwarzwurzeln in Dinkelsauce ab 13. Monat

1 kg Schwarzwurzeln
1 TL Zitronensaft, frisch gepreßt
2 EL Butter
1 Msp. Rohrohrzucker
Meersalz
1 EL Dinkel, mehlfein gemahlen
eventuell 1 Msp. Muskatnuß, frisch gerieben
eventuell 1 Msp. Safranpulver oder Safranfäden
3 EL Sahne, geschlagen
Schnittlauch

Schwarzwurzelstangen unter fließend lauwarmem Wasser mit dem Spargelschäler schälen, damit die Hände nicht harzig werden. Geschälte Schwarzwurzeln sofort in kaltes Wasser mit etwas Zitronensaft legen, damit sie weiß bleiben.

In einem Topf 1 l Wasser zum Kochen bringen. Die mundgerecht geschnittenen Schwarzwurzelstücke in das kochende Wasser geben. Restlichen Zitronensaft, 1 TL Butter, Rohrohrzucker und etwas Meersalz hinzufügen. Schwarzwurzeln bei mittlerer Hitze zugedeckt in 25–30 Min. fast weich kochen. Schwarzwurzeln aus dem Sud nehmen, Sud aufheben.

Die restliche Butter in einem kleinen Topf schmelzen, den Dinkelschrot hinzufügen und mit einem Schneebesen glattrühren. Nach und nach mit etwa 200–250 ml Schwarzwurzelsud ablöschen und die Sauce etwas eindicken lassen. Eventuell mit Muskatnuß, Safran und 1 Prise Meersalz würzen. Schwarzwurzelstücke in der Dinkelsauce weitere 5 Min. gar ziehen lassen. Mit geschlagener Sahne anreichern, Schnittlauch waschen, in feinste Röllchen schneiden und das fertige Gemüse damit bestreuen. Dazu passen Dämpfkartoffeln (s. S. 105) und Putenstreifen (s. S. 177) oder Pfannkuchen (s. S. 160).

✔ Für 2 Erwachsene und 2 Kinder.

Der restliche Schwarzwurzelsud kann für eine Suppe oder für Kartoffelpüree verwendet werden.

Überbackenes Schwarzwurzelpüree ab 13. Monat

400 g Schwarzwurzeln
einige Tropfen Zitronensaft
3 EL Butter
1 Msp. Rohrohrzucker
Meersalz
4 EL Sahne
1 TL frische Petersilie
1 Ei

Schwarzwurzelstangen unter fließend lauwarmem Wasser mit dem Spargelschäler schälen, damit die Hände nicht harzig werden. Geschälte Schwarzwurzeln sofort in kaltes Wasser mit etwas Zitronensaft legen, damit sie weiß bleiben, sodann auf dem Gemüsehobel in 2 mm feine Scheiben schneiden.

2 EL Butter in einer Kasserolle erhitzen und die Schwarzwurzelscheiben darin schwenken. Mit Rohrohrzucker und 1 Prise Salz bestreuen, mit 200 ml Wasser und der Sahne angießen; bei mittlerer Hitze etwa 20 Min. offen einkochen lassen.

Backofen auf 150° (Gas Stufe 1) vorheizen.

Petersilie waschen und fein hacken. Das Gemüse mit dem Pürierstab pürieren, das Ei und die Petersilie daruntermixen.

3–4 hohe Portionsförmchen mit der restlichen Butter ausstreichen, die Masse einfüllen, im heißen Wasserbad im vorgeheizten Backofen in etwa 15 Min. gar ziehen lassen und in den Förmchen servieren.

✔ Für 1 Erwachsenen und 1 Kind.

Variante: Das fertige Schwarzwurzelpüree zusammen mit gekochter Hirse (s. S. 204) in 2 Lagen in eine mit Butter ausgestrichene Auflaufform füllen und glattstreichen. Mit 1 EL Butterflöckchen und eventuell etwas geriebenem Butterkäse im Ofen bei 150° (Gas Stufe 1) etwa 15 Min. überbacken.

Kartoffelpüree-Lauch-Auflauf

ab 13. Monat

200 g Lauch, weiße Teile
1 TL frische Petersilie
3 EL Butter
Meersalz
700 g Kartoffelschnee (s. S. 103)
250 ml Vollmilch
1 Msp. Muskatnuß, frisch gerieben
1 EL Crème fraîche
eventuell 1 EL Butterkäse, frisch gerieben

Lauch putzen, waschen und der Länge nach vierteln. Die weißen Teile in 1/2 cm große Stücke schneiden. Petersilie waschen und fein hacken.

1 EL Butter in einer Kasserolle schmelzen. Lauchstücke hineingeben und etwa 3 Min. dünsten. Mit etwas Wasser ablöschen und weitere 5 Min. zugedeckt weich dünsten. Gemüse mit 1 Prise Meersalz und mit Petersilie bestreuen.

Backofen auf 200° (Gas Stufe 3) vorheizen.

Inzwischen Kartoffelschnee vorbereiten. Vollmilch in einem Topf erhitzen, 1 EL Butter darin schmelzen und alles über den Kartoffelschnee gießen. Das Püree mit dem Schneebesen kräftig schlagen, Muskatnuß und 1 Prise Meersalz hinzufügen.

Eine kleine Auflaufform mit etwas Butter ausstreichen. Erst

das Lauchgemüse, dann das Kartoffelpüree einfüllen und mit Crème fraîche glattstreichen. Eventuell Butterkäse darüberstreuen und mit 1 EL Butterflöckchen belegen. Den Kartoffelpüree-Lauch-Auflauf im vorgeheizten Backofen etwa 10 Min. auf der obersten Schiene goldgelb überbacken.
✔ Für 1 Erwachsenen und 1 Kind.

Zucchini-Kartoffel-Puffer ab 15. Monat

150 g Kartoffeln, vorwiegend mehligkochend
350 g kleine Zucchini
Meersalz
1 TL frische Petersilie
3–5 Blätter Basilikum
3 EL Olivenöl
1 Ei
eventuell 1 EL Butterkäse, frisch gerieben

Kartoffeln waschen und mit der Schale in einem kleinen Topf mit 100 ml Wasser zum Kochen bringen, dann die Kartoffeln bei schwacher Hitze in 20–25 Min. zugedeckt garen.

Zucchini schälen, Stiel- und Blütenansätze entfernen. Auf einer Rohkostreibe in eine Schüssel fein raspeln und leicht salzen. Kräuter waschen und fein hacken. Zucchiniraspel mit den gehackten Kräutern und mit 1 TL Olivenöl vermischen.

Die heißen Kartoffeln schälen und durch die Kartoffelpresse zur Zucchinimasse drücken. Ei verquirlen und mit dem frisch geriebenen Butterkäse (nach Belieben) unter die Masse heben. 8 Bällchen formen.

Restliches Olivenöl erhitzen und die etwas flachgedrückten Bällchen von jeder Seite bei mittlerer Hitze etwa 3 Min. goldbraun braten.
✔ Für 1 Erwachsenen und 1 Kind.

Kürbisgratin

ab 15. Monat

600 g Hokkaido- oder Gartenkürbis
1 Schalotte
2 EL Butter
50–100 ml naturtrüber Apfelsaft
1 EL Vollkornmehl
100 g saure Sahne
Meersalz
eventuell 1 Msp. Muskatnuß, frisch gerieben
1/4 TL klare Suppe (Gemüsebrühextrakt)
1 EL getrocknete Kürbiskerne
1 EL geschälte Mandeln
eventuell 2 EL Butterkäse, frisch gerieben

Kürbis vierteln, mit einem Löffel Kerne und bittere Fasern entfernen. Die Viertel in Spalten schneiden. Das Fruchtfleisch von der Schale lösen und in Würfel schneiden. Schalotte schälen und fein hacken.

Den Backofen auf 200° (Gas Stufe 3) vorheizen.

1 EL Butter in einer Kasserolle erhitzen. Zuerst Schalotten und dann die Kürbiswürfel hineingeben, kurz andünsten und nach und nach den Apfelsaft bei schwacher Hitze angießen, damit die Sauce nicht gerinnt. Das Kürbisgemüse zugedeckt etwa 10 Min. garen. Kürbiswürfel in ein Sieb abgießen und die Garflüssigkeit auffangen.

Die übrige Butter in einem kleinen Topf schmelzen, das Vollkornmehl mit einem Schneebesen einrühren und kurz anschwitzen lassen. Die aufgefangene Garflüssigkeit auf einmal dazugießen und unter ständigem Rühren aufkochen, bis eine sämige Sauce entstanden ist. Die saure Sahne untermischen und mit etwas Meersalz, eventuell 1 Prise Muskatnuß und Gemüsebrühextrakt würzen.

Kürbiskerne und Mandeln im Blitzhacker fein hacken.

Kürbiswürfel in eine Auflaufform geben, Sauce darübergießen und mit den feingehackten Kürbiskernen, Mandeln und eventuell mit Butterkäse bestreuen. Den Kürbisgratin im vorgeheizten Backofen etwa 20 Min. auf der mittleren Schiene überbacken. Dazu paßt Naturreis oder Vollkornnudeln.

✔ Für 2 Erwachsene und 2 Kinder.

Zucchini-Kartoffel-Tomaten-Gemüse ab 18. Monat

200 g Kartoffeln, vorwiegend mehligkochend
1 Schalotte
2 EL Olivenöl
200 g kleine Zucchini
1 TL frische Petersilie
2 Tomaten
Meersalz
eventuell 1 EL Butterkäse, frisch gerieben

Kartoffeln schälen, waschen und mit dem Gurkenhobel in hauchdünne Scheiben schneiden. Schalotte schälen und fein hacken.

Olivenöl in einer flachen Pfanne erhitzen. Zuerst die Schalotten und dann die Kartoffeln hineingeben und auf beiden Seiten anbraten.

Inzwischen Zucchini schälen, Stiel- und Blütenansätze entfernen. Zucchini ebenfalls mit dem Gurkenhobel in hauchdünne Scheiben schneiden und nach etwa 10 Min. zu den Kartoffeln geben. Zugedeckt weitere 5 Min. dünsten.

Petersilie waschen und fein hacken. Tomaten mit heißem Wasser überbrühen, enthäuten und würfeln.

Tomatenwürfel und Petersilie über die Zucchinischeiben geben und weitere 5 Min. zugedeckt dünsten. Am Schluß salzen und eventuell mit etwas Butterkäse bestreuen.

✔ Für 1 Erwachsenen und 1 Kind.

Rote Bete in Sahnesauce

ab 18. Monat

500 g kleine Rote-Bete-Knollen
1 Frühlingszwiebel, weißer Teil
2 EL Butter
1/2 TL Rohrohrzucker
1 TL Himbeeressig, mit 75 ml Wasser vermischt
1 TL frische Petersilie
Schnittlauch
100 ml Sahne
2 EL Naturjoghurt
Meersalz

Rote-Bete-Knollen waschen, schälen, halbieren und die Knollenhälften in 2 mm dicke Scheiben schneiden. Frühlingszwiebel putzen, waschen und den weißen Teil in feine Scheiben und diese in feinste Würfel schneiden.

Backofen auf 180° (Gas Stufe 2) vorheizen.

Butter in einer Kasserolle erhitzen. Rohrohrzucker leicht karamelisieren lassen. Zwiebelwürfel in der karamelisierten Butter schwenken. Nach etwa 2 Min. die Rote-Bete-Scheiben dazugeben und bei schwacher Hitze weitere 5 Min. dünsten. Himbeeressig-Mischung angießen und das Gemüse im vorgeheizten Backofen zugedeckt 50–60 Min. auf der mittleren Schiene garen. Eventuell etwas Wasser nachgießen.

Petersilie waschen und fein hacken. Etwas Schnittlauch waschen und in feinste Röllchen schneiden. Sahne schlagen, mit Joghurt und den Kräutern vermischen. Die Sahnemischung unter das heiße Rote-Bete-Gemüse heben, salzen und sofort anrichten.

✔ Für 2 Erwachsene und 2 Kinder.

Getreidebrei

Vor dem 7. Monat sollte das Baby möglichst nur glutenfreie Getreidearten wie Reis erhalten. Bei guter Verträglichkeit können Sie in wöchentlichen Abständen Getreideflocken aus Vollkorn (Dinkel, Weizen, Hafer) bzw. Dinkel- oder Weizenvollgrieß einführen. Der Getreide-Obst-Brei wird nur mit Wasser zubereitet. Wichtig ist die Fettzugabe in Form von Keimöl (Maiskeimöl und Sojaöl im Wechsel), Butter oder ab dem 8. Monat Sahne. Für den Obstanteil verwenden Sie zunächst frische, heimische Obstsorten (Apfel und Birne) und Banane, die sich wegen ihrer natürlichen Süße gut zum Mischen eignet. Der milchfreie Getreide-Obst-Brei löst ab dem 7. bzw. 8. Monat nach und nach die Still- oder Flaschenmahlzeit am Nachmittag ab. Die Rezepte eignen sich auch – eventuell unter Zugabe von etwas Sahne – als ergänzender Brei für Stillkinder am Abend.

Reisflockenbrei mit Apfel — ab 6. Monat

100 ml Mineralwasser
10 g (2 EL) feine Reisflocken (Demeter)
1 TL Butter
1/2 süßer Apfel (z.B. Cox Orange oder Elstar)

Das Mineralwasser in einem kleinen Topf einmal aufkochen, etwas abkühlen lassen, über die Reisflocken gießen und verrühren. Butter untermischen.

Apfelhälfte vierteln und das Kerngehäuse entfernen. Apfelviertel auf der Glasreibe von innen nach außen reiben, bis nur noch die Schale übrigbleibt. Geriebenen Apfel mit dem warmen Reisflockenbrei vermischen.

Variante: Statt Apfel nehmen Sie Apfelmus (s. S. 128).

Reisflockenbrei mit Obstmus

ab 6. Monat

1 reife Birne (oder: 1 Apfel)
100 ml Mineralwasser
10 g (2 EL) feine Reisflocken (Demeter)
1 TL Maiskeimöl

Birne vierteln und das Kerngehäuse entfernen. Birnenviertel auf der Glasreibe von innen nach außen reiben, bis nur noch die Schale übrigbleibt.

Geriebene Birne mit dem Mineralwasser in einem kleinen Topf einige Minuten dünsten, etwas abkühlen lassen und über die Reisflocken gießen und verrühren. Maiskeimöl darüber träufeln.

Bananen-Reis-Brei

ab 6. Monat

50 ml Mineralwasser
120 ml Reisschleim (s. S. 95)
1 TL Sojaöl
1/2 reife Banane

Mineralwasser mit dem Reisschleim in einem kleinen Topf kalt aufsetzen und bei schwacher Hitze zum Kochen bringen. Den Brei 2–3 Min. köcheln lassen und von der Kochstelle nehmen. Mit Sojaöl anreichern.

Banane schälen, halbieren, 2 cm vom Endstück entfernen, Rest mit einer Gabel fein zerdrücken und schlagen. Bananenmus in den Brei einrühren.

Zwieback mit Apfelmus

ab 7. Monat

2 Vollkorn-Zwiebäcke (20 g)
4–5 EL heißes Mineralwasser
1 Apfel (oder: 1 Birne)
eventuell 1 EL Sahne

Vollkorn-Zwiebäcke in einen Kinderteller geben, mit heißem Mineralwasser übergießen und die aufgeweichten Zwiebäcke mit einer Gabel zerdrücken.

Apfel vierteln und das Kerngehäuse entfernen. Apfelviertel auf der Glasreibe von innen nach außen reiben, bis nur noch die Schale übrigbleibt.

Geriebenen Apfel mit 1 EL Mineralwasser in einem kleinen Topf 1–2 Min. dünsten, etwas abkühlen lassen, über den zerdrückten Zwieback gießen und verrühren. Eventuell mit Sahne anreichern.

Siebenkornbrei

ab 7. Monat

150 ml Mineralwasser
15 g (3 schwach gehäufte EL) feine Siebenkorn-Vollkornnahrung
1/2 süßer Apfel (z.B. Cox Orange oder Elstar)
1/2 Banane
1 TL Sojaöl

Mineralwasser in einem kleinen Topf mit der Vollkornnahrung glatt verrühren und bei mittlerer Hitze unter ständigem Rühren mit dem Schneebesen zum Kochen bringen. 2–3 Min. köcheln lassen. Den Topf vom Herd nehmen und abkühlen lassen.

Apfelhälfte vierteln und das Kerngehäuse entfernen. Apfelviertel auf der Glasreibe von innen nach außen reiben, bis nur noch die Schale übrigbleibt. Banane schälen, halbieren, 2 cm vom Endstück entfernen, den Rest mit einer Gabel fein zerdrücken und schlagen.

Geriebenen Apfel und Bananenmus unter den warmen Vollkornbrei mischen. Sojaöl darüber träufeln.
Variante: Statt Siebenkorn-Vollkornnahrung die Säuglingsnahrung Dreikorn mit Dinkel nehmen.

Schmelzflockenbrei

ab 7. Monat

200 ml Mineralwasser
3–4 EL Hafer-Schmelzflocken
1 TL Maiskeimöl
1/2 weiche Birne (oder: 1/2 Apfel)
1/2 reife Banane

Mineralwasser mit Schmelzflocken in einem kleinen Topf kalt aufsetzen und bei schwacher Hitze zum Kochen bringen. Brei etwa 1 Min. aufkochen und von der Kochstelle nehmen. Mit Maiskeimöl anreichern.

Birnenhälfte vierteln und das Kerngehäuse entfernen. Birnenviertel auf der Glasreibe von innen nach außen reiben, bis nur noch die Schale übrigbleibt. Banane schälen, 2 cm vom Endstück entfernen, Rest mit der Gabel zerdrücken und schlagen. Birnen- und Bananenmus unter den heißen Brei mischen.

Porridge

ab 7. Monat

200 ml Mineralwasser
3 EL Haferflocken, Kleinblatt, evtl. mehlfein gemahlen
1 TL Butter
1/2 Birne (oder: 1/2 Apfel)

Mineralwasser mit Haferflocken in einem kleinen Topf kalt aufsetzen und bei schwacher Hitze zum Kochen bringen. Brei etwa 1 Min. aufkochen und von der Herdplatte nehmen. Butter unterrühren. Porridge zugedeckt etwa 5 Min. nachquellen lassen.

Birnenhälfte vierteln und das Kerngehäuse entfernen. Birnenviertel auf der Glasreibe von innen nach außen reiben, bis nur noch die Schale übrigbleibt. Geriebene Birne unter den heißen Porridge mischen.

Dinkelflockenbrei

ab 7. Monat

200 ml Mineralwasser
3 EL Dinkelflocken, mehlfein gemahlen
1/2 weiche Birne (oder: 1/2 Apfel)
1 TL Sojaöl oder eventuell 1 TL Sahne

Mineralwasser mit gemahlenen Dinkelflocken in einem kleinen Topf kalt aufsetzen und bei schwacher Hitze zum Kochen bringen. Brei etwa 1 Min. aufkochen und mindestens 5 Min. nachquellen lassen.

Birnenhälfte vierteln und das Kerngehäuse entfernen. Birnenviertel auf der Glasreibe von innen nach außen reiben, bis nur noch die Schale übrigbleibt. Geriebene Birne unter den heißen Brei mischen. Mit Sojaöl oder eventuell mit Sahne anreichern.

Reisflockenbrei

ab 8. Monat

2 EL grobe Reisflocken
300 ml Wasser
1 kleiner Apfel
eventuell 3 TL Sahne

Reisflocken in der Getreidemühle mehlfein mahlen. Wasser mit Reisflocken in einem kleinen Topf kalt aufsetzen und bei schwacher Hitze zum Kochen bringen. Brei 10 – 15 Min. köcheln lassen.

Apfel vierteln und das Kerngehäuse entfernen. Apfelviertel auf der Glasreibe von innen nach außen reiben, bis nur noch die

Schale übrigbleibt. Geriebenen Apfel, eventuell mit Sahne, unter den heißen Reisflockenbrei mischen.

Grießbrei mit Aprikosenmus ab 9. Monat

200 ml Wasser
1 TL Butter
2 EL Dinkelgrieß (oder: Weizenvollgrieß)
eventuell 1 TL Sahne
2 EL Aprikosenmus (s. S. 129)

Wasser mit Butter in einem kleinen Topf kalt aufsetzen und bei schwacher Hitze zum Kochen bringen. Den Topf von der Kochstelle nehmen und den Grieß mit dem Schneebesen einrühren. Grießbrei bei schwacher Hitze unter ständigem Rühren 2–3 Min. köcheln, vom Herd nehmen, eventuell mit Sahne anreichern und weitere 10 Min. zugedeckt nachquellen lassen.

Den Brei in einen Kinderteller füllen und mit Aprikosenmus anrichten.

Vollreisbrei mit Kulturheidelbeeren ab 10. Monat

2 EL Vollreis (Mochi-Reis), mehlfein gemahlen
150 ml Wasser
eventuell 1 TL Sahne
100 g frische Kulturheidelbeeren (oder: Brombeeren)

Gemahlenen Vollreis in einem kleinen Topf mit Wasser bei schwacher Hitze zum Kochen bringen und etwa 5 Min. unter ständigem Rühren köcheln und weitere 10 Min. zugedeckt nachquellen lassen. Eventuell mit Sahne abschmecken.

Heidelbeeren waschen und durch ein Sieb passieren. Mit dem Vollreisbrei anrichten.

Grießbrei mit Himbeersaft ab 10. Monat

200 ml Wasser
1 TL Butter
2 EL Dinkelgrieß (oder: Weizenvollgrieß)
eventuell 1 TL Sahne
2 EL Himbeeren (oder: Brombeeren)

Wasser mit Butter in einem kleinen Topf kalt aufsetzen und bei schwacher Hitze zum Kochen bringen. Den Topf von der Kochstelle nehmen und den Grieß mit dem Schneebesen einrühren. Grießbrei bei schwacher Hitze unter ständigem Rühren 2–3 Min. köcheln, vom Herd nehmen, eventuell mit Sahne anreichern und weitere 10 Min. zugedeckt nachquellen lassen.

Himbeeren durch ein Sieb streichen. Den Brei mit den passierten Himbeeren anrichten.

Himbeeren und Brombeeren enthalten viel Fruchtsäure. Achten Sie auf mögliche Reaktionen, z.B. auf Wundsein. Manche Babys vertragen Beeren noch nicht.

Vollreis-Grieß-Brei mit Birnensaft ab 10. Monat

50 ml Sahne und 150 ml Wasser
oder 200 ml frische, pasteurisierte Vollmilch, 3,5 % Fett
1 TL Butter
1 EL Vollreis (Mochi-Reis), mehlfein gemahlen
1 EL Weizenvollgrieß
1/2 Birne

Sahnewasser oder Vollmilch mit Butter in einem kleinen Topf erhitzen. Gemahlenen Vollreis in die kochende Flüsskigkeit einstreuen. Den Topf von der Kochstelle nehmen und den Grieß mit dem Schneebesen einrühren. Brei etwa 5 Min. bei schwacher Hitze köcheln und weitere 10 Min. zugedeckt nachquellen lassen.

Birnenhälfte in Schnitze teilen und das Kerngehäuse entfernen. Birnenschnitze in den Entsafter geben. Den frisch gepreßten Birnensaft unter den Brei schlagen.

Ungekochter Haferflockenbrei

ab 12. Monat

2–3 EL Haferflocken, Kleinblatt
50–75 ml Wasser
1 TL Amaranth-Popcorn
1/2 TL Mandelmus
1/2 Apfel
eventuell 1 TL Sahne

Haferflocken mit heißem Wasser überbrühen und etwa 30 Min. quellen lassen. Den Brei mit Amaranth-Popcorn und Mandelmus anreichern.

Apfel vierteln und das Kerngehäuse entfernen. Apfelviertel auf der Glasreibe von innen nach außen reiben, bis nur noch die Schale übrigbleibt. Geriebenen Apfel unter den Brei mischen und eventuell mit Sahne abschmecken.

Obst, Mus und Kompott

Kernobst sollten Sie Ihrem Baby vorsichtshalber immer erst gedünstet anbieten, bevor Sie es ihm roh auf der Glasreibe zu Mus reiben. Beginnen Sie mit Äpfeln und Birnen aus kontrolliert-biologischem Anbau und süßen Sie diese eventuell mit etwas pürierter Banane. Geschmacksvielfalt ist bei einem 6- bis 9monatigen Baby noch nicht gefragt. Beerenobst führen Sie erst danach ein. Südfrüchte, vor allem Zitrusfrüchte, geben Sie Ihrem Kind erst nach dem 1. Lebensjahr. Babys reagieren sehr empfindlich auf Fruchtsäure, meist mit Wundsein. Vor rohen Waldbeeren sei gewarnt! Sie könnten vom Fuchsbandwurm befallen sein. Der Fuchs überträgt diese Infektionskrankheit.

Bananenmus — ab 6. Monat

1/2 Banane
1/2 TL Maiskeimöl

Banane schälen, halbieren, 2 cm vom Endstück entfernen, Rest mit einer Gabel fein zerdrücken und schlagen. Maiskeimöl darüber träufeln und als erstes Obst mit dem Löffelchen füttern.

Apfelmus — ab 6. Monat

3 Äpfel (250 g)
1 EL Mineralwasser

Äpfel schälen, vierteln und das Kerngehäuse entfernen. Die Viertel in dünne Scheiben schneiden. Apfelscheiben mit 1 EL Mineralwasser garen, bis sie weich sind. Ein Haarsieb über eine Schüssel legen und das Apfelkompott in kleinen Mengen mit dem Holzstößel durch das Sieb streichen.

Gedünstete Birne ab 6. Monat

1 reife Birne
3 EL Mineralwasser

Birne schälen, in Schnitze teilen, das Kerngehäuse entfernen. Birnenschnitze mit 1 EL Mineralwasser garen, bis sie weich sind. Ein Haarsieb über eine Schüssel legen und das Birnenkompott in kleinen Mengen mit dem Holzstößel durch das Sieb streichen.

Melonenschnitze ab 8. Monat

1/8 Charentais-Melone

Die halbe Melone entkernen, schälen und längs vierteln. Ein Achtel in babygerechte Stücke schneiden.

Aprikosenmus ab 8. Monat

1 kg reife Aprikosen

Aprikosen in kochendes Wasser tauchen und kalt abschrecken. Die Früchte enthäuten, mit einem Messer an der Fruchtnaht einschneiden und die Steine herauslösen. Aprikosenhälften mit dem Pürierstab in einer hohen Rührschüssel pürieren. Aprikosenmus in einen flachen Topf füllen und zugedeckt 2–3 Min. köcheln.

Inzwischen einige Joghurtgläser mit Schraubverschluß mit kochendheißem Wasser ausspülen und umgedreht auf einem Geschirrtuch abtropfen lassen. Das Aprikosenmus heiß in die Gläser füllen und diese fest verschließen. Die Gläser auf den Kopf stellen und abkühlen lassen. Das so konservierte Aprikosenmus hält mindestens 4 Wochen.

So ist das Aprikosenmus noch länger haltbar: Die verschlossenen Gläser in den Einsatz des Dampfdrucktopfes stellen. Wenig Wasser zufügen. Topf verschließen, das Aprikosenmus nach dem Aufkochen etwa weitere 3 Min. garen und im Topf abkühlen lassen.

Wenn ein Glas geöffnet wird, sollte es im Kühlschrank gelagert und innerhalb von 3 Tagen aufgebraucht werden.

Nach diesem Rezept können Sie Steinobst ab dem 10. oder 11. Monat zu Obstmus verarbeiten. Wenn Ihr Kind die einzelnen Obstsorten verträgt, können Sie diese auch mischen.

Bananen-Apfel-Sahne ab 10. Monat

1/2 Banane
1/2 Apfel
1 TL Sahne

Banane schälen, halbieren, 2 cm vom Endstück entfernen, Rest mit einer Gabel fein zerdrücken und schlagen.

Apfelhälfte in Schnitze teilen, Kerngehäuse entfernen und in den Entsafter geben. Bananenmus, Apfelsaft und Sahne vermischen und sofort füttern.

Beerenmus ab 11. Monat

500 g Beeren (z.B. Himbeeren, Brombeeren, Kulturheidelbeeren, Erdbeeren, Preiselbeeren, Trauben oder Stachelbeeren)

Die Beeren waschen, eventuell das Grün abzupfen und mit dem Pürierstab in einer hohen Rührschüssel pürieren. Das Beerenmus durch ein feines Haarsieb streichen, in einen flachen Topf füllen und mit geschlossenem Deckel 2–3 Min. köcheln. Inzwischen einige Joghurtgläser mit Schraubverschluß mit kochendheißem Wasser ausspülen und umgedreht auf einem Geschirrtuch abtropfen lassen. Das Beerenmus heiß in die Gläser füllen und diese fest verschließen. Die Gläser auf den Kopf stellen und abkühlen lassen. Das so konservierte Beerenmus hält mindestens 4 Wochen.

Wenn ein Glas geöffnet wird, sollte es im Kühlschrank gelagert und innerhalb von 3 Tagen aufgebraucht werden.

(Konservieren im Dampfdrucktopf s. Rezept Aprikosenmus).

Gebackene Pfirsiche

ab 11. Monat

2 Pfirsiche
1 EL Butter
ab 12. Monat zusätzlich:
2 Löffelbiskuits vom Konditor
1 TL gemahlene Mandeln

Pfirsiche überbrühen und die Haut abziehen. Die Früchte halbieren und entsteinen. Backofen auf 180° (Gas Stufe 2) vorheizen. Eine passende Auflaufform mit Butter ausstreichen. Pfirsichhälften hineinsetzen und im Backofen etwa 15 Min. garen.

Ab dem 12. Monat können Sie die Pfirsiche füllen: Aus jeder Pfirsichhälfte mit einem Löffel etwas Fruchtfleisch herauslösen und in eine Schüssel geben. Fruchtfleisch mit einer Gabel zerdrücken und mit den zerbröselten Löffelbiskuits vermischen. Die halbierten Pfirsiche mit der Masse füllen, gemahlene Mandeln darüberstreuen und überbacken. Die gebackenen Pfirsiche schmecken warm und kalt.

✔ Für 1 Erwachsenen und 1 Kind.

Eingemachte Kirschen

ab 13. Monat

500 ml Wasser
3 EL Rohrohrzucker
1 kg Süßkirschen oder Weichselkirschen

Wasser mit Rohrohrzucker in einem Topf zum Kochen bringen und bei starker Hitze ohne Deckel etwa 5 Min. kochen. Kirschen waschen, entstielen und entsteinen. 2–3 Weckgläser oder Gläser mit Schraubverschluß mit den Kirschen füllen und gut zur Hälfte mit Zuckerwasser aufgießen. Verschlossene Gläser in einen großen Topf mit Einsatz (z.B. auf einen umgedrehten Teller) stellen, damit die Gläser nicht zerspringen, und bei mittlerer Hitze zugedeckt etwa 30 Min. garen. Gläser im Topf abkühlen lassen. Die eingemachten Kirschen halten etwa 1 Jahr. Dazu paßt Milchreis oder Pfannkuchen.
Variante: Statt Kirschen Mirabellen oder Zwetschgen nehmen.
Schneller geht's im Dampfdrucktopf, s. Rezept Aprikosenmus.

Kirschsäckchen

Aus Kirschsteinen können Sie für Ihr Baby ein Kirschsäckchen herstellen. Es ersetzt jede Wärmflasche und gibt eine wohlige Wärme ab. Da es sehr leicht ist, kann es bei Blähungen auf den Bauch des Babys gelegt werden.

350 bis 400 g Kirschkerne in einem großen Topf mit kochendem Wasser geben und etwa 30 Min. sprudelnd kochen. Kirschkerne in ein Sieb geben, trocknen lassen und in einem Küchentuch sauberreiben. Aus 18 x 18 bzw. 20 x 20 cm Baumwoll- oder Halbleinenstoff ein Säckchen nähen, mit den Kirschkernen füllen und danach zunähen. Vor der Anwendung Kirschsäckchen 5–10 Min. im vorgeheizten Backofen bei 75–100° C erwärmen.

Köstliche Suppen

Solange das Kind gefüttert wird, sind Suppen in Warmhaltetellern ein ideales Mittagessen, wenn es danach noch einen Nachtisch gibt. Will Ihr Kind dann selber essen, empfiehlt es sich, die Konsistenz der Suppen zu verdicken, damit nicht alles vom Löffel fällt. Als Suppengrundlage eignet sich ab dem 9. Monat eine Gemüsebrühe, die schnell abgewandelt werden kann, ab dem 11. Monat lassen sich auch eine klare Hühnerbrühe, eine klare Fleischbrühe oder eine Rinderkraftbrühe ohne Eiweiß einsetzen, die Sie gut verschlossen ein bis zwei Tage im Kühlschrank aufbewahren können. Wenn Sie fertige Brühe im Haushalt haben, ist eine Suppe für das Kind in wenigen Minuten zubereitet.

Einfache Gemüsebrühe

ab 9. Monat

1 l Wasser
200 g Karotten
100 g Pastinaken oder Petersilienwurzeln
eventuell 1 TL klare Suppe (Gemüsebrühextrakt)

Gemüse putzen, waschen, auf der Rohkostreibe fein reiben und in einen Topf geben. Mit 1 l Wasser auffüllen und etwa 10 Min. bei mittlerer Hitze köcheln lassen. Den Gemüsebrühextrakt in der heißen Brühe auflösen. Die Suppe durch ein Sieb gießen und die Brühe weiterverwenden.
Diese einfache Gemüsebrühe ist ideal, wenn es ganz schnell gehen muß. Außerdem können Sie das gegarte Gemüse mit dem Pürierstab fein zermusen und ohne Gemüsebrühextrakt bereits ab dem 6. Monat füttern.

Und die etwas gehaltvollere Version:

Gemüsebrühe

ab 11. Monat

2 1/4 l Wasser
1 Fenchel mit Fenchelgrün
200 g Karotten
100 g Petersilienwurzeln
1 Schalotte
1/2 Stange Lauch, weißer Teil
1/2 Bund Petersilie
5 Korianderkörner
3 EL klare Suppe (Gemüsebrühextrakt)

Wasser in einem Topf zum Kochen bringen. Inzwischen Gemüse putzen, waschen und im ganzen dazugeben. Von der Petersilie die Stengel mitverwenden. Das Gemüse zusammen mit dem Koriander etwa 25 Min. bei schwacher Hitze gar ziehen lassen. Den Gemüsebrühextrakt in der heißen Brühe auflösen. Die Suppe durch ein Sieb gießen und die Brühe weiterverwenden.
Karotten und Petersilienwurzeln kleinschneiden und in 1 EL Butter mit 1 TL gehackter Petersilie schwenken. Mit 250 ml Gemüsebrühe aufgießen und alles mit dem Pürierstab mixen. In diese Gemüsesuppe 1 fertige Gemüse-Maultasche (s. S. 167) legen und etwa 5 Min. ziehen lassen.

Klare Hühnerbrühe

ab 11. Monat

1/2 Suppenhuhn oder Masthähnchen
2 l Wasser
300 g Karotten
100 g Petersilienwurzeln oder Knollensellerie
1/2 Stange Lauch, weißer Teil
3 Schalotten, eventuell mit 3 Nelken besteckt
5 kleine Stengel frisches Fenchelkraut
1 Bund Petersilie
5 Korianderkörner

Suppenhuhn waschen und in einem großen Topf mit kaltem Wasser langsam zum Kochen bringen. Gemüse putzen, waschen und im ganzen dazugeben. Von der Petersilie die Stengel mitverwenden. Das Huhn etwa 2 Std. zusammen mit den Korianderkörnern bei schwacher Hitze köcheln lassen. Die Suppe durch ein Sieb gießen und in den Topf zurückgeben. Als Suppengrundlage weiterverwenden.

Das halbe Suppenhuhn entbeinen, das Fleisch durch den Wolf drehen und eventuell portionsweise einfrieren oder für Chicken nuggets (s. S. 179) verwenden.

Diese »Superbrühe« eignet sich auch gut für stillende Mütter. Im Wochenbett sollte sie zur Kräftigung jeden Tag getrunken werden.

Klare Fleischbrühe

ab 12. Monat

500 g Rinderbrust oder Tafelspitz
2 1/2 l Wasser
200 g Karotten
100 g Petersilienwurzeln
200 g Knollensellerie
3 Schalotten, eventuell mit 3 Nelken bestückt
5 kleine Stengel frisches Fenchelkraut
1 Bund Petersilie
5 Korianderkörner

Rinderbrust oder Tafelspitz waschen und in einem großen Topf mit kaltem Wasser langsam zum Kochen bringen. Wasser zweimal aufschäumen lassen, die gesamte Brühe weggießen und mit 2 1/2 l frischem Wasser erneut aufkochen.

Inzwischen Gemüse putzen, waschen und im ganzen dazugeben. Von der Petersilie die Stengel mitverwenden. Die Suppe zusammen mit den Korianderkörnern 1 1/2 Std. bei schwacher Hitze köcheln lassen. Die Brühe durch ein Sieb gießen und in den Topf zurückgeben. Als Suppengrundlage weiterverwenden.

Schöpfen Sie nach dem Erkalten der Fleischbrühe das überschüssige Fett ab und seihen Sie die Brühe durch ein Sieb, in das man zusätzlich noch ein Tuch legen kann, ab.
Den gekochten Tafelspitz können Sie auch für den Mittagsbrei mitverwenden.

Rinderkraftbrühe

ab 12. Monat

500 g Rindfleisch, z. B. Tafelspitz
eventuell 1 Eiweiß
2 l Wasser
100 g Karotten
100 g Pastinaken oder Petersilienwurzeln
2 Stangen Bleichsellerie
1/2 Stange Lauch, weißer Teil
3 Schalotten oder Frühlingszwiebeln
5 kleine Stengel frisches Fenchelkraut
1/2 Bund Petersilie

Rindfleisch waschen, abtrocknen und durch den Wolf drehen. Rinderhackfleisch mit Eiweiß mischen, damit die Suppe klar bleibt. Gemüse putzen, waschen und grob zerkleinern. Petersilie waschen und mitsamt den Stengeln verwenden. Alles in einem großen Topf mit kaltem Wasser langsam zum Kochen bringen. Eventuell den Schaum abschöpfen und die Hitze reduzieren.

Die Suppe mindestens 1 1/2 Std. bei schwacher Hitze offen gar ziehen lassen. Die Fleischbrühe durch ein Sieb, in das man auch ein Tuch einlegen kann, auffangen, in den Topf zurückgießen und als Suppengrundlage weiterverwenden.

Das Eiweiß kann auch weggelassen werden, dann sollte die Suppe abgeschäumt werden. Das gekochte Hackfleisch kann man entweder für den Mittagsbrei mitverwenden oder zu einer Hackfleischsauce (s. S. 177) verarbeiten.

Reisflockensuppe

ab 10. Monat

1 TL Butter
2 EL grobe Reisflocken
250 ml einfache Gemüsebrühe (s. S. 133)
Schnittlauch oder frischer Kerbel

Butter in einem kleinen Topf schmelzen, Reisflocken einstreuen und mit dem Kochlöffel verrühren. Einige Sekunden einbrennen lassen. Mit Gemüsebrühe ablöschen und 10–15 Min. köcheln lassen. Kräuter waschen. Suppe in den Suppenteller geben und mit feinstgeschnittenem Schnittlauch oder Kerbel würzen.
✔ Für 1 Erwachsenen und 1 Kind.

Brokkolisuppe

ab 10. Monat

200 g Brokkoli
250 ml Wasser
eventuell 1/4 TL klare Suppe (Gemüsebrühextrakt)
1 EL Butter
1 EL Sahne
Schnittlauch

Brokkoli putzen, waschen und in kleine Röschen pflücken. Die Stiele abschneiden. Wasser in einem Topf zum Kochen bringen. Brokkoliröschen in den Dämpfeinsatz geben und 8–10 Min. bei mittlerer Hitze zugedeckt garen. Mit kaltem Wasser überbrausen, damit die grüne Farbe erhalten bleibt.

Brokkoli mit dem Pürierstab pürieren. Gemüsebrühextrakt im heißen Garwasser auflösen. Die heiße Brühe angießen und mit Butter und Sahne binden. Suppe durch ein Haarsieb passieren. Etwas Schnittlauch waschen, in feinste Röllchen schneiden und in die Suppe einrühren.
✔ Für 1 Erwachsenen und 1 Kind.

Brotsuppe

ab 11. Monat

2 Scheiben feines Weizen- oder Dinkelvollkornbrot
1 EL Butter
400 ml klare Hühnerbrühe (s. S. 134)
Schnittlauch

Weizen- oder Dinkelvollkornbrot entrinden und in 1 cm kleine Würfel schneiden.

Butter in einem kleinen Topf schmelzen und die Brotwürfel kurz darin schwenken.

Etwas Schnittlauch waschen. Brotwürfel in 2 Suppenteller geben, die klare Hühnerbrühe darüberschöpfen und mit feinstgeschnittenem Schnittlauch würzen.

✔ Für 1 Erwachsenen und 1 Kind.

Maisgrießsuppe

ab 11. Monat

1 EL Butter
2 EL Polenta (Maisgrieß)
400 ml Gemüsebrühe (s. S. 134)
Schnittlauch
1/4 TL frischer Zitronenthymian
1/4 TL frischer Estragon
1 EL Sahne

Butter in einem kleinen Topf erhitzen, Maisgrieß einstreuen und mit dem Kochlöffel verrühren. Einige Sekunden einbrennen lassen. Mit Gemüsebrühe ablöschen.

Kräuter waschen. Schnittlauch in feinste Röllchen schneiden, Zitronenthymian und Estragon abzupfen und fein hacken. Gehackte Kräuter und Sahne in die Suppe einrühren und etwa 1 Min. ziehen lassen. Suppe anrichten.

✔ Für 1 Erwachsenen und 1 Kind.

Einfache Kartoffelsuppe ab 11. Monat

400 ml klare Hühnerbrühe (s. S. 134)
3 gekochte Pellkartoffeln vom Vortag, vorwiegend festkochend
Schnittlauch

Klare Hühnerbrühe in einem kleinen Topf erhitzen. Kalte Pellkartoffeln schälen und mit der Kartoffelreibe grob raffeln. Kartoffelraspel auf 2 Suppenteller verteilen. Etwas Schnittlauch waschen, in feinste Röllchen schneiden, die Kartoffelraspel damit bestreuen und die klare Hühnerbrühe darüberschöpfen.
✔ Für 1 Erwachsenen und 1 Kind.

Gebundene Kartoffelsuppe ab 12. Monat

500 g Kartoffeln, vorwiegend mehligkochend
2 Karotten
800 ml klare Fleischbrühe (s. S. 135) oder Wasser
1 EL frische Petersilie
1/4 TL frischer Majoran
Meersalz
1 Msp. Anis, frisch gemahlen
1 Msp. Koriander, frisch gemahlen
1 Msp. Muskatnuß, frisch gerieben
4 TL Sahne, geschlagen
ab 15. Monat zusätzlich: 4 TL Magerquark
Schnittlauch

Kartoffeln und Karotten waschen, schälen, mit der Gemüsereibe raspeln und in wenig Wasser in 25–30 Min. weichgaren. Mit Fleischbrühe oder Wasser auffüllen und alles zum Kochen bringen.

Petersilie und Majoran waschen, fein hacken und zusammen mit Meersalz und den Gewürzen etwa 5 Min. vor Garende hinzufügen. Die Suppe mit dem Pürierstab fein mixen.

Jeweils 1 TL geschlagene Sahne eventuell mit Magerquark vermischt auf 4 Suppenteller verteilen. Etwas Schnittlauch waschen, in feinste Röllchen schneiden, in die Teller streuen und die gebundene Kartoffelsuppe darüberschöpfen.
✔ Für 2 Erwachsene und 2 Kinder.

Gemüsesuppe — ab 12. Monat

1 1/2 l Wasser
150 g Karotten
100 g Pastinaken oder Petersilienwurzeln
100 g Kartoffeln
1/2 Stange Lauch, weißer Teil, oder 2 Frühlingszwiebeln
100 g Chinakohl
2 EL klare Suppe (Gemüsebrühextrakt)

Wasser zum Kochen bringen. Inzwischen Gemüse putzen, waschen und im ganzen etwa 25 Min. bei schwacher Hitze gar ziehen lassen. Den Gemüsebrühextrakt in der heißen Brühe auflösen. Die Suppe durch ein Sieb abgießen. Die Kartoffeln mit dem Kartoffelstampfer zerdrücken. Karotten und Petersilienwurzeln mit dem Pürierstab zermusen, Gemüse in 250 ml Brühe einrühren und alles mit dem Pürierstab noch einmal kurz aufschlagen. Die restliche Brühe aufheben.
Die heißen Kartoffeln eignen sich nicht zum Zermusen mit dem Pürierstab. Entweder Sie nehmen die Kartoffelpresse oder den Kartoffelstampfer.

Haferflockensuppe — ab 12. Monat

400 ml klare Hühnerbrühe (s. S. 134)
2 EL Haferflocken, Kleinblatt
1 EL Crème fraîche
1/4 TL Sesammus

eventuell 1 Msp. Muskatnuß, frisch gerieben
eventuell 1 Msp. Koriander, frisch gemahlen
1/4 TL frischer Majoran

Klare Hühnerbrühe in einem kleinen Topf erhitzen. Haferflocken einrühren und etwa 5 Min. bei schwacher Hitze ausquellen lassen. Mit Crème fraîche und Sesammus binden und eventuell mit den Gewürzen abschmecken. Majoran abzupfen, in die Haferflockensuppe streuen und weitere 5 Min. ziehen lassen.
✔ Für 1 Erwachsenen und 1 Kind.
Diese Suppe eignet sich gut als Abendmahlzeit.

Sauerampfersuppe mit Nudeln — ab 12. Monat

450 ml Gemüsebrühe (s. S. 134)
Saft aus:
50 g Sauerampferblättern und
2 cm Bleichsellerie
2 cm Lauch, weißer Teil
1 EL Butter
2 EL Sahne
Schnittlauch
eventuell 1 Msp. Muskatnuß, frisch gerieben
Meersalz
100 g Capellini oder Fadennudeln

Gemüse und Kräuter putzen und waschen. Sauerampferblätter und Bleichsellerie entsaften. Lauch in feine Ringe schneiden und diese kleinhacken. Schnittlauch in feinste Röllchen schneiden.

Butter in einem kleinen Topf erhitzen, den Lauch hineingeben und 2–3 Min. darin schwenken. Mit dem frisch gepreßten Gemüsesaft ablöschen. Die Gemüsebrühe angießen und alles etwa 5 Min. ziehen lassen. Mit Sahne, Schnittlauch, eventuell mit Muskatnuß und 1 Prise Meersalz würzen.

Inzwischen reichlich Salzwasser in einem Topf zum Kochen bringen. Die Nudeln in 2-cm-Stücke brechen und nach der Kochanleitung weich garen. Cappellini in ein Sieb gießen und in die Suppenteller verteilen. Die Sauerampfersuppe über die Nudeln gießen.

✔ Für 2 Erwachsene und 2 Kinder.

Es empfiehlt sich, dem Kleinkind Nudeln und Suppe getrennt anzubieten. 1 Löffel Suppe und 1 Löffel Nudeln. Wenn es beides mag, können Sie Nudeln und Suppe zusammenmischen.

Sauerampfer-Karotten-Suppe ab 12. Monat

1 EL Butter
1 EL Dinkelvollkornmehl
1 Bund Sauerampfer
100 g gekochte Karotten (aus der Gemüsebrühe)
400 ml Gemüsebrühe (s. S. 134)
3 EL Crème fraîche oder Sahne, geschlagen
Schnittlauch
eventuell 4 Hirsebällchen (s. S. 162)

Butter in einem kleinen Topf erhitzen und das Dinkelvollkornmehl mit dem Schneebesen einrühren. Während des Rührens nach und nach mit Gemüsebrühe ablöschen. Sauerampferblätter abspülen und im Blitzhacker fein hacken. Gekochte Karotten aus der Gemüsebrühe mit dem Pürierstab in einer hohen Rührschüssel pürieren. Gehackte Sauerampferblätter hinzufügen und mit etwas Brühe vermischen. Mischung in die Suppe geben und etwa 5 Min. köcheln lassen.

Etwas Schnittlauch waschen, in feinste Röllchen schneiden und in die Suppe streuen. Crème fraîche oder geschlagene Sahne unterheben und eventuell mit Hirsebällchen auf 2 Suppentellern anrichten.

✔ Für 1 Erwachsenen und 1 Kind.

Karottensuppe

ab 13. Monat

500 g Karotten
1 Schalotte
1 EL Petersilie
1 EL Butter
1 Msp. Rohrohrzucker
800 ml Gemüsebrühe (s. S. 134)
1 Scheibe dunkles Vollkornbrot
1 TL Dill
eventuell 1 Msp. Anis, frisch gemahlen
eventuell 1 Msp. Koriander, frisch gemahlen
4 EL Sahne, geschlagen

Karotten waschen, schälen und auf einer Gemüsereibe grob raspeln. Schalotte schälen und kleinhacken. Petersilie waschen und fein hacken. Butter in einem Topf schmelzen, gehackte Schalotte 2–3 Min. glasig dünsten, Petersilie, geraspelte Karotten und Rohrohrzucker hinzufügen und alles im geschlossenen Topf etwa 5 Min. hin- und herschwenken. Nach und nach Gemüsebrühe angießen und weitere 10–15 Min. zugedeckt dünsten.

Vollkornbrot entrinden und im Blitzhacker zerkleinern. Brotbrösel in die Suppe rühren.

Dill waschen und fein hacken. Karottensuppe mit Gewürzen, geschlagener Sahne und Dill abschmecken. Alles mit dem Pürierstab fein mixen und anrichten.

✔ Für 2 Erwachsene und 2 Kinder.

Kürbissuppe

ab 13. Monat

500 g Hokkaido- oder Gartenkürbis
200 g Kartoffeln
1 Schalotte
1 TL Maiskeimöl oder Distelöl
200 ml Gemüsebrühe (s. S. 134)
eventuell 1 Msp. Koriander, frisch gemahlen
eventuell 1 Msp. Muskatnuß, frisch gerieben
1 TL frische Petersilie

Kürbis vierteln, mit einem Löffel Kerne und bittere Fasern entfernen. Die Viertel in Spalten schneiden. Das Fruchtfleisch von der Schale lösen.

Kartoffeln schälen, waschen und abtrocknen. Kürbisfleisch und Kartoffeln auf einer Gemüsereibe grob raspeln. Schalotte schälen und fein hacken.

Maiskeimöl oder Distelöl leicht erhitzen. Die gehackten Schalotten andünsten, Kürbis- und Kartoffelraspel kurz im Öl schwenken. Nach und nach etwas Gemüsebrühe angießen. Das Kartoffel-Kürbis-Gemüse zugedeckt etwa 15 Min. bei mittlerer Hitze garen. Suppe eventuell mit Koriander und Muskatnuß würzen. Petersilie waschen, fein hacken und in die Suppe streuen. Alles mit dem Pürierstab fein mixen und anrichten.
✔ Für 2 Erwachsene und 2 Kinder.

Dinkelflockensuppe

ab 13. Monat

2 EL Butter
4 EL grobe Dinkel- oder Haferflocken
800 ml klare Hühnerbrühe (s. S. 134)
eventuell 1 Ei
3 EL Sahne
1/2 TL Sesammus
eventuell 1 Msp. Muskatnuß, frisch gerieben
Schnittlauch

Butter in einem kleinen Topf erhitzen. Dinkelflocken einstreuen und anrösten, dabei mit dem Holzlöffel ständig rühren. Mit klarer Hühnerbrühe ablöschen und etwa 10 Min. bei mittlerer Hitze köcheln. Ei in einer kleinen Schüssel verquirlen, Sahne hinzufügen und in die Suppe einrühren. Mit Sesammus binden und mit Muskatnuß abschmecken. Schnittlauch waschen, in feinste Röllchen schneiden und in die Dinkelflockensuppe streuen.
✔ Für 2 Erwachsene und 2 Kinder.

Dinkelsuppe

ab 13. Monat

3 EL gekochte Dinkelkörner (s. S. 205)
250 ml Gemüsebrühe (s. S. 134)
Saft aus:
5 jungen Mangoldblättern, grüne Teile
3 cm Bleichsellerie
1 TL frischer Petersilie
1/2 TL frischem Dill

Gekochte Dinkelkörner in einem kleinen Topf mit dem Pürierstab zermusen. Mit Gemüsebrühe auffüllen und erhitzen. Gemüse und Kräuter putzen, waschen, grob zerkleinern und in den Entsafter geben. Saft in die Dinkelsuppe einrühren und kurz erhitzen.
✔ Für 1 Erwachsenen und 1 Kind.

Dinkel-Kräutl-Suppe

ab 13. Monat

1/2 Bund Rucola
1/4 TL frischer Estragon
1/2 TL frische Petersilie
3–5 Blätter Basilikum
Schnittlauch
1–2 EL Olivenöl
7 EL Dinkelkörner, gekocht (s. S. 205)
300 ml Gemüsebrühe (s. S. 133) oder
300 ml Wasser mit 1 TL klare Suppe (Gemüsebrühextrakt)
4 Safranfäden oder 1 Prise Safran
2 EL Crème fraîche

Kräuter waschen, abzupfen und fein hacken, Schnittlauch in feinste Röllchen schneiden. Olivenöl in einem kleinen Topf erhitzen, Dinkelkörner unter Rühren leicht anrösten, Rucola hinzufügen und 1–2 Min. andünsten. Mit Gemüsebrühe oder Wasser mit Gemüsebrühextrakt ablöschen. Safranfäden oder 1 Prise Safran hineingeben und etwa 5 Min. köcheln lassen. Restliche Kräuter hinzufügen, Crème fraîche untermischen und weitere 5 Min. ziehen lassen. Die Suppe in eine hohe Rührschüssel füllen, mit dem Pürierstab fein mixen und auf 2 Suppentellern anrichten.
✔ Für 1 Erwachsenen und 1 Kind.
Spargelsud (s. S. 112) eignet sich auch sehr gut zum Ablöschen.

Spargelrahmsuppe

ab 13. Monat

1 EL Butter
1 EL Dinkelvollkornmehl
250 ml Spargelsud (s. S. 112)
100 g gegarte Spargelspitzen
Schnittlauch
2 EL Sahne, geschlagen

Butter in einem kleinen Topf erhitzen und das Dinkelvollkornmehl mit dem Schneebesen einrühren. Während des Rührens nach und nach mit Spargelsud ablöschen. Gegarte Spargelspitzen in Scheibchen schneiden und in die Suppe legen. Spargel in der Suppe je nach Alter des Kindes mit dem Pürierstab in einer hohen Rührschüssel pürieren. Etwas Schnittlauch waschen, in feinste Röllchen schneiden und in die Suppe streuen. Geschlagene Sahne unterheben und anrichten.
✔ Für 1 Erwachsenen und 1 Kind.

Spargel-Spinat-Suppe

ab 13. Monat

100 g Blattspinat
1 EL Butter
1 EL Dinkelvollkornmehl
250 ml Spargelsud (s. S. 112)
2 gegarte Spargelstangen
Schnittlauch
1/4 TL frischer Estragon
1 EL Sahne, geschlagen
eventuell 1 Msp. Muskatnuß, frisch gerieben

Spinat verlesen, putzen, waschen und tropfnaß in einem großen Topf etwa 5 Min. im eigenen Saft zugedeckt dünsten. Den gekochten Spinat in ein Sieb abgießen und mit kaltem Wasser überbrausen, damit die grüne Farbe erhalten bleibt, und die ganze Flüssigkeit ausdrücken.

Butter in einem kleinen Topf erhitzen und das Dinkelvollkornmehl mit dem Schneebesen einrühren. Während des Rührens nach und nach mit Spargelsud ablöschen und einkochen lassen.

Gegarte Spargelstangen in Scheibchen schneiden und zusammen mit dem ausgedrückten Spinat in einer hohen Rührschüssel mit dem Pürierstab pürieren.

Das Gemüsepüree in die Suppe rühren und noch einige Minuten ziehen lassen. Inzwischen Kräuter waschen. Schnittlauch in

feinste Röllchen schneiden, Estragon abzupfen und fein hacken und in die Suppe streuen. Geschlagene Sahne unterheben, eventuell mit Muskatnuß würzen und auf 2 Suppentellern anrichten.
✔ Für 1 Erwachsenen und 1 Kind.

Grünkern-Zucchini-Suppe
ab 15. Monat

1 EL Butter
3 EL Grünkern, mehlfein gemahlen
400 ml klare Hühnerbrühe (s. S. 134)
100 g Zucchini
einige Tropfen Zitronensaft
2 EL Sahne, geschlagen
1 Eigelb
Schnittlauch

Butter in einem Topf erhitzen. Grünkernschrot mit dem Schneebesen hineinrühren und etwa 1 Min. einbrennen lassen. Nach und nach mit Hühnerbrühe ablöschen. Suppe etwa 15 Min. bei mittlerer Hitze einkochen lassen.

Inzwischen Zucchini schälen, Blüten- und Stielansatz entfernen und auf der Rohkostreibe fein raspeln. Zucchiniraspel in die Suppe rühren und weitere 10 Min. bei schwacher Hitze köcheln lassen.

Suppe mit Zitronensaft abschmecken, Sahne und Eigelb unterziehen. Etwas Schnittlauch waschen, in feinste Röllchen schneiden und in die Suppe streuen.
✔ Für 1 Erwachsenen und 1 Kind.

Flädlesuppe

ab 15. Monat

400 ml klare Fleischbrühe (s. S. 135)
1 Pfannkuchen vom Vortag (s. S. 160)
Schnittlauch

Klare Fleischbrühe erhitzen. Kalten Pfannkuchen in feine Streifen schneiden und auf 2 Suppenteller verteilen. Etwas Schnittlauch in feinste Röllchen schneiden, über die Pfannkuchenstreifen streuen und die Brühe darüberschöpfen.

✔ Für 1 Erwachsenen und 1 Kind.

Graupensuppe

ab 15. Monat

100 g Gerstengraupen (Rollgerste)
1 EL Butter
1 1/2 l Gemüsebrühe (s. S. 134) oder Rinderkraftbrühe (s. S. 136)
1 Eigelb
1 TL Dinkelvollkornmehl
1/8 l Vollmilch
Schnittlauch

Graupen am Vorabend in lauwarmem Wasser einweichen. Am nächsten Tag mit kaltem Wasser bedeckt und unter Zugabe der Butter zum Kochen bringen. Wenn die Rollgerste alles Wasser aufgesogen hat, schöpflöffelweise heiße Brühe angießen, bis alle Brühe verbraucht ist. Nach knapp 1 Std. ist die Rollgerste gar.

Eigelb mit Dinkelmehl und Milch glattrühren, 1 Schöpflöffel heiße Suppe unterrühren und in die Graupensuppe geben. Weitere 10 Min. ziehen lassen. Etwas Schnittlauch in feinste Röllchen schneiden und in die Suppe streuen.

✔ Für 2 Erwachsene und 2 Kinder.

Reis und Risotto

Reis ist für Kleinkinder das am besten verträgliche Getreide. Beim Vollwertreis oder Naturreis unterscheidet man zwischen Langkorn-, Mittelkorn- und Rundkornreis, die aus ganz unterschiedlichen Regionen kommen können. Besonders der italienische Rundkornreis (Arborio- oder Vialone-Reis), der sich zum Risotto hervorragend eignet, hat einen mild-süßen Geschmack, der kleinen Kindern sehr entgegenkommt. Auch Süßer Reis (Mochi-Reis) ist ideal für Milchreisgerichte und kleine Nachspeisen (s. S. 180 ff.).

Reis ist reich an Kalium und fördert die Verdauung. Kinder mit Hautekzemen sollten viel Langkornreis als körnige Beilage essen. Vermeiden Sie weißen, polierten Reis, der nur noch wenig Vitamine und Mineralstoffe enthält. Auch wenn Sie doppelte Garzeiten in Kauf nehmen müssen, sollten Sie sich für den viel wertvolleren Vollkornreis entscheiden.

Vollkornreis

ab 12. Monat

250 g Langkorn-Naturreis
550 ml Wasser oder Gemüsebrühe (s. S. 133)
Meersalz
1 TL frische Petersilie
1 EL Butter

Reis im Sieb überbrausen, bis das Wasser klar ist, und abtropfen lassen.

Reis in einem Topf mit 550 ml Wasser oder Gemüsebrühe kalt aufsetzen und einmal aufkochen lassen. Hitze reduzieren und den Reis bei schwacher bis mittlerer Hitze zugedeckt 35–40 Min. leicht kochen. Von der Herdplatte nehmen, mit etwas Meersalz würzen und weitere 10 Min. nachquellen lassen.

Petersilie waschen und fein hacken. Gehackte Petersilie und Butterflöckchen unter den Reis mischen.

✔ Beilage für 2 Erwachsene und 2 Kinder.
Garniertip: Reisportionen in kleine Förmchen drücken und auf 4 Teller stürzen.

Reisnudeln

ab 13. Monat

250 g Langkorn-Naturreis
1 Nest Suppennudeln (Fadennudeln)
1 EL Butter
Meersalz
eventuell 1 Msp. Safranfäden oder Safranpulver

Reis im Sieb überbrausen, bis das Wasser klar ist, und abtropfen lassen. Suppennudeln in 1 cm kleine Stücke brechen.

Butter in einer Kasserolle erhitzen, Nudelstücke roh hineingeben und anrösten. Mit dem Holzlöffel ständig rühren, bis die Nudelstücke goldbraun sind. Reis hinzufügen und unterrühren. 500 ml Wasser angießen und die Reisnudeln einmal aufkochen. Reisnudeln bei schwacher bis mittlerer Hitze zugedeckt etwa 35 Min. leicht kochen. Etwa 10 Min. vor Ende der Garzeit salzen und eventuell etwas Safran unterrühren. Von der Herdplatte nehmen und weitere 10 Min. nachquellen lassen.
✔ Beilage für 2 Erwachsene und 2 Kinder.

Safranrisotto

ab 13. Monat

250 g Arborio- oder Vialone-Reis
2 EL Butter
600–650 ml heißes Wasser
1 Msp. Safranfäden oder Safranpulver
Meersalz

Reis im Sieb überbrausen, bis das Wasser klar ist, und abtropfen lassen. Butter in einer Kasserolle erhitzen. Den Reis bei mittlerer Hitze mit dem Holzlöffel einrühren.

Wenn die Reiskörner glasig sind, schöpfkellenweise heißes Wasser angießen, dabei ständig rühren. Immer erst dann wieder heißes Wasser nachgießen, wenn es vom Reis aufgesogen ist. Nach etwa 15 Min. etwas Safran und 1 Prise Meersalz unterrühren. Nach weiteren 10 Min. Garzeit sind die Reiskörner weich. Der Risotto soll nicht trocken sein, sondern die Konsistenz einer dicken Suppe haben.

✔ Beilage für 2 Erwachsene und 2 Kinder.

Dieser Risotto ist auch ideal für die Zubereitung von kleinen Nachspeisen (s. S. 184, 191). Wenn er für Reisnocken (s. nächstes Rezept) für den nächsten Tag vorgekocht wird, sollte die Garzeit etwa 35 Min. betragen.

Reisnocken

ab 13. Monat

200 g fertiger Safranrisotto (s. oben) vom Vortag
1 Ei
2 EL Weizenmehl
2 EL Butter

Safranrisotto vom Vortag aus dem Kühlschrank nehmen. Ei in einem tiefen Teller verquirlen. Mehl auf einen flachen Teller streuen. Mit einem Eßlöffel Nocken abstechen, mit der Hand etwas festdrücken und zuerst im verquirlten Ei, dann im Mehl wenden.

Butter in einer Pfanne erhitzen. Reisnocken rundherum goldgelb anbraten und sofort servieren.

✔ Für 1 Erwachsenen und 1 Kind.

Reisnocken eignen sich gut als Hauptgericht mit Tomatensauce (s. S. 169). Mit Zimtzucker bestreut, mögen Kinder auch gerne Preiselbeeren, Kompott oder Beerenmus (s. S. 130) dazu.

Risotto mit Blattspinat

ab 13. Monat

500 g frischer Blattspinat
1 Schalotte
eventuell 1 TL frische Petersilie
200 g Arborio- oder Vialone-Reis
2 EL Butter
500–550 ml heißes Wasser
Meersalz
eventuell 1 Msp. Muskatnuß, frisch gerieben
2 EL Sahne, geschlagen

Spinat verlesen, putzen, waschen und tropfnaß in einem großen Topf etwa 5 Min. im eigenen Saft zugedeckt dünsten. Den gekochten Spinat in ein Sieb abgießen, mit kaltem Wasser überbrausen, damit die grüne Farbe erhalten bleibt, und die ganze Flüssigkeit ausdrücken. Spinat mit dem Pürierstab fein pürieren. Schalotte schälen und kleinhacken. Petersilie waschen und fein hacken.

Reis im Sieb überbrausen, bis das Wasser klar ist, und abtropfen lassen.

Butter in einer Kasserolle erhitzen. Gehackte Schalotten kurz andünsten und in der Butter schwenken. Nach etwa 2 Min. den Reis bei mittlerer Hitze mit dem Holzlöffel einrühren.

Wenn die Reiskörner glasig sind, schöpfkellenweise heißes Wasser angießen, dabei ständig rühren. Immer erst dann wieder heißes Wasser nachgießen, wenn es vom Reis aufgesogen ist. Mit 1 Prise Meersalz und eventuell 1 Msp. Muskatnuß würzen. Nach etwa 25 Min. Garzeit sind die Reiskörner weich. Pürierten Spinat einrühren. Geschlagene Sahne und gehackte Petersilie untermischen. Der Risotto soll nicht trocken sein, sondern die Konsistenz einer dicken Suppe haben.

✔ Beilage für 2 Erwachsene und 2 Kinder.

Karottenrisotto

ab 14. Monat

250 g Karotten
150 g Arborio- oder Vialone-Reis
1/2 TL frische Petersilie
2 EL Butter
1/2 TL Rohrohrzucker
1/2 TL klare Suppe (Gemüsebrühextrakt)
500–550 ml heißes Wasser
eventuell 1 Msp. Safranfäden oder Safranpulver
5 Blätter Basilikum
2 EL Sahne

Karotten waschen, schälen und mit dem Gemüsehobel in feine Scheiben schneiden. Reis im Sieb überbrausen, bis das Wasser klar ist, und abtropfen lassen. Petersilie waschen und fein hacken.

Butter in einer Kasserolle erhitzen, den Rohrohrzucker einstreuen und einige Sekunden karamelisieren lassen. Petersilie und Karotten dazugeben und bei mittlerer Hitze in der heißen Butter mit geschlossenem Deckel immer wieder hin- und herschwenken, bis die Karotten die Butter gut aufgesogen haben. Nach etwa 2 Min. den Reis mit dem Holzlöffel dazurühren. Wenn die Reiskörner glasig sind, Gemüsebrühextrakt in heißem Wasser auflösen, schöpfkellenweise angießen und eventuell etwas Safran hinzufügen. Dabei den Reis immer wieder umrühren. Immer erst dann wieder heiße Flüssigkeit nachgießen, wenn diese vom Reis aufgesogen ist. Nach etwa 25 Min. Garzeit sind die Reiskörner weich. Der Risotto soll nicht trocken sein, sondern die Konsistenz einer dicken Suppe haben.

Basilikum waschen, fein hacken und unter den Risotto mischen, eventuell noch etwas Wasser und Sahne angießen.

✔ Für 1 Erwachsenen und 1 Kind.

Rote-Bete-Risotto

ab 15. Monat

200 g Arborio- oder Vialone-Reis
1 Schalotte
1 TL frische Petersilie
100–150 ml Rote-Bete-Saft, frisch gepreßt
1 EL Butter
450–500 ml heißes Wasser
Meersalz
eventuell 1 Msp. Muskatnuß, frisch gerieben
2 EL Sahne, geschlagen
eventuell 1 EL Naturjoghurt

Reis im Sieb überbrausen, bis das Wasser klar ist, und abtropfen lassen. Schalotte schälen und kleinhacken. Petersilie waschen und fein hacken. Rote Bete waschen, schälen, in Stücke schneiden und in den Entsafter geben.

Butter in einer Kasserolle erhitzen. Gehackte Schalotten kurz andünsten und in der Butter schwenken. Nach etwa 2 Min. den Reis bei mittlerer Hitze mit dem Holzlöffel einrühren.

Wenn die Reiskörner glasig sind, mit dem Rote-Bete-Saft ablöschen und schöpfkellenweise heißes Wasser angießen, dabei ständig rühren. Immer erst dann wieder heißes Wasser nachgießen, wenn es vom Reis aufgesogen ist. Mit 1 Prise Meersalz und eventuell 1 Msp. Muskatnuß würzen. Etwa 5 Min. vor Ende der Garzeit feingehackte Petersilie untermischen. Nach etwa 25 Min. Garzeit sind die Reiskörner weich. Der Risotto soll nicht trocken sein, sondern die Konsistenz einer dicken Suppe haben.

Geschlagene Sahne und eventuell Joghurt einrühren.

✔ Beilage für 2 Erwachsene und 2 Kinder.

Dieser Risotto ist ideal für Gemüsemuffel. Auch frisch gepreßter Kürbissaft – gemischt mit dem Saft von 1/2 Fenchelknolle – oder Karottensaft – gemischt mit dem Saft von 1 Petersilienwurzel – eignen sich hervorragend. Zum Würzen nehmen Sie dann frisch gemahlenen Anis.

Risi e bisi

ab 15. Monat

250 g frische Erbsen, ausgelöst (in der Schale 750 g) oder tiefgekühlt
200 g Arborio- oder Vialone-Reis
1 EL frischer Rucola
1 EL frische Petersilie
1 Schalotte
2 EL Butter
500–550 ml heiße Gemüsebrühe (s. S. 134)
eventuell 1 Msp. Safranfäden oder Safranpulver
Meersalz

Erbsen aus der Schale lösen und kurz überbrausen. Reis im Sieb überbrausen, bis das Wasser klar ist, und abtropfen lassen. Rucola und Petersilie waschen und fein hacken. Schalotte schälen und kleinhacken.

Butter in einer Kasserolle erhitzen. Gehackte Schalotten kurz andünsten, die Erbsen hinzufügen und in der Butter schwenken. Nach etwa 2 Min. Rucola und Reis mit dem Holzlöffel unterrühren. Wenn die Reiskörner glasig sind, heiße Gemüsebrühe schöpfkellenweise angießen und eventuell etwas Safran hinzufügen. Dabei den Reis immer wieder umrühren. Immer erst dann heiße Flüssigkeit nachgießen, wenn diese vom Reis aufgesogen ist. Etwa 5 Min. vor Ende der Garzeit die feingehackte Petersilie untermischen. Nach etwa 25 Min. Garzeit sind die Reiskörner weich. Eventuell noch etwas Wasser angießen.

✔ Für 1 Erwachsenen und 1 Kind.

Beilagen als Hauptgericht

Zum Mittagessen mögen Kleinkinder ganz besonders gern Beilagen mit Saucen. Gemüse sorgt zudem für farbenfrohe Abwechslung auf dem Teller. Mit ausgestochenen Gemüsemotiven oder einer Nase aus einer Karottenspitze können Sie Ihren Sprößling immer wieder überraschen. Punkt, Punkt, Komma, Strich – und der Teller sieht aus wie ein Mondgesicht. Als Beilagen sollten Sie Vollkornprodukten, die noch alle Bestandteile des Getreidekorns enthalten, den Vorzug geben.

Kinder-Rösti ab 13. Monat

5 gekochte Pellkartoffeln vom Vortag
2 EL Butter

Die kalten Pellkartoffeln schälen und auf einer Kartoffelreibe grob raffeln.

Butter in einer kleinen Pfanne erhitzen. Kartoffelraspel hineingeben und mit dem Bratenwender etwas flachdrücken. Wenn die untere Seite goldgelb ist, die Kinder-Rösti wenden und die zweite Seite anbraten.

✔ Für 1 Erwachsenen und 1 Kind.

Zusammen mit einem Glas Milch ein köstlich einfaches Abendessen.

Fingernudeln mit Apfelmus ab 13. Monat

400 g Kartoffeln, vorwiegend mehligkochend
1 Eigelb
Meersalz
etwas Vollkornmehl zum Bestäuben
800 g Klaräpfel oder Gravensteiner

eventuell 1 EL Rohrohrzucker mit 1 Msp. gemahlenem Zimt vermischt
2–3 EL Butter

Kartoffeln waschen und mit der Schale in einem Topf mit 200 ml Wasser zum Kochen bringen, dann die Kartoffeln bei schwacher Hitze in 20–25 Min. garen.

Die heißen Pellkartoffeln ausdampfen lassen, schälen und durch die Kartoffelpresse drücken. Mit Eigelb und 1 Prise Meersalz zu einem Kartoffelteig verkneten. Teig etwa 30 Min. ruhen lassen. Acht 10 cm lange Röllchen formen und mit etwas Vollkornmehl bestäuben.

Inzwischen die Äpfel waschen, vierteln und das Gehäuse entfernen. Apfelschnitze mit 100 ml Wasser in einem Topf zugedeckt bei mittlerer Hitze in etwa 10 Min. garen. Äpfel mit dem Kartoffelstampfer im Topf durchdrücken. Das Apfelmus mit einer Schöpfkelle herausnehmen und eventuell mit Zimtzucker bestreuen (ist bei Kläräpfeln nicht nötig). Die ausgedrückten Schalen wegwerfen.

Butter in einer Pfanne erhitzen und die Fingernudeln auf beiden Seiten in 3–5 Min. goldgelb anbraten. Fingernudeln mit Apfelmus anrichten.

✔ Für 1 Erwachsenen und 1 Kind.

Reibekuchen

ab 13. Monat

1,5 kg mittelgroße Kartoffeln, mehligkochend
2 EL Sauerrahm oder 2 EL Naturjoghurt
Meersalz
eventuell 1 Msp. Muskatnuß, frisch gerieben
eventuell 1 Ei
1 EL Olivenöl
4 EL Butter

Kartoffeln schälen, waschen und mit einer feinen Rohkostreibe in feinste Raspel schneiden (am schnellsten geht es mit der Küchenmaschine mit Reibeeinsatz). Sauerrahm oder Naturjoghurt sofort untermischen, damit die Kartoffelraspel sich nicht verfärben. Kartoffeln in ein Haarsieb geben und den Kartoffelsaft abtropfen lassen.

Kartoffelmasse salzen, eventuell mit 1 Prise Muskatnuß würzen und eventuell ein Ei unterrühren. Etwas Olivenöl in einer Pfanne erhitzen, dann die Butter hinzufügen und zerlassen. Aus 1 EL Kartoffelmasse flache Puffer portionsweise in 2 Pfannen verteilen und beidseitig etwa 10 Min. goldgelb braten. Dazu paßt Apfelmus (s. S. 128 oder S. 158).

Ergibt etwa 16 kleine Reibekuchen.
✔ Für 2 Erwachsene und 2 Kinder.

Nudelflecken

ab 13. Monat

Für den Teig:
200 g Weizenmehl Type 550 oder 812 und Mehl zum Ausrollen
2 Eier
Meersalz
1 TL Sonnenblumenöl
nach Bedarf einige Tropfen Wasser
Zum Beträufeln:
3 EL Butter

Mehl in eine Schüssel sieben und mit 1 Prise Meersalz vermischen. Eine kleine Mulde drücken und die Eier hineingeben. Von der Mitte aus die Eier mit dem Mehl verarbeiten und so lange verkneten, bis ein fester, aber elastischer Nudelteig entstanden ist. Wenn der Teig zu fest wird, Sonnenblumenöl (bei Weizenmehl Type 812 unbedingt nötig) und eventuell einige Tropfen Wasser hinzufügen. Den Teig nochmals kräftig durchkneten, zur Kugel formen und in Klarsichtfolie gewickelt etwa 15 Min. ruhen lassen. Teigkugel in vier Stücke teilen und auf einem bemehlten Backbrett papierdünn ausrollen. Mit einem Teigrädchen 2 cm große

Streifen schneiden, diese in Quadrate oder Dreiecke mit 2 cm Seitenlänge schneiden. Auf einem leicht bemehlten Backblech oder Küchentuch ausbreiten und etwas antrocknen lassen.

Reichlich Salzwasser in einem großen Topf zum Kochen bringen und die Nudelflecken portionsweise in 2–3 Min. garen. Nudelflecken mit einem Schaumlöffel aus dem Wasser herausnehmen, mit kaltem Wasser kurz abschrecken und abtropfen lassen.

Butter in einer Pfanne schmelzen und die Nudelflecken darin schwenken.

Dazu paßt Blattspinat (s. S. 109) oder Tomatensauce (s. S. 169).

✔ Für 2 Erwachsene und 2 Kinder.

Variante: 4–5 EL Gemüse- oder Kartoffelpüree vom Vortag, eventuell mit 1 EL Frischkäse vermischt. Nudelflecken 4–5 cm groß ausschneiden, mit einem erbsengroßen Klecks Gemüsepüree füllen. Nudelflecken zu einem dreieckigen Päckchen zusammenfalten, die Ränder mit den befeuchteten Fingerkuppen leicht andrücken. Rezept wie oben beschrieben fertigstellen, dabei die Nudelpäckchen nach dem Aufwallen 3–4 Min. ziehen lassen.

Pfannkuchen

ab 13. Monat

125 g Weizenmehl Type 812 oder Dinkelvollkornmehl
75 ml Mineralwasser
150 ml Vollmilch, 3,5 % Fett
Meersalz
2 Eier
etwas Sonnenblumenöl
4 EL Butter

Mehl mit Mineralwasser, etwas Vollmilch und 1 Prise Meersalz glattrühren, die Eier mit dem Schneebesen darunterziehen. So viel Milch dazugießen, daß ein dünnflüssiger Pfannkuchenteig entsteht. Den Teig etwa 30 Min. quellen lassen. Wird der Teig durch das Quellen zu dick, noch etwas Milch unterrühren.

Eine Kupferpfanne oder eine beschichtete Pfanne erhitzen. Sonnenblumenöl in die heiße Pfanne tropfen lassen, jeweils 1 TL Butter darin schmelzen und 1 kleinen Schöpflöffel Pfannkuchenteig in die heiße Butter gießen. Pfanne schwenken, so daß der Pfannenboden dünn mit Teig bedeckt ist. 6–8 Pfannkuchen bei schwacher bis mittlerer Hitze nacheinander beidseitig goldgelb ausbacken und warm stellen.
✔ Für 1 Erwachsenen und 1 Kind.
Als Beilage passen die Pfannkuchen gut zu Spargel oder zu Schwarzwurzeln in Dinkelsauce (s. S. 113). Mit Blattspinat (s. S. 109) bestrichen, ergeben die Pfannkuchenrollen eine komplette Mittagsmahlzeit. Mit Gemüsepüree vermischt, kann man daraus auch Waffeln backen. Als Nachtisch paßt jedes Kompott sehr gut dazu. Was übrigbleibt, schmeckt auch am nächsten Tag in Streifen geschnitten als Flädlesuppe (s. S. 149).

Dinkelsemmelknödel ab 13. Monat

4 altbackene Dinkelsemmeln
100 ml Vollmilch, 3,5 % Fett
3 EL Butter
2 Eier
2 EL frische Petersilie
Meersalz
1 Msp. Muskatnuß, frisch gerieben

Dinkelsemmeln in feine Scheiben, diese in kleine Streifen schneiden. Die Hälfte davon in einer Schüssel mit warmer Milch übergießen und einweichen.

Butter in einer Pfanne schmelzen und die andere Hälfte der Semmelstreifen leicht anrösten. Die eingeweichten Dinkelsemmeln mit den gerösteten Streifen und Eiern vermischen. Petersilie waschen und fein hacken. Semmelteig mit 1 Prise Meersalz und Muskatnuß würzen und die feingehackte Petersilie unterkneten. Mit angefeuchteten Händen 8 kleinere Knödel daraus formen.

Reichlich Salzwasser in einem großen Topf zum Kochen bringen. Die Knödel im leicht siedenden Wasser 15–20 Min. gar ziehen lassen.
✔ Für 2 Erwachsene und 2 Kinder.

Hirsebällchen

ab 13. Monat

6 EL Hirse, gekocht (350 g Hirse, gekocht gewogen, s. S. 204)
50 g Butter
1 TL frische Petersilie
6 Blätter Basilikum
1/2 Brezel vom Vortag, frisch gerieben
Meersalz

Gekochte Hirse in einer hohen Rührschüssel mit dem Pürierstab pürieren. Kalte Butter dazurühren. Kräuter waschen, von den Zweigen zupfen, fein hacken und unter die Hirsebutter mischen. Brezel auf einer Küchenreibe fein reiben und dazugeben. Aus der Masse 16 kleine Bällchen formen.

Reichlich Salzwasser in einem großen Topf zum Kochen bringen. Die Bällchen im leicht siedenden Wasser 5–8 Min. gar ziehen lassen.
✔ Für 2 Erwachsene und 2 Kinder.
Eignet sich als Beilage oder als Suppeneinlage.

Kartoffeltaler mit Zwetschgenmus

ab 14. Monat

Kartoffelteig:
1 kg Kartoffeln, vorwiegend festkochend
1 EL Butter
2 EL Dinkel, mehlfein gemahlen
1 Eigelb
Meersalz
1 Msp. Muskatnuß, frisch gerieben

Zwetschgenmus:
1 kg Zwetschgen
1 EL Rohrohrzucker mit 1 Msp. gemahlenem Zimt vermischt
Zum Servieren:
2–3 EL Semmelbrösel
2–3 EL Butter

Kartoffeln waschen und mit der Schale in einem großen Topf mit 500 ml Wasser zum Kochen bringen, dann die Kartoffeln bei schwacher Hitze in 20–25 Min. garen.

Die heißen Pellkartoffeln ausdampfen lassen, schälen und durch die Kartoffelpresse drücken. Mit Butter, Dinkelschrot, Eigelb, 1 Prise Meersalz und Muskatnuß zu einem Kartoffelteig verkneten. Kartoffelteig zu etwa 30 Bällchen formen, diese zu Kartoffeltalern flachdrücken.

Zwetschgen für das Zwetschgenmus waschen und entsteinen. Zwetschgenhälften mit 100 ml Wasser in einer Kasserolle zugedeckt bei mittlerer Hitze etwa 10 Min. garen. Zwetschgen durch ein Sieb streichen, das Mus mit Zimtzucker bestreuen.

Kartoffeltaler in den Semmelbröseln wälzen, Butter in einer Pfanne schmelzen, Kartoffeltaler darin rundherum goldgelb anbraten. Mit dem abgekühlten Zwetschgenmus anrichten.

✔ Für 2 Erwachsene und 2 Kinder.

Apfel- oder Beerenmus passen ebenso gut dazu wie Mirabellen- oder Zwetschgenkompott.

Spinatspätzle

ab 15. Monat

200 g frischer Blattspinat
300 g Dinkelvollkornmehl
oder 150 g Dinkelvollkornmehl und 150 g Dinkelmehl Type 630
3 Eier
5–6 EL Wasser
Meersalz
etwas Olivenöl

Zum Servieren:
2 EL Butter
ab 18. Monat zusätzlich:
100 g frische Champignons oder Steinpilze
1 TL frische Petersilie
2 EL Butter

Spinat putzen, waschen und naß etwa 5 Min. zugedeckt dünsten. Gekochten Spinat in ein Sieb abgießen, mit kaltem Wasser überbrausen, gut ausdrücken und den Spinat in einer hohen Rührschüssel pürieren.

Dinkelmehl, Eier, 3 EL Wasser und 1/4 TL Meersalz zu einem Spätzleteig verkneten, am Schluß den abgekühlten Spinat untermischen und den Teig mindestens 5 Min. kneten. Wenn der Teig noch zu fest ist, nach Bedarf 2–3 EL Wasser hinzufügen. Mit einigen Tropfen Olivenöl wird der zähe Teig etwas geschmeidiger.

Inzwischen reichlich Wasser mit etwas Meersalz in einem großen Topf zum Kochen bringen. Die Spinatspätzle mit dem Spätzlehobel nach und nach ins sprudelnde Wasser schaben. Sobald die Spätzle gar sind, steigen sie an die Oberfläche. Eine große Schüssel mit warmem Wasser füllen. Die Spätzle mit dem Schaumlöffel herausnehmen, in das warme Wasser geben, bis alle gar sind. Spätzle durch ein Sieb abgießen.

Butterflöckchen auf die heißen Spätzle geben und untermischen.

Champignons oder Steinpilze putzen, kurz mit Wasser überbrausen und fein hacken. Petersilie waschen und fein hacken.

Butter in einer großen Pfanne schmelzen. Die Pilze unter ständigem Rühren so lange dünsten, bis etwa die Hälfte der ausgetretenen Flüssigkeit verkocht ist. Am Schluß die feingehackte Petersilie unterrühren. Die Spinatspätzle untermischen und anrichten.

✔ Für 2 Erwachsene und 2 Kinder.

Wenn etwas übrigbleibt, schmecken die Spinatspätzle auch sehr gut in einer klaren Hühnerbrühe (s. S. 134) mit Schnittlauch.

Gefüllte Kartoffeln in Kürbissauce ab 15. Monat

4 mittelgroße Kartoffeln, vorwiegend festkochend
Meersalz
5 Scheiben Lachsschinken ohne Fettrand
Schnittlauch
2 EL Butter
1 Eigelb
2 EL Crème fraîche
1 Msp. Muskatnuß, frisch gerieben
1/2 TL Sesamsaat, gemahlen
Kürbissauce:
1 kg Hokkaido- oder Gartenkürbis
1 Schalotte
1 TL frischer Dill
1 TL frische Petersilie
1 EL Olivenöl
1 EL Butter
1 Msp. Koriander, frisch gemahlen
1 Msp. Anis, frisch gemahlen
Meersalz
1 EL Sauerrahm

Kartoffeln schälen, waschen, längs halbieren und mit einem Kugelausstecher aushöhlen. Die ausgehöhlten Kartoffelhälften in einem Topf mit Dämpfeinsatz und wenig Salzwasser zum Kochen bringen und bei schwacher Hitze in etwa 15 Min. garen. Vorsichtig herausnehmen, damit sie nicht zerfallen und in eine mit Butter ausgestrichene Auflaufform setzen. Gleichzeitig die ausgehöhlten Kartoffelkugeln in einem zweiten Topf mit wenig Salzwasser in etwa 15 Min. weich kochen.

Backofen auf 200° (Gas Stufe 3) vorheizen.

Lachsschinken in feinste Streifen und diese in Würfel schneiden. Etwas Schnittlauch waschen und in feinste Röllchen schneiden. 1 TL Butter in einem Pfännchen schmelzen und die Schinkenwürfel etwa 1 Min. darin schwenken.

Gegarte Kartoffelkugeln durch die Kartoffelpresse drücken, Eigelb und Crème fraîche darunterrühren. Die Kartoffelmasse mit Schinkenwürfeln, Schnittlauchröllchen und Muskatnuß vermischen und alles in die ausgehöhlten Kartoffelhälften füllen. Gefüllte Kartoffeln mit Butterflöckchen belegen und im vorgeheizten Ofen auf der obersten Schiene etwa 10 Min. goldgelb backen.

Für die Sauce Kürbis vierteln, mit einem Löffel Kerne und bittere Fasern entfernen. Die Viertel in Spalten schneiden. Das Fruchtfleisch von der Schale lösen und auf einer Gemüsereibe grob raspeln. Schalotte schälen und fein hacken. Dill und Petersilie waschen und fein hacken.

Olivenöl und 1 EL Butter leicht erhitzen, Schalotte unter ständigem Rühren anschwitzen. Die Hälfte der Petersilie und die Kürbisraspel einige Sekunden im Butter-Öl-Gemisch schwenken und mit 100 ml Wasser angießen. Das Kürbisgemüse zugedeckt etwa 10 Min. bei mittlerer Hitze garen. Mit Koriander, Anis und Meersalz würzen. Alles mit dem Pürierstab fein mixen. Restliche Petersilie und Dill mit dem Sauerrahm vermischen und in die Sauce rühren.

Jeweils 1 Schöpfkelle der Kürbissauce auf 4 tiefe Teller verteilen. Kartoffelhälften in die Teller legen und jeweils mit 1 Msp. gemahlener Sesamsaat bestreuen.

✔ Für 2 Erwachsene und 2 Kinder.

Sie können die ausgehöhlten Kartoffeln auch mit Sauerrahm-Frischkäse und Kräutern (s. S. 202) füllen. Die Kartoffelkugeln schmecken ebenso gut als Suppeneinlage wie in frischen Semmelbröseln gewälzt und in Butter geschwenkt zu Apfelmus (s. S. 128, 157) als eigenes Gericht.

Schinkennudeln ab 15. Monat

1/2 Frühlingszwiebel, weißer Teil
1 EL frischer Rucola
50 g Lachsschinken ohne Fettrand
2 EL Butter

100 g Hartweizennudeln oder Vollkornnudeln
Meersalz
einige Tropfen Olivenöl
2 EL Magerquark oder Naturjoghurt

Frühlingszwiebel waschen, putzen und den weißen Teil fein hacken. Rucola waschen und fein hacken. Lachsschinken in feinste Würfelchen schneiden.

1 EL Butter in einem Topf schmelzen. Gehackte Frühlingszwiebel unter ständigem Rühren anschwitzen. Rucola dazugeben und kurz mitschwenken. Die Schinkenwürfelchen bei schwacher Hitze etwa 2 Min. offen dünsten.

Inzwischen die Nudeln in reichlich Salzwasser mit einigen Tropfen Olivenöl gar kochen. Eventuell die Schinkensauce mit etwas Nudelwasser verdünnen. Nudeln abgießen, die übrige Butter sowie den Quark oder Joghurt untermischen, in Suppenteller verteilen und die Schinkensauce darübergeben.

✔ Für 1 Erwachsenen und 1 Kind.

Gemüse-Maultaschen 15. Monat

Für den Teig:
200 g Weizenmehl Type 812 und Mehl zum Ausrollen
2 Eier
1 EL weiche Butter
1–2 EL lauwarme klare Hühnersuppe (s. S. 134)
Für die Füllung:
200 g gemischtes Wurzelgemüse (z.B. Karotten, Pastinaken oder Petersilienwurzeln, Knollensellerie)
1/4 Frühlingszwiebel oder Lauch, weißer Teil
1 EL Rucola
1 TL frische Petersilie
2 EL Butter
100 g Fleisch vom Suppenhuhn, durchgedreht (s. S. 134)
1 EL Frischkäse

1 EL Sahne
Meersalz
Zum Servieren:
750 ml klare Hühnersuppe (s. S. 134)
1 EL Butter
Schnittlauch

Mehl in eine Schüssel sieben, eine kleine Mulde drücken und die Eier hineingeben. Von der Mitte aus die Eier und 1 EL Butter mit dem Mehl verarbeiten und so lange verkneten, bis ein fester, aber elastischer Nudelteig entstanden ist. Wenn der Teig zu fest wird, 1–2 EL Hühnersuppe hinzufügen. Den Teig nochmals kräftig durchkneten, zur Kugel formen und in Klarsichtfolie gewickelt etwa 30 Min. kalt stellen.

Für die Füllung das Wurzelgemüse waschen, schälen und auf einer Rohkostreibe fein raspeln. Frühlingszwiebel oder Lauch putzen, waschen und in feinste Würfelchen schneiden. Kräuter waschen und fein hacken.

2 EL Butter in einem Topf erhitzen, Frühlingszwiebel oder Lauch glasig dünsten, Kräuter und das Wurzelgemüse hinzufügen und bei mittlerer Hitze unter ständigem Rühren etwa 5 Min. dünsten. Nach und nach mit 100 ml Hühnersuppe ablöschen und die Flüssigkeit weitere 5 Min. einkochen lassen.

Gemüsemischung etwas abkühlen lassen und mit durchgedrehtem Fleisch vom Suppenhuhn, dem Frischkäse und der Sahne mit dem Pürierstab fein mixen. Wenn die Masse zu fest wird, eventuell noch 1–2 EL Hühnerbrühe untermischen.

Teigkugel in vier Stücke teilen und auf einem bemehlten Backbrett dünn ausrollen. Aus den Teigplatten mit einem Glas Kreise ausstechen, mit 1/2 TL Füllung belegen, zusammenklappen und die Ränder mit feuchten Fingern zusammendrücken. Gemüse-Maultaschen auf einem leicht bemehlten Backblech oder Küchentuch ausbreiten und etwas antrocknen lassen.

Reichlich Salzwasser in einem großen Topf zum Kochen bringen und die Gemüse-Maultaschen portionsweise bei schwacher Hitze in 5–8 Min. gar ziehen lassen. Mit einem Schaumlöffel aus dem Wasser herausnehmen, mit kaltem Wasser kurz abschrecken und abtropfen lassen.

Maultaschen entweder in der Hühnerbrühe als Suppe in tiefen Tellern anrichten oder als Beilage mit heißer Butter beträufeln und mit Schnittlauchröllchen bestreuen.

✔ Für 2 Erwachsene und 2 Kinder.

Je nach Größe der Maultaschen ergibt die Teig- und Füllungsmenge etwa 30–40 Stück. Nicht benötigte Maultaschen eignen sich ungekocht gut zum Tiefkühlen.

Nudeln mit Tomatensauce

ab 18. Monat

300 g reife Tomaten
1 Schalotte
2 TL frische Petersilie
2 EL Butter
100 g Hartweizennudeln oder Vollkornnudeln
Meersalz
einige Tropfen Olivenöl
1 TL Sauerrahm

Tomaten überbrühen und enthäuten. Das Fruchtfleisch kleinhacken. Schalotte schälen und fein hacken. Petersilie waschen und fein hacken.

1 EL Butter in einem Topf schmelzen. Gehackte Schalotte unter ständigem Rühren anschwitzen. Die Hälfte der Petersilie dazugeben und die Tomatenwürfel bei mittlerer Hitze in etwa 10 Min. offen dünsten.

Inzwischen die Nudeln in reichlich Salzwasser mit einigen Tropfen Olivenöl gar kochen. Eventuell die Tomatensauce mit etwas Nudelwasser verdünnen. Die restliche Petersilie in die Sauce rühren und weitere 5 Min. ziehen lassen. Nudeln abgießen, die übrige Butter sowie den Sauerrahm untermischen und in Suppenteller verteilen. Tomatensauce darübergießen.

✔ Für 1 Erwachsenen und 1 Kind.

Nudeln mit Fenchel-Lauch-Sauce ab 18. Monat

100 g Knollenfenchel
1/4 Lauch, weißer Teil
1 Frühlingszwiebel, weißer Teil
1 TL Olivenöl
2 EL Butter
1 EL getrocknete Steinpilze
200 ml Gemüsebrühe (s. S. 134)
6 Blätter Basilikum
1 EL Sahne
100 g Hartweizennudeln oder Vollkornnudeln
Meersalz
1 EL Naturjoghurt

Gemüse waschen und putzen. Fenchel in grobe Streifen schneiden. Lauch und Frühlingszwiebel in Scheiben schneiden.

Etwas Olivenöl und 1 EL Butter in die heiße Kasserolle geben. Steinpilze dazubröseln. Das vorbereitete Gemüse hinzufügen und in etwa 10 Min. bei mittlerer Hitze dünsten. Gemüsebrühe angießen und weitere 5 Min. bei geschlossenem Deckel köcheln lassen. Basilikum waschen, fein hacken und mit der Sahne dazugeben.

Inzwischen die Nudeln in reichlich Salzwasser mit einigen Tropfen Olivenöl gar kochen. Nudeln abgießen, die übrige Butter sowie den Joghurt untermischen und in Suppenteller verteilen.

Die Fenchel-Lauch-Sauce in einer hohen Rührschüssel mit dem Pürierstab pürieren und zu den Nudeln reichen.

✔ Für 1 Erwachsenen und 1 Kind.

Polentaschnitten mit Tomatensauce ab 18. Monat

250 ml Wasser
50 ml Sahne
2 EL Butter
4 EL Polenta (Maisgrieß)
Meersalz
1 Eigelb
1 Ei
1 Brezel vom Vortag
Tomatensauce (s. S. 169)

Sahnewasser in einem kleinen Topf mit 1 EL Butter aufkochen. Polenta einrieseln lassen und bei geringer Hitze unter ständigem Rühren mit einem Holzlöffel 5–10 Min. köcheln lassen. Mit einer Prise Meersalz würzen.

Polenta vom Herd nehmen und 1 Eigelb untermischen. Die Masse auf einem runden Holzbrett (Durchmesser 20 cm) verteilen, glattstreichen und mindestens 1 Std. ruhen lassen. Die erkaltete Polenta in kleinere Rauten schneiden.

Das Ei in einem tiefen Teller mit der Gabel verquirlen. Brezel auf einer Reibe zu Semmelbröseln verarbeiten.

1 EL Butter in einer Pfanne schmelzen. Die Rauten erst im Ei wenden, dann mit Semmelbröseln bestreuen, in die heiße Butter legen und beidseitig goldgelb anbraten.

Eine herzhafte Tomatensauce dazu servieren.

✔ Für 1 Erwachsenen und 1 Kind.

Variante: Polentaschnitten schmecken auch gut mit einer Kürbissauce (s. S. 165)

Kartoffelsalat

ab 18. Monat

800 g Kartoffeln, vorwiegend festkochend
150 ml klare Hühnerbrühe (s. S. 134)
3 EL Sonnenblumenöl oder Olivenöl
1 EL Apfelessig
1 Msp. Koriander, frisch gemahlen
1/2 TL Rohrohrzucker
Meersalz
Schnittlauch

Kartoffeln waschen und mit der Schale in einem Topf mit 250 ml Wasser zum Kochen bringen, dann die Kartoffeln bei schwacher Hitze in 20–25 Min. garen.

Die heißen Pellkartoffeln schälen und auf einer Kartoffelreibe in eine Schüssel grob raffeln. Kartoffelraspel mit heißer Hühnerbrühe übergießen. Öl und Essig untermischen. Kartoffelsalat mit Koriander, Rohrohrzucker und 1 Msp. Meersalz würzen. Etwas Schnittlauch waschen, in feinste Röllchen schneiden und über den Kartoffelsalat streuen.

✔ Für 2 Erwachsene und 2 Kinder.

Fleisch als Eisenlieferant

Fleisch – für Babys ab dem 6. Monat in ganz geringen Mengen – ist ein wichtiger Nährstofflieferant für Eisen, für Zink, Vitamin B und für tierisches Eiweiß. Dieses wird vom Organismus zwar besser verwertet als pflanzliches Eiweiß, weil es in seiner Zusammensetzung dem körpereigenen Protein sehr ähnlich ist, dennoch sollte Fleisch vor allem bei Stillkindern nicht zu früh eingesetzt werden. Der hohe Eiweißgehalt (bis zu 25 Prozent) würde den Wachstumsprozeß des Babys unnatürlich schnell vorantreiben. Deshalb reicht es, wenn man nach Monaten steigernd 20–35 g Fleisch ein- bis zweimal pro Woche dem Gemüse-Kartoffel-Brei beimischt. Viele Kinder essen auch im 2. Lebensjahr Fleisch – wenn überhaupt – nur als Gehacktes. Probieren Sie aus, was Ihr Kind mag. Als Alternative können Sie Ihrem Kind auch mindestens einmal wöchentlich eine klare Fleischbrühe (s. S. 135), eine klare Hühnerbrühe (s. S. 134) oder eine Rinderkraftbrühe (s. S. 136) geben. Diese selbstgemachten Brühen stärken vor allem die Abwehrkräfte des Kindes.

Fleisch ist durch Skandale – nicht zuletzt durch die BSE-Krise – ziemlich in Verruf geraten. Kaufen Sie für Ihr Kind nur qualitativ gutes, mageres Rindfleisch aus biologischer Haltung, möglichst von einem Metzger oder Bauern, dem Sie vertrauen können. Auch Bio-Putenfleisch oder Lammfilet eignet sich als Zusatz zum Gemüse-Kartoffel-Brei. Stark Geräuchertes ist nicht zu empfehlen.

Putenfleisch auf Vorrat für den Mittagsbrei

ab 6. Monat

1 kg Putenfleisch aus der Keule

Putenfleisch kalt überbrausen und in einen großen Topf mit heißem Wasser legen. Das Wasser aufkochen, einmal aufschäumen lassen, die gesamte Kochbrühe weggießen und mit frischem heißem Wasser bedeckt erneut aufkochen. Das Putenfleisch etwa 1 1/2 Stunden bei schwacher Hitze zugedeckt ziehen lassen.

Das Putenfleisch aus der Brühe nehmen und in 1 1/2 cm große Würfel schneiden. Die Fleischwürfel durch den Fleischwolf drehen bzw. in der Küchenmaschine mit etwas Brühe zerkleinern.

Das Fleischmus in Portionen von 25–30 g (ab 10. Monat 35 g) teilen und entweder in Koch-Gefrierbeuteln möglichst luftdicht portionsweise im Tiefkühlgerät einfrieren oder die Portionen im Eiswürfelbereiter schnell tiefkühlen und die Würfel in gut schließende Plastikdosen füllen. Die Fleischwürfel sollten spätestens nach 2 Monaten aufgebraucht sein.

Für den Mittagsbrei bei Bedarf einen Koch-Gefrierbeutel im warmen Wasserbad langsam auftauen lassen oder einen gefrorenen Fleischwürfel etwa 5 Min. vor Garende dem Gemüsegericht hinzufügen.

Das Ganze mit dem Pürierstab fein zermusen, eventuell mit Garwasser verdünnen und abwechselnd mit Butter oder Keimöl anreichern.

Kartoffelschnee (s. S. 103) unter den fertigen Mittagsbrei mischen.

Rindfleisch auf Vorrat für den Mittagsbrei

ab 7. Monat

1 kg mageres Rindfleisch (z.B. Tafelspitz) aus kontrollierter Haltung
1/2 TL Fenchelsamen
ab 10. Monat:
1/2 TL Korianderkörner

Rindfleisch kalt überbrausen und in einem großen Topf mit heißem Wasser legen. Das Wasser aufkochen, zweimal aufschäumen lassen, die gesamte Kochbrühe weggießen und mit frischem heißem Wasser bedeckt erneut aufkochen. Fenchelsamen und eventuell Korianderkörner hinzufügen und das Rindfleisch etwa 2 Std. bei schwacher Hitze zugedeckt ziehen lassen.

Im Dampfdrucktopf garen Sie das Rindfleisch mit 500 ml Wasser in etwa 45 Min.

Das Rindfleisch aus der Brühe nehmen und in 1 1/2 cm große Würfel schneiden. Die Fleischwürfel durch den Fleischwolf drehen bzw. in der Küchenmaschine mit etwas Brühe zerkleinern.

Das Fleischmus in Portionen von 25–30 g (ab 10. Monat 35 g) teilen und entweder in Koch-Gefrierbeuteln möglichst luftdicht portionsweise im Tiefkühlgerät einfrieren oder die Portionen im Eiswürfelbereiter schnell tiefkühlen und die Würfel in gut schließende Plastikdosen füllen.

Für den Mittagsbrei bei Bedarf einen Koch-Gefrierbeutel im warmen Wasserbad langsam auftauen lassen oder einen gefrorenen Fleischwürfel etwa 5 Min. vor Garende dem Gemüsegericht hinzufügen. Das Ganze mit dem Pürierstab fein zermusen, eventuell mit Garwasser verdünnen und abwechselnd mit Butter oder Keimöl anreichern.

Kartoffelschnee (s. S. 103) unter den fertigen Mittagsbrei mischen.

Schweinefleisch sollten Sie Ihrem Kind vor dem 18. Monat überhaupt nicht geben. Bei Kalbfleisch ist besonders seit der BSE-Kri-

se höchste Vorsicht geboten; oft ist es auch mit Antibiotika belastet. Achten Sie in jedem Fall auf die Herkunft des Fleisches.

Geschnetzelte Hühnerbrust mit Gemüserisotto

ab 12. Monat

150 g Karotten
150 g Pastinaken oder Petersilienwurzeln
100 g Arborio- oder Vialone-Reis
100 g Hühnerbrustfilet
2 EL Butter
500 ml heißes Wasser
1 TL frische Petersilie

Karotten und Pastinaken oder Petersilienwurzeln waschen, putzen, schälen und auf einer Gemüsereibe raspeln. Reis im Sieb überbrausen, bis das Wasser klar ist, und abtropfen lassen.

Hühnerbrustfilet waschen, abtrocknen, in feinste Streifen und diese in kleinste Würfel schneiden.

Butter in einer Kasserolle erhitzen, die Fleischwürfelchen darin 2–3 Min. andünsten. Das Gemüse hinzufügen und kurz schwenken. Den Reis nach etwa 2 Min. mit dem Holzlöffel unterrühren.

Wenn die Reiskörner glasig sind, schöpfkellenweise heißes Wasser angießen, dabei ständig rühren. Immer erst dann wieder heißes Wasser nachgießen, wenn es vom Reis aufgesogen ist. Nach 25 Min. Garzeit sind die Reiskörner weich. Der Risotto soll nicht trocken sein, sondern die Konsistenz einer dicken Suppe haben. Petersilie waschen, fein hacken und unter den Risotto mischen und eventuell noch etwas Wasser angießen.

✔ Für 1 Erwachsenen und 1 Kind.

Putenstreifen

ab 16. Monat

2 Putenschnitzel (400 g)
1 TL Mehl zum Bestäuben
eventuell 1 Msp. Safranpulver
1 EL Olivenöl
2 EL Butter
1 EL Rucola

Putenschnitzel waschen, abtrocknen und längs halbieren. Die Hälften in 1 cm große Streifen schneiden. Putenstreifen rundherum mit Mehl bestäuben und eventuell mit Safran würzen.

Olivenöl in einer großen Pfanne erhitzen, die Butter im Öl schmelzen lassen und die Putenstreifen in der Pfanne beidseitig etwa 5 Min. goldgelb anbraten. Rucola waschen, fein hacken, über die Putenstreifen streuen und weitere 2 Min. mitdünsten.

Dazu passen Vollkornreis oder Dämpfkartoffeln.

✔ Für 2 Erwachsene und 2 Kinder.

Hackfleischsauce

ab 18. Monat

100 g Pastinaken oder Petersilienwurzeln
1 Schalotte
1 EL Olivenöl
1 EL Butter
250 g Rinderhackfleisch
1 TL getrocknete Steinpilze
1/4 TL frischer Thymian
1 Msp. Muskatnuß, frisch gerieben
400 ml Gemüsebrühe (s. S. 134) oder Nudelwasser
1 EL frische Petersilie
5 EL Sahne
1 TL Aprikosen- oder Mirabellenmus (s. S. 129)
1/2 TL Sesammus
Meersalz

Pastinaken oder Petersilienwurzeln waschen, schälen und auf einer Rohkostreibe raspeln. Schalotte schälen und fein hacken.

Olivenöl und Butter in einer Kasserolle erhitzen, die gehackte Schalotte weich dünsten. Rinderhackfleisch dazugeben und bei mittlerer Hitze unter Rühren braten, bis es krümelig wird. Das Gemüse hinzufügen und weitere 3–5 Min. dünsten. Getrocknete Steinpilze zwischen den Fingern zerreiben und zusammen mit Thymian und Muskatnuß einrühren, mit Gemüsebrühe oder Nudelwasser nach und nach ablöschen. Petersilie waschen, fein hacken und unter die Hackfleischsauce mischen. Sahne einrühren und weitere 10 Min. bei schwacher Hitze köcheln lassen. Mit Aprikosen- oder Mirabellenmus, Sesammus und 1 Prise Meersalz abschmecken.

Dazu passen Nudeln, Reis oder Pfannkuchen.

✔ Für 1 Erwachsenen und 1 Kind.

Fleischpflanzerl

ab 18. Monat

250 g Tartar
1 Ei
1 Scheibe feines Weizenvollkornbrot
1 TL Sonnenblumenkerne
1/4 TL frischer Zitronenthymian
1 TL frische Petersilie
1 Msp. Koriander, frisch gemahlen
Meersalz
2 EL Olivenöl

Tatar und Ei in eine Schüssel geben. Weizenvollkornbrot entrinden und zusammen mit den Sonnenblumenkernen im Blitzhacker fein hacken. Die Kräuter waschen und ebenfalls fein hacken. Alles unter die Fleischmasse mischen und mit Koriander und Meersalz würzen. Aus der Fleischmasse 8 Fleischpflanzerl formen. Olivenöl erhitzen und die Fleischpflanzerl auf jeder Seite etwa 7 Min. anbraten.

Dazu passen Dämpfkartoffeln (s. S. 105) und pro Portion jeweils 1 EL Sauerrahm-Frischkäse mit Kräutern (s. S. 202).
✔ Für 2 Erwachsene und 2 Kinder.

Chicken nuggets

ab 18. Monat

1/2 gekochtes Suppenhuhn (s. S. 134)
1/4 TL frischer Majoran
8–10 Blätter Basilikum
2 EL frische Petersilie
1 Ei
1 Brezel vom Vortag
1 EL Sonnenblumenkerne
100 g Zucchini
1 Msp. Koriander, frisch gemahlen
1 Msp. Muskatnuß, frisch gerieben
Meersalz
4 EL Sonnenblumenöl

Erkaltetes Suppenhuhn häuten, entbeinen und grob zerkleinern. Kräuter waschen. Hühnerfleisch mit den Kräutern durch den Fleischwolf drehen und zusammen mit dem Ei in eine Schüssel geben. Brezel dazureiben. Sonnenblumenkerne im Blitzhacker zerkleinern und hinzufügen.

Zucchini schälen, Blüten- und Stielansatz entfernen und auf der Rohkostreibe fein reiben. Alles unter die Fleischmasse mischen und mit Koriander, Muskatnuß und 1 Prise Meersalz würzen. Sonnenblumenöl in einer großen Pfanne erhitzen. Fleischmasse löffelweise hineingeben und mit dem Bratenwender etwas flachdrücken. Die Chicken nuggets auf jeder Seite etwa 5 Min. goldbraun anbraten. Ergibt 10–12 Chicken nuggets.

Dazu paßt Vollkornreis.
✔ Für 2 Erwachsene und 2 Kinder.

Nachtisch und Zwischenmahlzeiten für nachmittags

Wenn Ihr Kind 10 Monate alt ist, bekommt es fünf statt vier Mahlzeiten täglich. Die folgenden meist einfachen, aber doch wohlschmeckenden Rezepte eignen sich sowohl als Dessert nach einem nicht zu reichhaltigen Mittagessen wie als Zwischenmahlzeit am Nachmittag. Manche Kinder mögen auch zum Abendessen lieber ein süßes Getreidegericht, wie z.B. Grießnocken oder Polentaschnitten, als ein belegtes Brot. Vormittags kann auch ein Kompott den größten Hunger stillen.

Reismus

ab 10. Monat

3 EL gekochter Süßer Reis (Mochi-Reis, s. S. 183)
1/2 Banane
1/2 Apfel

Vom gekochten Süßreis 3 EL entnehmen.

Banane schälen, halbieren, 2 cm vom Endstück entfernen, Rest grob zerkleinern.

Süßreis und Bananenstücke mit dem Pürierstab pürieren.

Apfelhälfte in Schnitze teilen und Kerngehäuse entfernen. Apfelschnitze in den Entsafter geben. Saft mit dem Reismus vermischen und sofort servieren.

Mango-Banane-Apfel-Creme

ab 10. Monat

1 reife Mango
1 Banane
1 Apfel
2 EL Sahne

Mango mit einem scharfen Messer schälen, das Fruchtfleisch vom Kern lösen und in Stücke schneiden. Banane schälen, 2 cm von den Endstücken entfernen, Rest grob zerkleinern und zusammen mit den Mangostücken mit dem Pürierstab zermusen.

Apfel in grobe Schnitze teilen und das Kerngehäuse entfernen. Apfelschnitze in den Entsafter geben. Den frisch gepreßten Apfelsaft unter das Obstmus mischen und mit Sahne abschmecken.

✔ Für 1 Erwachsenen und 1 Kind.

Reisdessert mit Traubenmus — ab 11. Monat

6 EL gekochter Süßer Reis (Mochi-Reis, s. S. 183)
2 EL Sahne oder nach Verträglichkeit 3 EL Naturjoghurt
500 g weiße, kernlose Weintrauben

Gekochten Süßreis warm oder abgekühlt mit Sahne oder Naturjoghurt vermischen. Trauben von den Stielen abzupfen, mit warmem Wasser waschen und auf einem Küchentuch abtropfen lassen. Trauben halbieren und in einem kleinen Topf mit 50 ml Wasser 2–3 Min. köcheln lassen. Traubenkompott durch ein Sieb streichen und über den Süßreis geben.

✔ Für 1 Erwachsenen und 1 Kind.

Buchweizen mit Himbeeren — ab 12. Monat

1 EL gekochter Buchweizen (s. S. 207)
3 EL Himbeeren (oder: Brombeeren)
2 EL Sahne oder
1 EL Sahne und 1 EL Naturjoghurt

Vom gekochten Buchweizen 1 EL entnehmen und mit dem Pürierstab zermusen.

Himbeeren durch ein Sieb streichen. Buchweizenmus mit Himbeersaft, Sahne und eventuell mit Joghurt vermischen.

Mangosahne

ab 12. Monat

1 Mango
100 ml Sahne
1 EL Amaranth-Popcorn

Mango mit einem scharfen Messer schälen, das Fruchtfleisch vom Kern lösen und in Stücke schneiden. Mangostücke mit dem Pürierstab zermusen. Sahne in einer hohen Rührschüssel schlagen. Amaranth-Popcorn und Mangomus untermischen. In 2 Portionsschälchen verteilen und sofort verzehren.
✔ Für 1 Erwachsenen und 1 Kind.

Erdbeersahne

ab 13. Monat

150 g Erdbeeren
50 ml Sahne
1 TL Rohrohrzucker
1 Msp. Bourbon-Vanille

Erdbeeren kurz überbrausen, die Stiele abzupfen. Mit dem Pürierstab in einer hohen Rührschüssel fein zermusen. Sahne in einer hohen Rührschüssel schlagen und mit dem Rohrohrzucker unter die Erdbeermasse heben. Mit Bourbon-Vanille abschmecken.
✔ Für 1 Erwachsenen und 1 Kind.
Die geschlagene Sahne ist nicht so leicht verträglich wie flüssige. Deshalb sollten Sie Ihrem Kind, bevor es 1 Jahr alt ist, keine geschlagene Sahne geben. Wenn Ihr älteres Kind nach dem Verzehr dieses Desserts dennoch übel aufstößt, bieten Sie vorerst keine geschlagene Sahne mehr an.

Löffelbiskuitsahne

ab 13. Monat

1 Löffelbiskuit vom Konditor
100 ml Sahne
1 EL Amaranth-Popcorn
1 Apfel (z.B. Cox Orange oder Elstar)

Löffelbiskuit im Blitzhacker fein mahlen. Sahne in einer hohen Rührschüssel schlagen. Amaranth-Popcorn und gemahlenes Löffelbiskuit hinzufügen. Apfel in grobe Schnitze teilen, Gehäuse entfernen und die Apfelschnitze in den Entsafter geben. Den frisch gepreßten Apfelsaft unter die Löffelbiskuitsahne mischen. In 2–3 Portionsschälchen verteilen und sofort verzehren.
✔ Für 1 oder 2 Erwachsene und 1 Kind.

Süßer Reis mit Beeren

ab 13. Monat

100 g Süßer Reis (Mochi-Reis)
500 ml Wasser
1 1/2 EL Himbeeren
1 1/2 EL Brombeeren
125 ml Sahne
eventuell 1 TL Rohrohrzucker

Reis im Sieb überbrausen, bis das Wasser klar ist, und abtropfen lassen. Reis mit kaltem Wasser aufsetzen, aufkochen und etwa 30 Min. zugedeckt garen, weitere 10 Min. mit geschlossenem Deckel nachquellen lassen. Gekochten Reis mit dem Pürierstab zermusen.

Himbeeren und Brombeeren durch ein Sieb streichen. Sahne schlagen und mit dem Fruchtmus unter den abgekühlten Reis heben. Eventuell mit Rohrohrzucker bestreuen.
✔ Für 1 Erwachsenen und 1 Kind.

Hirse-Erdbeer-Sahne

ab 13. Monat

2 EL gekochte Hirse (s. S. 204)
100 ml Sahne, geschlagen
1 Msp. Bourbon-Vanille
eventuell 1/2 TL Rohrohrzucker
100 g Erdbeeren
1 TL Amaranth-Popcorn

Von der gekochten Hirse 2 EL entnehmen und kalt werden lassen. Sahne in einer hohen Rührschüssel schlagen, Bourbon-Vanille und eventuell Rohrohrzucker hinzufügen. Erdbeeren überbrausen und die Stiele abzupfen. Hirse und Erdbeeren mit dem Pürierstab zermusen, dann die Sahne unterheben. Amaranth-Popcorn darüberstreuen. Dessert in 2 Portionsschälchen füllen.
✔ Für 1 Erwachsenen und 1 Kind.

Süßer Safranrisotto

ab 13. Monat

6 EL heißer Safranrisotto (s. S. 151)
2 EL Sahne
1 TL Mandelmus
10 eingemachte Kirschen mit etwas Einlegesaft (s. S. 132)
1 TL Rohrohrzucker, vermischt mit 1 Msp. Bourbon-Vanille und 1 Msp. gemahlenen Zimt

Heißen Safranrisotto mit Sahne und Mandelmus verfeinern. Auf 2 tiefen Tellern anrichten. Die Kirschen über dem Risotto verteilen. Mit der Rohrohrzucker-Mischung bestreuen.
✔ Für 1 Erwachsenen und 1 Kind.

Milchreis mit Birnenkompott

ab 13. Monat

150 ml frische Vollmilch, 3,5 % Fett
150 ml Wasser
1 EL Butter
eventuell 1 Streifen unbehandelte Zitronenschale
150 g Rundkornreis, z.B. Arborio- oder Vialone-Reis
500 g Birnen
einige Tropfen Zitrone
1 EL Rohrohrzucker
1 Msp. gemahlener Zimt

Vollmilch, Wasser, Butter und eventuell einen mit dem Sparschäler abgeschälten Streifen einer unbehandelten, heiß gewaschenen Zitrone mischen und zum Kochen bringen.

Rundkornreis überbrausen, bis das Wasser klar ist, und abtropfen lassen. Reis in die heiße Milch einstreuen und unter ständigem Rühren etwa 1 Min. aufkochen. Milchreis ohne Deckel bei schwacher Hitze 20–25 Min. köcheln lassen, bis die Körner weich sind. Reis immer wieder umrühren, damit er nicht anbrennt. Zitronenstreifen entfernen.

Inzwischen Birnen schälen, Kerngehäuse entfernen und in Schnitze teilen. Einige Tropfen Zitrone darüber träufeln und in 50 ml Wasser etwa 10 Min. weich kochen. Birnenkompott mit Rohrohrzucker süßen und etwas erkalten lassen.

Reis in 4 Portionsschälchen verteilen und mit Zimt bestreuen. Birnenkompott dazu reichen.

Wenn etwas übrigbleibt, hält sich der Milchreis gut verschlossen 1 Tag im Kühlschrank.

✔ Für 2 Erwachsene und 2 Kinder.

Grießnocken auf Erdbeermark

ab 13. Monat

40 ml Sahne
160 ml Wasser
1 EL Butter
2 EL Weizenvollgrieß
100 g Erdbeeren
eventuell 1 TL Rohrohrzucker

Sahnewasser und 1 TL Butter in einem kleinen Topf zum Kochen bringen. Sahnewasser von der Kochstelle nehmen und den Grieß mit einem Schneebesen einrühren. Grießbrei 1–2 Min. leicht köcheln lassen und dann in einen tiefen Teller geben. Grießbrei mindestens 30 Min. stehen lassen.

Inzwischen die Erdbeeren kurz überbrausen und die Stiele abzupfen. Erdbeeren mit dem Pürierstab zu Mark rühren. Erdbeermark eventuell mit Rohrohrzucker süßen. Restliche Butter in einer kleinen Pfanne erhitzen. Mit einem Eßlöffel 8 Nocken aus dem erkalteten Grießbrei abstechen und in die heiße Butter legen. Nocken auf beiden Seiten jeweils 1–2 Min. goldgelb anbraten.

Erdbeermark in einen tiefen Kinderteller gießen und die Nocken in die Erdbeersuppe legen.
Schmeckt als Abendmahlzeit, wenn Ihr Kind großen Hunger hat.

Himbeerflammeri

ab 13. Monat

100 ml Sahne
150 ml Wasser
1 Msp. Bourbon-Vanille
1 EL Rohrohrzucker
6 EL Himbeeren
1 EL Weizenvollgrieß
1 EL Stärkemehl

Sahnewasser zum Kochen bringen. Bourbon-Vanille und Rohrohrzucker hinzufügen. Die Flüssigkeit etwa 1 Min. aufkochen. Himbeeren durch ein Sieb streichen, einrühren und noch einmal kurz köcheln. Inzwischen Grieß und Stärkemehl in einer kleinen Schüssel mit etwas kaltem Wasser glattrühren. Topf von der Herdplatte nehmen und die Mischung mit dem Schneebesen einrühren. Den Himbeerflammeri bei schwacher Hitze 3–5 Min. nachquellen lassen. 4 Puddingförmchen mit kaltem Wasser ausspülen. Dessert in die Förmchen füllen.
✔ Für 2 Erwachsene und 2 Kinder.

Überbrühtes Brötchen — ab 13. Monat

120 ml Wasser und 30 ml Sahne
oder 150 ml frische Vollmilch, 3,5 % Fett
Meersalz
1/2 Brötchen

Sahnewasser oder Vollmilch und 1 Prise Meersalz in einem kleinen Topf erhitzen. Brötchen in 1 cm große Stücke schneiden und mit dem heißen Sahnewasser oder der Vollmilch überbrühen. Nachdem das Gebäck sich vollgesaugt hat, alles mit dem Pürierstab zermusen.
Eignet sich auch für die stillende Mutter am Anfang der Stillzeit.

Topfenknödel mit Quittenkompott — ab 15. Monat

500 g Topfen (Quark) oder Schichtkäse
2 Eier
50 g Dinkelvollgrieß oder Weizenvollgrieß
25 g Semmelbrösel
50 g Dinkelmehl Type 630
abgeriebene Schale von 1/2 unbehandelten, heiß gewaschenen Zitrone und 1 TL Zitronensaft

2 EL Rohrohrzucker
3 reife Quitten
1 Stück Vanilleschote (2 cm)

Topfen oder Schichtkäse, Eier und Grieß verrühren und etwa 20 Min. ruhen lassen. Semmelbrösel, Dinkelmehl, Zitronenschale und 1 EL Rohrohrzucker unterziehen und den angerührten Topfenteig mit nassen Händen zu Knödeln formen.

Inzwischen die Quitten schälen, vierteln und das Kerngehäuse entfernen. Quittenviertel in feine Scheibchen schneiden. Quittenscheiben in einem kleinen Topf mit 100 ml Wasser, Zitronensaft und 1 Stück Vanilleschote etwa 15–20 Min. weich kochen (im Dampfdrucktopf 3–5 Min.).

3 l Wasser in einem großen Topf zum Kochen bringen, die Hitze reduzieren und die Topfenknödel portionsweise bei schwacher Hitze in 10–15 Min. gar ziehen lassen. Mit einem Schaumlöffel herausnehmen.

Die heißen Topfenknödel mit 1 EL Rohrohrzucker bestreuen und mit dem abgekühlten Quittenkompott servieren.

✔ Für 2 Erwachsene und 2 Kinder.

Variante: Das Quittenkompott schmeckt noch würziger, wenn Sie es mit 2 Gewürznelken und 1 Stange Zimt aufkochen. Übriggebliebene Knödel in etwas heißer Butter mit wenig Rohrohrzucker und Zimt schwenken.

Polentaflan mit Apfel-Erdbeer-Mus — ab 15. Monat

125 ml frische Vollmilch, 3,5 % Fett
3 TL Rohrohrzucker
1 Msp. Bourbon-Vanille
2 EL Polenta (Maisgrieß)
2 Blätter Gelatine
100 ml Sahne
3 Äpfel (Elstar oder Goldparmäne)
150 g Erdbeeren

Vollmilch mit 2 TL Rohrohrzucker und Bourbon-Vanille in einem kalt ausgespülten Topf erhitzen und etwa 1 Min. aufkochen. Polenta einrühren und etwa 5 Min. unter ständigem Rühren köcheln, weitere 5 Min. zugedeckt nachquellen lassen.

Inzwischen die Gelatine in kaltem Wasser etwa 5 Min. einweichen. Polenta von der Herdplatte nehmen und die leicht ausgedrückten Gelatineblätter unter ständigem Rühren darin auflösen.

Sahne in einer hohen Rührschüssel schlagen und unter die abgekühlte Polenta mischen.

4 Portionsförmchen mit kaltem Wasser ausspülen, die Polenta hineingießen und im Kühlschrank etwa 3 Std. fest werden lassen.

Äpfel schälen, Kerngehäuse entfernen und in Schnitze teilen. Einige Tropfen Zitronensaft über die Apfelschnitze träufeln und in 50 ml Wasser etwa 10 Min. weichkochen. Apfelkompott mit 1 TL Rohrohrzucker süßen und erkalten lassen.

Erdbeeren kurz überbrausen, Stiele abzupfen. Apfelkompott und Erdbeeren mit dem Pürierstab fein zermusen.

Gekühlte Portionsförmchen kurz in warmes Wasser stellen. Apfel-Erdbeer-Mus auf Dessertteller gießen. Polentacreme mit einem spitzen Messer vom Rand lösen und auf den Erdbeerspiegel stürzen.

✔ Für 2 Erwachsene und 2 Kinder.

Polentaflammeri — ab 15. Monat

100 ml Sahne
150 ml Wasser
1 TL Butter
eventuell 2 Safranfäden
1 EL Polenta (Maisgrieß)
1 EL Reismehl
1 TL Ahornsirup oder Vollreismalz
4 Butterkekse
eingemachte Mirabellen (s. S. 132)

Sahnewasser in einem kleinen Topf zum Kochen bringen. Butter und eventuell Safranfäden hinzufügen. Die Flüssigkeit etwa 1 Min. aufkochen. Inzwischen Polenta und Reismehl in einer kleinen Schüssel mit etwas kaltem Wasser glattrühren. Topf von der Herdplatte nehmen und die Mischung mit dem Schneebesen einrühren. Den Polentaflammeri bei schwacher Hitze etwa 5 Min. unter ständigem Rühren köcheln, weitere 5 Min. zugedeckt nachquellen lassen. Mit Ahornsirup oder Vollreismalz süßen. Jeweils 2 Butterkekse in 2 Portionsschälchen legen und mit dem Polentaflammeri auffüllen. Abkühlen lassen und mit, eingemachten Mirabellen anrichten.
✔ Für 1 Erwachsenen und 1 Kind.

Banane-Apfel-Orangen-Creme ab 15. Monat

1 Banane
1 Apfel
1 saftige Orange
100 ml Sahne

Banane schälen, 2 cm von den Endstücken entfernen, Rest grob zerkleinern. Apfel schälen, das Kerngehäuse entfernen und vierteln. Orange schälen und in Schnitze teilen. Alles in die Küchenmaschine geben. (Wer keine Küchenmaschine hat, gibt die Apfel- und Orangenschnitze in den Entsafter und püriert die Banane mit dem Pürierstab und gibt den frisch gepreßten Obstsaft dazu.)

Sahne in einer hohen Rührschüssel schlagen und unter das Obstmus heben. In 4 Portionsschälchen verteilen und sofort verzehren.
✔ Für 2 Erwachsene und 2 Kinder.

Safranrisotto-Küchlein ab 16. Monat

200 g fertiger Safranrisotto (s. S. 151)
1 Ei, getrennt
2 EL Sahne
1 TL Rohrohrzucker, vermischt mit 1 Msp. Bourbon-Vanille
1 EL geschälte Mandeln
3 EL Kulturheidelbeeren
1 TL Semmelbrösel

Den etwas abgekühlten Safranrisotto mit dem Eigelb binden. Das Eiweiß zu Schnee schlagen und unter die Reismasse ziehen. Sahne schlagen und mit der Rohrohrzucker-Mischung vorsichtig unterheben.

Backofen auf 180° (Gas Stufe 2) vorheizen. Mandeln im Blitzhacker zerkleinern und hinzufügen.

Kulturheidelbeeren mit warmem Wasser waschen und durch ein Sieb streichen. Heidelbeersaft mit der Reismasse vermengen.

2 kleine Auflaufförmchen mit Butter ausstreichen, mit Semmelbröseln ausstreuen und mit der Reismasse füllen.

Im Backofen auf der mittleren Schiene 10–15 Min. überbacken und warm servieren.

✔ Für 1 Erwachsenen und 1 Kind.

Verwenden Sie ausschließlich Kulturheidelbeeren. Die Heidelbeeren aus dem Wald könnten vom Fuchsbandwurm befallen sein.

Sahnecreme auf Erdbeerspiegel ab 16. Monat

500 ml Sahne
40 ml Wasser
1/2 TL Ahornsirup
1 Msp. Bourbon-Vanille
3 Blatt weiße Gelatine (5 g)
250 g Erdbeeren
eventuell 1 TL Rohrohrzucker

Sahnewasser in einem kleinen Topf mit Ahornsirup und Bourbon-Vanille mischen und etwa 15 Min. leicht köcheln lassen.

Inzwischen die Gelatine in kaltem Wasser etwa 5 Min. einweichen. Gekochte Sahne von der Herdplatte nehmen und die leicht ausgedrückten Gelatineblätter unter ständigem Rühren darin auflösen. 4 Portionsförmchen mit kaltem Wasser ausspülen, die flüssige Sahne hineingießen und im Kühlschrank etwa 3 Std. fest werden lassen.

Erdbeeren kurz überbrausen und die Stiele abzupfen. Mit dem Pürierstab fein zermusen oder in den Entsafter geben. Eventuell mit 1 TL Rohrohrzucker süßen.

Portionsförmchen kurz in warmes Wasser stellen. Erdbeermark auf Dessertteller gießen. Sahnecreme mit einem spitzen Messer vom Rand lösen und auf den Erdbeerspiegel stürzen.

✔ Für 2 Erwachsene und 2 Kinder.

Holunderschmarren ab 18. Monat

2 EL Dinkelvollkornmehl oder Dinkel, mehlfein gemahlen
4 EL Sahne
1 Ei
Meersalz
2 Holunderblüten
1 EL Butter

Dinkelvollkornmehl mit Sahne, Ei und 1 Prise Meersalz zu einem glatten Teig verrühren. Holunderblüten kurz überbrausen und auf ein Küchenpapier zum Abtropfen legen. Die Blüten vom Grün abzupfen und unter den Teig ziehen.

Butter in einer Pfanne erhitzen. Den Teig hineingeben und nach etwa 3 Min. wenden. Den Schmarren bei schwacher Hitze fertigbacken und mit zwei Gabeln in mundgerechte Stücke reißen. Herdplatte ausschalten und den Holunderschmarren noch etwas ausdampfen lassen.

✔ Für 1 Erwachsenen und 1 Kind.

Frühstück fürs Kleinkind

Für einen guten Start in den Tag braucht das Kleinkind ein energiereiches, vollwertiges Frühstück: Ein warmer Getreidebrei aus Süßreis oder Hirse mit gedünstetem Obst der Saison, Weizen- oder Dinkelschrotbrei mit kalter Milch oder Müsli aus Hafer- oder Dinkelflocken mit Amaranth-Popcorn und gehackten Trockenfrüchten, gemahlenen Nüssen und Samen liefern die wichtigsten Nährstoffe. Vielleicht mag das Kind auch eine Scheibe Vollkornbrot mit Butter und etwas Amaranth-Popcorn bestreut oder mit einem anderen nicht zu süßen Brotaufstrich. Mandelmus oder Sesammus beispielsweise enthalten mehr als doppelt soviel Calcium wie Milch. Honig pur und konventionelle Marmelade sind zu süß für den Kindergaumen. Ein Fruchtmus oder Bananenhonig schmecken statt dessen köstlich als Brotaufstrich. Auch ein angemachter Quark, Frischkäse oder ein salzarmer Butterkäse bringen Abwechslung aufs Brot.

Frühstücksmüsli

ab 12. Monat

3 EL Haferflocken, Kleinblatt
3 EL Naturjoghurt
50 ml frische Vollmilch, 3,5 % Fett
1/2 Banane
1/2 Apfel
1/2 TL Apfeldicksaft oder einige Tropfen Ahornsirup
1/2 TL Mandelmus
1 TL Amaranth-Popcorn

Haferflocken über Nacht in etwas Wasser bedeckt quellen lassen. Joghurt und Milch mit den eingeweichten Haferflocken vermischen.

Banane schälen, halbieren und 2 cm vom Endstück entfernen, Rest in kleine Würfel schneiden und hinzufügen. Apfelhälfte schälen, Kerngehäuse entfernen und auf der Rohkostreibe dazuraspeln.

Apfeldicksaft oder Ahornsirup und Mandelmus unterrühren und mit Amaranth-Popcorn bestreuen.

Hirsebrei

ab 12. Monat

200 ml Wasser
1 TL Butter
3 EL Hirse, mehlfein gemahlen
2 EL Sahne
1/2 reife Birne
eventuell 1/2 TL Rohrohrzucker, vermischt mit 1 Msp. gemahlenem Zimt

Wasser mit Butter in einem kleinen Topf erhitzen. Hirse unter ständigem Rühren in das kochende Wasser einstreuen und etwa 5 Min. köcheln. Sahne hinzufügen und Brei weitere 10 Min. bei schwacher Hitze zugedeckt nachquellen lassen.

Birnenhälfte vierteln und das Kerngehäuse entfernen. Birnenviertel auf der Glasreibe von innen nach außen reiben, bis nur noch die Schale übrigbleibt. Geriebene Birne in den heißen Hirsebrei geben. Brei in ein Schälchen füllen und eventuell mit Zimtzucker bestreuen.

Vollkornbrei

ab 12. Monat

1 EL Hafer, mehlfein gemahlen
1 EL Dinkel, mehlfein gemahlen
1 TL Dinkelgrieß
100 ml Wasser
1 TL Sahne
1/2 TL Maiskeimöl
Obstmus

Hafer- und Dinkelschrot über Nacht mit Wasser bedeckt einweichen. 100 ml Wasser in einem kleinen Topf zum Kochen bringen. Eingeweichtes Getreide und Grieß einrühren und etwa 5 Min. köcheln. Brei weitere 15 Min. nachquellen lassen. Mit Sahne und Maiskeimöl abschmecken.

Obstmus dazu reichen.

Hafer-Frühstück

ab 12. Monat

2 EL Hafer, mehlfein gemahlen
100 ml Wasser
1/2 Apfel
1/2 TL Sahne
1/2 TL Maiskeimöl

Haferschrot über Nacht mit Wasser bedeckt einweichen. 100 ml Wasser zum Kochen bringen. Den eingeweichten Hafer einrühren und etwa 5 Min. köcheln. Haferbrei weitere 15 Min. nachquellen lassen.

Apfelhälfte vierteln und das Kerngehäuse entfernen. Apfelviertel auf der Glasreibe von innen nach außen reiben, bis nur noch die Schale übrigbleibt, und das Mus unter den Brei rühren.

Hafer-Frühstück mit Sahne und Maiskeimöl anreichern.

Vierwochen-Müsli

ab 13. Monat

100 g Mandeln oder Cashewnüsse
100 g Sonnenblumenkerne
100 g getrocknete Apfelringe
50 g getrocknete Aprikosen
50 g getrocknete Pflaumen
2 EL Amaranth-Popcorn
1/4 TL Bourbon-Vanille
250 g Haferflocken

Für 1 Kind:
3 EL Haferflockenmischung
1 TL Sahne oder 2 EL Naturjoghurt
eventuell Obst

Nüsse und Sonnenblumenkerne nacheinander im Blitzhacker zerkleinern. Ebenso die Apfelringe, Aprikosen und Pflaumen kleinhacken. Alles in eine große Schüssel geben und mit den Haferflocken mischen. Haferflockenmischung in ein Gefäß abfüllen.

Für 1 Portion 3 EL entnehmen und in ein Schälchen geben. Mit Wasser bedeckt etwa 30 Min. quellen lassen. Mit Sahne oder Joghurt anrichten und eventuell zerkleinertes Obst untermischen.
Die Haferflockenmischung eignet sich gut als Frühstücksmüsli im Urlaub. Verwenden Sie auf Reisen immer Mineralwasser zum Zubereiten von Babynahrung, um einem möglichen Durchfall vorzubeugen.

Polenta mit Aprikosen — ab 13. Monat

50 ml Sahne und 150 ml Wasser
oder 200 ml frische Vollmilch, 3,5 % Fett
2 EL Polenta (Maisgrieß)
2 Aprikosen
einige Tropfen Ahornsirup

Sahnewasser oder Vollmilch in einem kleinen Topf zum Kochen bringen. Den Maisgrieß unter ständigem Rühren hineinrieseln, etwa 5 Min. köcheln und bei schwacher Hitze etwa 5 Min. zugedeckt nachquellen lassen.

Inzwischen die Aprikosen mit kochendem Wasser brühen, enthäuten, entsteinen, in feine Spalten schneiden und in den Topf geben. Polenta mit Aprikosenspalten weitere 5 Min. mit geschlossenem Deckel quellen lassen. Mit Ahornsirup beträufeln.

Hirsespeise mit Pfirsichen

ab 13. Monat

3 EL Hirse
1 Pfirsich
1/2 TL Butter
1 EL Mandeln, gemahlen

Hirse in einem kleinen Topf in 150 ml kochendes Wasser einstreuen und bei schwacher Hitze etwa 20 Min. ziehen lassen. Inzwischen den Pfirsich mit kochendem Wasser brühen, enthäuten, entsteinen, in feine Spalten schneiden und zur Hirse in den Topf geben. In einem Pfännchen Butter schmelzen. Gemahlene Mandeln darin leicht anrösten und über die Speise streuen. Hirsegericht weitere 10 Min. mit geschlossenem Deckel nachquellen lassen.

Reiscreme

ab 13. Monat

50 ml Sahne und 150 ml Wasser
oder 200 ml frische Vollmilch, 3,5 % Fett
Meersalz
3 EL Rundkornreis, mehlfein gemahlen
1 Msp. Bourbon-Vanille
1 Msp. Zimt, gemahlen
1 EL Mandeln, gemahlen
1/2 TL Butter
einige Tropfen Ahornsirup

Sahnewasser oder Vollmilch mit 1 Prise Meersalz in einem kleinen Topf bei schwacher Hitze zum Kochen bringen. Den feingemahlenen Rundkornreis unter ständigem Rühren einstreuen und 2–3 Min. köcheln. Zugedeckt etwa 10 Min. nachquellen lassen. Gemahlene Mandeln in heißer Butter leicht anrösten und mit den Gewürzen in die Reiscreme einrühren. Weitere 5 Min. quellen lassen. Mit Ahornsirup beträufeln.

Weizenschrotbrei

ab 16. Monat

200 ml Wasser
3 EL Weizen oder Dinkel, mehlfein gemahlen
Meersalz
1 dünne Scheibe Brot
50 ml frische Vollmilch, 3,5 % Fett

Wasser in einem kleinen Topf zum Kochen bringen, Weizen- oder Dinkelschrot einstreuen und bei ständigem Rühren etwa 5 Min. bei mittlerer Hitze köcheln. Getreidebrei leicht salzen und etwa 15 Min. nachquellen lassen.

Inzwischen das Brot entrinden und in kleinste Würfel schneiden. Butter in einer kleinen Pfanne erhitzen und die Brotwürfel leicht anrösten.

Brei in 2 Schälchen füllen, mit den gerösteten Brotwürfeln bestreuen und mit kalter Milch übergießen.

✔ Für 1 Erwachsenen und 1 Kind.

Dieses überlieferte Rezept heißt auch Habermus. In Bauernfamilien war es früher das Frühstück für die Kinder.

Brot und Brotaufstriche

Zum Frühstück oder zum Abendbrot können Sie Ihrem Kind abwechselnd zum Brei bzw. zum Müsli auch ein Bauernbrot mit einem leckeren Aufstrich anbieten.

Die einfachsten Butter- oder Frischkäsehäppchen mit Schnittlauchröllchen schmecken einem Kleinkind oft am besten. Als Brotbelag eignen sich auch ein milder Butter- oder Rahmkäse oder feingeschnittene Putenbrust.

Schneiden Sie die belegten Brotscheiben in mundgerechte Stückchen als Viereck oder Dreieck oder stechen Sie das Brot vor dem Bestreichen mit einem Plätzchenausstecher aus und garnieren es phantasievoll. Wer keine Zeit hat, Brot selbst zu backen, findet beim Bäcker, in Naturkostläden oder Reformhäusern ein großes Angebot an fein ausgemahlenen Brotsorten, die das Kind gut verträgt.

Bauernbrot

ab 12. Monat

1 kg Bauernbrotmehl Type 812
1 kg Dinkelmehl Type 812
500 g Dinkelvollkornmehl und Mehl zum Ausrollen
2 Würfel Hefe
etwa 1,8 l Wasser
4 TL Meersalz
100 g Kürbiskerne
100 g Sonnenblumenkerne
100 g Sesamsaat, geschält und gemahlen
Öl für das Backblech

In einer großen Schüssel die drei Mehlsorten mischen und in der Mitte eine Mulde hineindrücken. Hefe mit 300 ml lauwarmem Wasser in einer kleinen Schüssel auflösen und in die Mulde gießen. Meersalz ringsherum verteilen und die Hefemischung an einem warmen Ort etwa 30 Min. gehen lassen.

Kürbis- und Sonnenblumenkerne im Blitzhacker fein hacken und zusammen mit der gemahlenen Sesamsaat unter das Mehl mischen. Nach und nach etwa 1,5 l lauwarmes Wasser dazugeben, dabei den Teig etwa 15 Min. kräftig kneten, bis er glänzt und elastisch ist.

Die Schüssel mit einem Tuch abdecken und den Teig an einem warmen Ort über Nacht gehen lassen, bis sich das Teigvolumen verdoppelt hat. Den Teig nochmal kurz durchkneten, 4 Laibe formen und diese auf einem bemehlten Backbrett mit einem Tuch bedeckt etwa 20 Min. ruhen lassen, bis die Laibe doppelt so groß sind.

Backofen auf 200° (Gas Stufe 3) vorheizen und das Backblech einölen.

Die Laibe mit nassen Händen nacheinander auf das Backblech setzen und auf der mittleren Schiene jeweils 1 1/4 Std. backen.
Nicht benötigte Laibe lassen sich gut tiefkühlen.

Mandelbutter/Sesambutter — ab 10. Monat

3 EL Mandelmus oder Sesammus
125 g Butter

Mus in eine hohe Rührschüssel geben. Butter in 1 cm große Würfel schneiden und nach und nach mit dem Mixer unter das Mus schlagen.
Mandeln und Sesam enthalten sehr viel Calcium. Sesambutter sollten Sie Ihrem Kind erst nach dem 1. Lebensjahr anbieten.

Kräuterbutter
ab 11. Monat

125 g Butter
1 TL frische Petersilie
5 Blätter Basilikum
1 TL zartes Sellerieblatt
Schnittlauch

Butter zimmerwarm stellen. Kräuter waschen und am besten mit der Kräuter-Moulinette haarfein zerkleinern, Schnittlauch in feinste Röllchen schneiden. Kräuter mit einer Gabel in die weiche Butter verarbeiten und zu einer Rolle formen. Im Kühlschrank hält sich die Kräuterbutter gut verschlossen mehrere Tage.

Kräuterquark
ab 15. Monat

100 g Magerquark
1 TL Leinöl
1 EL Sahne
1 EL lauwarmes Wasser
1 TL gemischte frische Kräuter, z.B. Petersilie, Basilikum, Schnittlauch
Meersalz

Magerquark mit Leinöl, Sahne und etwas lauwarmem Wasser cremig rühren.

Kräuter waschen und haarfein zerkleinern und Schnittlauch in feinste Röllchen schneiden.

Die Kräuter unter den angerührten Quark mischen, mit 1 Prise Meersalz würzen und als Brotbelag oder zu Pellkartoffeln reichen.

Sauerrahm-Frischkäse mit Kräutern

ab 16. Monat

100 g Sauerrahm
100 g Frischkäse
eventuell 1 wachsweich gekochtes Ei
Schnittlauch
1/4 TL Petersilie

Sauerrahm und Frischkäse mit dem Mixer pürieren. Eventuell ein Ei in 4–6 Min. wachsweich kochen, schälen und mitpürieren. Kräuter waschen und haarfein zerkleinern.
Als Brotaufstrich, zu Dämpfkartoffeln oder als Füllung für ausgehöhlte Kartoffeln (s. S. 165).

Bananenhonig

ab 16. Monat

Saft von 2 Orangen (100 ml), frisch gepreßt
Schale und Saft (50 ml) von 1 unbehandelten Zitrone
50 ml Wasser oder Dinkelsud (s. S. 223)
3 Bananen
1–2 EL Honig

Orangen und Zitrone heiß waschen. Schale der Zitrone fein abreiben und die Zitrusfrüchte frisch entsaften. Alles mit Wasser oder Dinkelsud mischen. Banane schälen, 2 cm von den Endstücken entfernen, Rest mit dem Pürierstab zermusen. Bananenmus in das Saftgemisch einrühren und in einem kleinen Topf langsam zum Kochen bringen, 5–10 Min. bei mittlerer Hitze köcheln lassen, dabei mit einem Holzlöffel häufig umrühren. Früchtemus heiß durch ein Sieb streichen, auf etwa 40° abkühlen lassen und den Honig einrühren.

Inzwischen 1 Joghurtglas mit Schraubverschluß mit kochendheißem Wasser ausspülen und umgedreht auf einem Geschirrtuch abtropfen lassen. Den Bananenhonig warm in ein Glas füllen und dieses fest verschließen. Nach Gebrauch immer wieder gut verschlossen, hält sich der Bananenhonig 4–5 Tage im Kühlschrank.

Als Brotaufstrich auf Butter-, Frischkäse- oder Quarkbrot zum Frühstück oder teelöffelweise in Naturjoghurt oder Quark gerührt als kleine Zwischenmahlzeit.

Feigen-Mandel-Mus

ab 18. Monat

300 g leicht getrocknete, noch weiche Feigen (im Herbst erhältlich)
1/2 TL Kakaopulver
100 g Mandelmus

Stiele der Feigen entfernen und in Wasser bedeckt etwa 24 Std. einweichen. Eingeweichte Feigen mit dem Pürierstab fein zermusen. Feigenmus mit 200 ml Wasser verrühren und das Ganze in einem kleinen Topf einmal aufkochen lassen, das Kakaopulver unterrühren. Die Masse durch ein Sieb passieren und das Mandelmus in das warme Feigenmus rühren (falls es zu fest ist, noch einmal kurz erhitzen).

Inzwischen 2 Joghurtgläser mit Schraubverschluß mit kochendheißem Wasser ausspülen und umgedreht auf einem Geschirrtuch abtropfen lassen. Das Feigen-Mandel-Mus in die Gläser füllen und diese fest verschließen. Nach Gebrauch immer wieder gut verschlossen, hält sich das Feigen-Mandel-Mus im Kühlschrank mindestens 2 Wochen.

Schmeckt als Brotaufstrich zum Frühstück.

Getreide

Die Verdauung des Kindes stellt sich erst ab einem Jahr allmählich auf gegartes Vollkorngetreide ein. Rohes Getreide verträgt es frühestens mit zwei Jahren. Dabei darf der kindliche Darm noch nicht mit ganzen Körnern überfordert werden. Auch das Kauen von gekochten Getreidekörnern muß von dem Kleinkind erst nach und nach erlernt werden.

In diesem Abschnitt finden Sie die Grundzubereitungen für die einzelnen Vollkorngetreidearten. Das gegarte Getreide kann als Beilage gegeben werden oder es wird weiterverarbeitet, z.B. zu Hirsegerichten, Dinkelsuppen oder Getreide-Gemüse-Gerichten.

Wenn Sie einen Getreidesud herstellen wollen, der sich gut als Grundlage für eine Getreidesuppe zum Abendessen oder zur Zubereitung von Getränken eignet, dann setzen Sie das eingeweichte, abgegossene Getreide mit 1 l frischem heißen Wasser auf und fangen das Kochwasser nach der Garzeit auf.

Mit einer Getreidemühle werden ganze Körner immer frisch mehlfein zerkleinert. Wenn der Getreideschrot vor dem Kochen eingeweicht wird, verkürzt das die Garzeiten. Das fertige Gericht sollten Sie stets nachquellen lassen.

Ganze Körner müssen Sie wesentlich länger vorquellen, kochen und nachquellen lassen. Danach können sie mit dem Pürierstab zerkleinert werden.

Gekochte Hirse

100 g Hirse
1 EL Butter
350 ml Wasser

Hirse 2 bis 3mal mit kochendem Wasser überbrühen, damit der leicht bittere Geschmack verschwindet. Hirse quellen lassen, bis das Wasser ziemlich abgekühlt ist. Wasser abgießen. Butter in einem Topf leicht erhitzen. Die abgetropfte Hirse hineingeben und unter ständigem Rühren bei mittlerer Hitze 5–10 Min. leicht anrösten, bis die ersten Körner platzen. Mit dem Wasser auffüllen, einmal aufkochen und zugedeckt bei schwacher Hitze etwa 20 Min. ziehen lassen. Die Hirse ist gar, wenn alle Körner aufgeplatzt sind.

Gekochte Dinkelkörner

100 g Dinkelkörner
250–300 ml Wasser (1 l frisches heißes Wasser für Dinkelsud)

Ganze Dinkelkörner waschen und 3–10 Std. in lauwarmem Wasser einweichen. Getreidekörner mit dem Einweichwasser zum Kochen bringen und bei schwacher Hitze 20–30 Min. zugedeckt garen, bis die Körner platzen. Dabei die Körner mit einem Holzlöffel immer wieder umrühren, damit die oberen Körner nicht trocken und hart werden. Kurz vor Ende der Garzeit etwas Meersalz hinzufügen. Die weichgegarten Dinkelkörner zugedeckt etwa 3 Std. nachquellen lassen und weiterverwenden.

Gekochte Gerstengraupen

100 g Gerstengraupen (Rollgerste)
350–400 ml Wasser (1 l frisches heißes Wasser für Gerstensud)

Ganze Gerstengraupen waschen und 3–10 Std. in lauwarmem Wasser einweichen. Rollgerste mit kaltem Wasser bedeckt zum Kochen bringen. Wenn die Graupen alles Wasser aufgesogen haben, schöpflöffelweise heißes Wasser angießen und immer wieder einkochen lassen, bis sie nach knapp 1 Std. platzen. Dabei mit dem Holzlöffel immer wieder umrühren. Kurz vor Ende der Garzeit etwas Meersalz hinzufügen. Die weichgegarten Graupen weiter verwenden.

Gekochte Haferkörner

100 g Haferkörner
230 ml Wasser (1 l frisches heißes Wasser für Hafersud)

Ganze Haferkörner waschen und 1–3 Std. in lauwarmem Wasser einweichen. Getreidekörner mit dem Einweichwasser zum Kochen bringen und bei schwacher Hitze etwa 20 Min. zugedeckt garen, bis die Körner platzen. Dabei die Körner mit einem Holzlöffel immer wieder umrühren, damit die oberen Körner nicht trocken und hart werden. Kurz vor Ende der Garzeit etwas Meersalz hinzufügen. Die weichgegarten Haferkörner zugedeckt etwa 1 Std. nachquellen lassen und weiterverwenden.

Gekochte Weizenkörner

100 g Weizenkörner
250–270 ml Wasser (1 l frisches heißes Wasser für Weizensud)

Ganze Weizenkörner waschen und 3–10 Std. in lauwarmem Wasser einweichen. Getreidekörner mit dem Einweichwasser zum Kochen bringen und bei schwacher Hitze etwa 1 Std. zugedeckt garen, bis die Körner platzen. Dabei die Körner mit einem Holzlöffel immer wieder umrühren, damit die oberen Körner nicht trocken und hart werden. Kurz vor Ende der Garzeit etwas Meersalz hinzufügen. Die weichgegarten Weizenkörner zugedeckt 3–4 Std. nachquellen lassen und weiterverwenden.

Gekochter Buchweizen

100 g Buchweizen
200–250 ml Wasser

Buchweizen in einem Sieb mit heißem Wasser abspülen, damit der enthaltene Farbstoff zerstört wird. Wasser in einem Topf zum Kochen bringen und den Buchweizen im ganzen hineingeben, dann etwa 5 Min. aufkochen. Herd ausschalten und den Buchweizen etwa 10 Min. nachquellen lassen.

Kuchen und Törtchen

Kinder lieben Kuchen. Es entgeht ihnen nicht, wenn ein bestimmtes Ereignis gefeiert wird. Die Festtage im Jahresablauf, wie z.B. Ostern (Lamm, Osterhase), Pfingsten (Taube), Nikolaus und Weihnachten (Tannenbäume) können auf diese Weise besonders hervorgehoben werden. Der 1. Geburtstag muß natürlich mit einem für das Alter verträglichen Überraschungskuchen gefeiert werden.

Backen Sie diese Köstlichkeiten lieber selbst, bevor Sie zu süße Kuchen kaufen. So können Sie den Süßegrad selbst dosieren und vermeiden, daß Ihr Kind zu einer besonders großen Naschkatze wird.

Biskuitrolle

ab 12. Monat (je nach Füllung)

Für den Biskuitboden auf einem rechteckigen Backblech (29 x 39 cm):
6 Eier
5 schwach gehäufte EL Zucker
3 schwach gehäufte EL Weizenmehl Type 550
2 schwach gehäufte EL Speisestärke
Für die Füllung:
175 ml Sahne
125 g Frischkäse oder Magerquark
100 g pürierte Beeren (z.B. Himbeeren, Erdbeeren, Kulturheidelbeeren)
oder 40 ml Fruchtsaft (z.B. von Mandarinen, Orangen oder Kiwis), frisch gepreßt
1 EL Rohrohrzucker
1 Msp. Bourbon-Vanille
2 EL Zucker zum Bestreuen

Backofen auf 200° (Gas Stufe 3) vorheizen.

Für den Biskuit die Eier trennen. Eiweiß in einer Rührschüssel steifschlagen und den Zucker dazumischen. Eigelb in die Masse geben und nur mit dem Schneebesen leicht unterziehen. Mehl und Speisestärke in die Eimasse sieben und vorsichtig unterheben.

Den Boden eines Backblechs mit Pergamentpapier auslegen. Biskuitmasse auf dem Pergamentpapier verteilen, glattstreichen und im Backofen auf der unteren Schiene etwa 10 Min. backen, bis der Biskuitboden eine goldgelbe Farbe angenommen hat.

Inzwischen für die Füllung Sahne schlagen, Frischkäse oder Magerquark, pürierte Beeren oder Fruchtsaft, Rohrohrzucker und Bourbon-Vanille dazugeben und zu einer sämigen Creme verrühren.

Ein Küchentuch auf einer Arbeitsfläche ausbreiten und gleichmäßig mit Zucker bestreuen. Biskuitboden aus dem Backofen nehmen, das heiße Backblech mitsamt dem Biskuitboden mit einer blitzschnellen Handumdrehung auf das Küchentuch stürzen, so daß der Biskuitboden mit der Oberfläche nach unten in der Mitte des Küchentuchs liegt. Das Backblech wegnehmen und das Küchentuch mitsamt dem Biskuitboden im noch heißen Zustand locker aufrollen, damit sich der Biskuitboden später zu einer Rolle formen läßt. Alles sofort wieder entrollen und das Pergamentpapier vorsichtig – eventuell mit Hilfe eines großen Messers – von der Unterseite des Biskuitbodens abziehen. Ungleichmäßige Ränder des Biskuits abschneiden und dem mithelfenden Kind zum Essen geben.

Die Innenseite (nach innen gerollte Seite) des Biskuitbodens gleichmäßig mit der Füllung bestreichen. Biskuitboden mit Füllung aufrollen und die Rolle mit der aufgerollten Seite nach unten auf eine ovale oder rechteckige Platte setzen.

Das Rezept klingt schwieriger als es ist. Mit etwas Übung ist die Biskuitrolle innerhalb von 20 Min. einschließlich Backzeit zubereitet. Mit einer wenig gesüßten Aprikosen- oder Quittenmarmelade geht die Biskuitrolle noch schneller. Kinder lieben diese Biskuitrolle.

Variante: Zum 1. Kindergeburtstag bereiten Sie eine Füllung zu, die Ihr Kind bestimmt schon gut verträgt:

5 EL Mangomus (s. S. 252) mit 150 g geschlagener Sahne vermischen, eventuell mit etwas Ahornsirup süßen.
Garniertips: Die Biskuitrolle läßt sich für festliche Anlässe auch schön verzieren, z.B. mit einer Kerze und einer großen 1 für den 1. Geburtstag.

Hefe-Teddybär

ab 12. Monat

500 g Dinkelmehl Type 630 oder
400 g Weizenmehl Type 550 und 100 g Dinkelvollkornmehl
Mehl für eine große Teddybärform
25 g Hefe
250 ml lauwarme Milch
200 g Butter und Butter für die Form
100 g Rohrohrzucker
2 Eier
Meersalz
19 Rosinen für Augen, Nase und 4 Tatzen
3 Mandeln für den Mund

Das Mehl in eine große Schüssel geben und eine Mulde in die Mitte drücken. Die Hefe in 125 ml lauwarmer Milch in einer kleinen Schüssel auflösen. Hefemischung etwa 30 Min. an einem warmen Ort gehen lassen. Inzwischen Butter in kleine Stücke schneiden und in weiteren 125 ml lauwarmer Milch weich werden lassen. Rohrohrzucker und 1 Prise Meersalz mit einem Holzlöffel dazurühren.

Eier in die Mulde schlagen, Buttermischung dazugeben und alles in etwa 20 Min. zu einem weichen Teig verkneten. Wenn sich der Teig von den Händen löst, die Hefemischung hinzufügen, dabei den Teig noch einmal kurz kräftig durchwalken und mit der Hand schlagen, damit genügend Luft in den Hefeteig kommt. Den Teig in einer großen Schüssel mit einem Küchentuch bedeckt an einem warmen Ort etwa 1 Std. gehen lassen.

Die Teddybärform mit Butter ausstreichen und mit Mehl bestäuben. Rosinen in heißem Wasser einweichen, trockentupfen und in die vorgestanzten Stellen legen. (Jeweils 2 für die Augen, 1 für die Nase und jeweils 4 für die Tatzen.) Mit den Mandeln den Mund formen. Den Teig in die Form füllen, glattstreichen und in der Form noch etwas gehen lassen, bis der Teig fast über den Rand läuft. Den Hefekuchen 45–50 Min. auf mittlerer Schiene backen. Teddybär nach etwa 30 Min. mit einer Alufolie abdecken. *Variante: Statt der Teddybärform eignet sich auch eine große Hasenform.*

Einfacher Rührkuchen ab 12. Monat

Rührteig für eine kleine Gugelhupfform:
175 g Butter und Butter für die Form
175 g Zucker oder Rohrohrzucker
1/2 TL Bourbon-Vanille
3 kleine Eier (insgesamt 175 g)
175 g Weizenmehl Type 550 und Mehl für die Form

Butter in einer Rührschüssel mit dem Mixer schaumig rühren, bis sie hell und weich ist. Den Zucker hinzufügen und so lange rühren, bis er ganz aufgenommen ist. Bourbon-Vanille untermischen.

Die Eier trennen, jedes Eigelb nacheinander gut mit der Butter-Zucker-Masse verrühren, das Eiweiß in eine zweite Rührschüssel geben und zu steifem Schnee schlagen.

Das Mehl in die Rührkuchenmasse sieben und mit einem Teiglöffel vorsichtig unter den Rührteig ziehen, bis alle Zutaten gut miteinander verbunden sind. Am Schluß den steifgeschlagenen Eischnee leicht unterheben, damit der Kuchen locker wird.

Backofen auf 180° (Gasherd Stufe 2) vorheizen. Eine Gugelhupfform mit Butter ausstreichen, mit Mehl bestäuben, den Rührkuchen einfüllen und im vorgeheizten Backofen auf der unteren Schiene 45–50 Min. backen. Der Kuchen ist fertig, wenn man mit einem Zahnstocher in die Mitte des Kuchens sticht und beim Herausziehen kein Teig mehr daran haftet. Den Rührkuchen in der Form völlig abkühlen lassen und auf ein Kuchengitter stürzen. *Ein Rührkuchen ohne Backpulver! Das natürliche Treibmittel ist die in den Teig gerührte und in das Eiweiß geschlagene Luft. Jede Zutat muß soviel wiegen wie die Eier. Damit der Gugelhupf schön aufgeht, ist die angegebene Zuckermenge notwendig. Mit Rohrohrzucker schmeckt der Kuchen nicht so süß, aber er fällt auch etwas zusammen.*

Kirschkuchen

ab 15. Monat

Für den Mürbeteig (Springform von 24 cm Durchmesser):
200 g Weizenvollkornmehl Type 880 und Mehl fürs Backbrett
150 g kalte Butter und Butter für die Form
1 Eigelb
Meersalz
3 EL Rohrohrzucker
Für den Belag:
2 EL geschälte Mandeln, gemahlen
500 g Süßkirschen
1 Ei
1 EL Rohrohrzucker
3 EL Crème fraîche

Mehl auf ein Backbrett sieben. In die Mitte eine Mulde drücken. Kalte Butter klein würfeln. Butter, Eigelb, 1 Prise Meersalz und Rohrohrzucker zum Mehl geben und das Ganze zum Mürbeteig verkneten. Wenn nötig, etwas Wasser tropfenweise dazugeben. Den Teig zu einer Kugel formen, in Klarsichtfolie einschlagen und etwa 1 Std. kalt stellen.

Springform mit etwas Butter ausstreichen, den Teig auf dem bemehlten Backbrett ausrollen und die Springform damit ausschlagen. Mit den Händen einen kleinen Rand bilden. Den Teig mit einer Gabel einstechen und den Boden mit gemahlenen Mandeln bestreuen.

Backofen auf 200° (Gasherd Stufe 3) vorheizen.

Die Süßkirschen waschen, entstielen, entsteinen und die Kirschenhälften auf dem Teigboden anordnen. Den Kuchen im vorgeheizten Backofen etwa 10 Min. auf der mittleren Schiene vorbacken. Inzwischen Ei mit Rohrohrzucker schaumig rühren, die Crème fraîche unterziehen und den Kirschkuchen damit bedecken. Weitere 20–25 Min. backen.

Variante: Statt Kirschen eignen sich auch gut weiche geschälte Birnenviertel oder Kulturheidelbeeren.

Apfelkuchen ab 15. Monat

Für den Mürbeteig (Springform von 24 cm Durchmesser):
200 g Weizenmehl Type 880 und Mehl fürs Backbrett
100 g kalte Butter und Butter für die Springform
1 Ei
Meersalz
1 EL Rohrohrzucker
Für den Belag:
6 Äpfel (Cox Orange)
1 TL Zitronensaft, frisch gepreßt
1 EL Rohrohrzucker
1 Msp. Bourbon-Vanille
1 EL Butter
2 EL Aprikosenmus (s. S. 129)

Mehl auf ein Backbrett sieben. In die Mitte eine Mulde drücken. Kalte Butter klein würfeln. Butter, Ei, 1 Prise Meersalz und Rohrohrzucker zum Mehl geben und das Ganze zum Mürbeteig verkneten. Wenn nötig, etwas Wasser tropfenweise dazugeben. Den Teig zu einer Kugel formen, in Klarsichtfolie einschlagen und etwa 1 Std. kalt stellen.

Springform mit etwas Butter ausstreichen, den Teig auf dem bemehlten Backbrett ausrollen und die Springform damit ausschlagen. Mit den Händen einen kleinen Rand bilden. Den Teig mit einer Gabel einstechen.

Backofen auf 200° (Gasherd Stufe 3) vorheizen.

Die Äpfel schälen, vierteln und das Kerngehäuse entfernen. Die Apfelviertel in feine Scheibchen schneiden und in einer Schüssel sofort mit Zitronensaft beträufeln. Mit Rohrohrzucker und Bourbon-Vanille vermischen und die Apfelschnitzchen auf dem Teigboden anordnen. Butterflöckchen auf den Äpfeln verteilen. Den Kuchen im vorgeheizten Backofen etwa 20 Min. auf der mittleren Schiene vorbacken. Apfelkuchen mit Aprikosenmus bestreichen und weitere 15–20 Min. backen.

Kürbistörtchen

ab 15. Monat

Für den Mürbeteig (6 Törtchenformen):
200 g Dinkelmehl Type 630 oder
100 g Weizenmehl Type 550 und 100 g Dinkelvollkornmehl
und Mehl fürs Backbrett
100 g kalte Butter und Butter für die Törtchenformen
Meersalz
30–50 ml kaltes Wasser
Für die Füllung:
200 g Kürbisfleisch, 1 EL Butter, 30–50 ml Wasser für
Kürbispüree (s. S. 102)
1 Eigelb
1 EL Rohrohrzucker
1 EL geschälte Mandeln, gemahlen
2 EL Sahne, geschlagen
100 g Frischkäse
1 TL Limettensaft, frisch gepreßt
eventuell 1 Msp. Muskatblüte, gemahlen

Für den Mürbeteig Mehl auf ein Backbrett sieben. In die Mitte eine Mulde drücken. Kalte Butter klein würfeln. Butter und 1 Prise Meersalz zum Mehl geben und das Ganze zum Mürbeteig verkneten. Immer wieder etwas Wasser tropfenweise dazugeben. Den Teig zu einer Kugel formen, in Klarsichtfolie einschlagen und etwa 1 Std. kalt stellen.

6 Törtchenformen mit etwas Butter ausstreichen und leicht mit Mehl bestäuben. Den Teig auf dem bemehlten Backbrett etwa 3 mm dick ausrollen. 6 Teigscheiben von der Größe der Törtchenformen plus Rand ausschneiden, die Formen damit ausschlagen und den Teig mit den Daumen festdrücken. Die Törtchenformen auf ein Backblech stellen und die Böden und Ränder der Törtchen mit einer Gabel einstechen.

Kürbispüree vorbereiten und abkühlen lassen. Backofen auf 180° (Gas Stufe 2) vorheizen.

Eigelb in einer Rührschüssel schaumig schlagen, Rohrohrzucker, frisch gepreßten Limettensaft und gemahlene Mandeln einrühren. Kürbispüree und Frischkäse hinzufügen und am Schluß die geschlagene Sahne unterziehen.

Die Törtchenformen mit der Kürbismischung füllen, glattstreichen und im vorgeheizten Backofen etwa 30 Min. auf der mittleren Schiene backen.

»Salzige« Variante: Statt der Kürbisfüllung bereiten Sie eine Spinatfüllung zu: 500 g Blattspinat nach dem Rezept von S. 109 vorbereiten, abkühlen lassen und mit dem Pürierstab fein pürieren. 50 g kaltes, gekochtes Putenfleisch zerkleinern und mitpürieren. 100 g Frischkäse, 100 ml Sahne und 1 Ei unter die Masse rühren. Alles mit 1 Prise Meersalz und 1 Msp. frisch geriebener Muskatnuß würzen. Rezept wie oben beschrieben fertigstellen.

Gemüsequiche

ab 15. Monat

Für den Mürbeteig (Quicheform von 28 cm Durchmesser):
200 g Weizenmehl Type 880 und Mehl fürs Backbrett
100 g kalte Butter und Butter für die Quicheform
Meersalz
50–75 ml kaltes Wasser
Für die Füllung:
1 Mangold oder 400 g geputzten Blattspinat
150 g Petersilienwurzeln
1 Stange Lauch, weißer Teil
3 EL Butter
1 Msp. Muskatnuß, frisch gerieben
200 g Frischkäse
2 Eier
125 ml Sahne
1 EL Weizenmehl Type 880
100 g Butterkäse, frisch gerieben

Für den Mürbeteig Mehl auf ein Backbrett sieben. In die Mitte eine Mulde drücken. Kalte Butter klein würfeln. Butter und 1 gute Prise Meersalz zum Mehl geben und das Ganze zum Mürbeteig verkneten. Immer wieder etwas Wasser tropfenweise dazugeben. Den Teig zu einer Kugel formen, in Klarsichtfolie einschlagen und etwa 1 Std. kalt stellen.

Für die Füllung Mangold oder Blattspinat putzen, waschen und tropfnaß in einem großen Topf etwa 5 Min. im eigenen Saft zugedeckt dünsten. Den gekochten Mangold oder Blattspinat in ein Sieb abgießen, mit kaltem Wasser überbrausen, damit die grüne Farbe erhalten bleibt, und die ganze Flüssigkeit ausdrücken. Petersilienwurzeln waschen, putzen und auf einer Rohkostreibe fein raspeln. Lauch putzen, waschen und der Länge nach vierteln. Die weißen Teile in 1/2 cm große Stücke schneiden.

2 EL Butter in einer Kasserolle erhitzen. Lauchstücke hineingeben und etwa 2 Min. dünsten. Petersilienwurzelraspel hinzufügen und weitere 8–10 Min. zugedeckt dünsten. Ausgedrückten

Mangold oder Blattspinat untermischen. Mit 1 Prise Meersalz und Muskatnuß würzen. Die Hälfte des Frischkäses in die Gemüsemischung einrühren.

Backofen auf 200° (Gas Stufe 3) vorheizen.

Eine Quicheform mit etwas Butter ausstreichen und mit Mehl bestäuben. Den Mürbeteig auf dem bemehlten Backbrett ausrollen und die Form damit ausschlagen. Mit den Fingern einen Rand bilden. Teigboden mit einer Gabel einstechen. Gemüsemischung auf dem Boden verteilen.

Eier, Sahne und den restlichen Frischkäse in einer Rührschüssel verrühren. Mit Mehl binden und mit 1 Prise Meersalz und Muskatnuß würzen. Geriebenen Käse untermischen und die Masse über die Gemüsemischung gießen. Füllung glattstreichen, mit restlicher Butter belegen und im vorgeheizten Backofen etwa 35 Min. auf der mittleren Schiene backen.

Statt der Petersilienwurzeln können Sie auch Karotten oder Zucchini verwenden.

Gesunde Getränke

Bei den folgenden Rezepten werden Sie vielleicht vermissen, für wie viele Personen die Menge ausreicht. Durst läßt sich nur schwer bestimmen. Außerdem sollen Kleinkinder z.B. Fruchtsaft nur löffelweise und verdünnt trinken. Gönnen Sie sich deshalb selbst den Rest der wohlschmeckenden gesunden Getränke, die stets frisch zubereitet werden.

Säfte

Als Durstlöscher taugen frisch gepreßte Säfte nicht. Vielmehr ist der Frucht- oder Gemüsesaft ein hochkonzentrierter Vitaminträger. Kindern, die auf Fruchtsäure empfindlich reagieren, bietet man das Obst besser im ganzen an, weil rohe Säfte schwer verdaulich sind. Frisch gepreßte Säfte werden immer mit Wasser oder mit mineralstoffhaltigem Getreidesud verdünnt. Gekochten Saft vertragen Kinder zwar besser als roh gepreßten, er enthält aber auch weniger Vitamine. Geben Sie Ihrem Kind frisch gepreßten Saft anfangs nur löffelweise zur Verbesserung der Eisenaufnahme.

Apfelsaft

ab 10. Monat

1 Apfel (Cox Orange oder Elstar)

Apfel in grobe Schnitze teilen und das Kerngehäuse entfernen. Apfelschnitze in den Entsafter geben.

Wenig frisch gepreßten Apfelsaft für das Kind mit Wasser vermischen und sofort zum Trinken anbieten.

Im Herbst, wenn die Äpfel Saison haben, können Sie größere Mengen Apfelsaft selbst herstellen. Frisch gepreßten Apfelsaft in einem Topf auf etwa 75° erhitzen und etwa 5 Min. köcheln lassen.

Flaschen mit kochendheißem Wasser ausspülen, mit dem Apfelsaft abfüllen und sofort fest verschließen.

Aprikosensaft
ab 10. Monat

300 g Aprikosen

Aprikosen mit einem Messer an der Fruchtnaht einschneiden und die Steine herauslösen. Aprikosenhälften in den Entsafter geben.

Wenig frisch gepreßten Aprikosensaft für das Kind mit Wasser vermischen und sofort zum Trinken anbieten.

Mango-Apfel-Saft
ab 10. Monat

1 Mango
1 Apfel (Cox Orange oder Elstar)

Mango mit einem scharfen Messer schälen, das Fruchtfleisch vom Kern lösen und in Stücke schneiden. Apfel in grobe Schnitze teilen und das Kerngehäuse entfernen. Mangostücke und Apfelschnitze in den Entsafter geben. Wenig frisch gepreßten Mango-Apfel-Saft für das Kind mit Wasser vermischen und sofort zum Trinken anbieten.
Die Apfelsorten Cox Orange und Elstar verfärben sich am wenigsten.

Traubensaft
ab 11. Monat

300 g weiße, kernlose Weintrauben

Trauben von den Stielen abzupfen, mit warmem Wasser waschen und auf einem Küchentuch abtropfen lassen. Trauben in den Entsafter geben.

Wenig frisch gepreßten Traubensaft für das Kind mit Wasser oder Reiswasser (s. S. 221) vermischen und sofort zum Trinken anbieten.

Im Herbst, wenn die Weintrauben Saison haben, können Sie größere Mengen Traubensaft selbst herstellen. Frisch gepreßten Traubensaft in einem Topf auf etwa 75° erhitzen und etwa 5 Min. köcheln lassen. Flaschen mit kochendheißem Wasser ausspülen, mit dem Traubensaft abfüllen und sofort fest verschließen.

Apfel-Karotten-Sellerie-Saft

ab 13. Monat

1/2 Apfel (Cox Orange oder Elstar)
1 Karotte
1/8 Knollensellerie

Apfel in grobe Schnitze teilen und das Kerngehäuse entfernen. Karotte putzen und waschen. Sellerie schälen und in Stücke teilen. Apfelschnitze, Karotte im ganzen und Selleriestücke in den Entsafter geben.

Wenig frisch gepreßten Apfel-Karotten-Sellerie-Saft für das Kind mit Wasser vermischen und sofort zum Trinken anbieten.

Apfel-Karotten-Mandarinen-Saft

ab 13. Monat

1/2 Apfel (Cox Orange oder Elstar)
1 Karotte
1 Mandarine

Apfel in grobe Schnitze teilen und das Kerngehäuse entfernen. Karotte putzen und waschen. Mandarine schälen und in Schnitze teilen. Apfelschnitze, Karotte im ganzen und Mandarinenschnitze in den Entsafter geben.

Wenig frisch gepreßten Apfel-Karotten-Mandarinen-Saft für das Kind mit Wasser vermischen und sofort zum Trinken anbieten.

Getreidegetränke

Aus den einzelnen Getreidesorten läßt sich auch ein mineralstoffreicher Sud zubereiten. Dazu wird das Getreide statt im Einweichwasser in frischem heißen Wasser aufgesetzt und gekocht. Der so entstandene Getreidesud wirkt besonders bei Erkrankungen entgiftend und stärkt vor allem die Widerstandskräfte des Kleinkindes. Er läßt sich auch als Grundlage für verschiedene Teemischungen (s. S. 63) verwenden, z.B. Dinkelsud für Fencheltee. Hier einige Vorschläge, wie Sie aus einem Getreidesud ein wohlschmeckendes Getränk zaubern können.

Reiswasser

ab 11. Monat

100 g Langkorn-Naturreis
1 l Wasser (ergibt etwa 750 ml Reissud)
Meersalz
50 ml Traubensaft aus 150 g weißen, kernlosen Weintrauben, frisch gepreßt (s. S. 219)

Langkorn-Naturreis in einem Topf mit 1 l Wasser aufkochen, etwa 1 Std. bei schwacher Hitze köcheln lassen und durch ein Sieb abgießen. Flüssigkeit auffangen und mit 1 Prise Meersalz würzen. 200 ml Reiswasser entnehmen (Rest als Suppen- oder Teegrundlage verwenden), abkühlen lassen und mit dem frisch gepreßten Traubensaft vermischen.
Variante: Auch frisch gepreßter Aprikosen- oder Apfelsaft paßt gut zu Reiswasser.
Reiswasser oder Reisschleim (s. S. 95) hilft bei Magenverstimmung.

Hirsewasser

ab 13. Monat

1 l Wasser
100 g Hirse (ergibt etwa 600 ml Hirsesud)
Meersalz
50 ml Apfel-Karotten-Sellerie-Saft, frisch gepreßt (s. S. 220)

In einem Topf 1 l Wasser zum Kochen bringen, Hirse hinzufügen, etwa 20 Min. kochen und durch ein Sieb abgießen. Flüssigkeit auffangen und mit 1 Prise Meersalz würzen. 200 ml Hirsewasser entnehmen (Rest als Suppen- oder Teegrundlage verwenden), abkühlen lassen und mit dem frisch gepreßten Apfel-Karotten-Sellerie-Saft vermischen. Auch Kirschsaft paßt gut zu Hirsewasser.
Hirse ist sehr reich an Eisen und behebt Appetitmangel.

Weizen-Schlummertrunk

ab 16. Monat

In 1 l Wasser gekochte Weizenkörner (s. S. 206, ergibt etwa 500 ml Weizensud)
Meersalz
1/2 Banane
bei Fieber 1/4 TL Lindenblütenhonig

Weizensud aus 1 l Wasser kochen und durch ein Sieb abgießen. Flüssigkeit auffangen und mit 1 Prise Meersalz würzen. 200 ml Weizentee entnehmen (Rest als Suppen- oder Teegrundlage verwenden), etwas abkühlen lassen.

Banane schälen, halbieren, 2 cm vom Endstück abschneiden, Rest zusammen mit dem Weizentee im Mixer pürieren. Bei Fieber mit wenig Lindenblütenhonig süßen.
Weizen besitzt eine schlaffördernde Wirkung für Kinder, die abends nicht zur Ruhe kommen, und hilft bei Fieber.

Dinkelgetränk

ab 16. Monat

In 1 l Wasser gekochte Dinkelkörner (s. S. 205, ergibt etwa 500 ml Dinkelsud)
1 getrocknete Feige
Meersalz
50 ml Karotten-Apfel-Mandarinen-Saft, frisch gepreßt (s. S. 220)
1 Msp. Anis, frisch gemahlen

Dinkelsud aus 1 l Wasser mit getrockneter Feige kochen und durch ein Sieb abgießen. Flüssigkeit auffangen und mit 1 Prise Meersalz würzen. 200 ml Dinkeltee entnehmen (Rest als Suppen- oder Teegrundlage verwenden), abkühlen lassen und mit Karotten-Apfel-Mandarinen-Saft vermischen.
Das Dinkelgetränk beruhigt nervöse Kinder.

Gerstentrunk

ab 16. Monat

In 1 l Wasser gekochte Gerstengraupen (s. S. 205, ergibt etwa 500 ml Gerstensud)
Meersalz
3 getrocknete Datteln
50 ml Kirsch- oder Heidelbeer-Muttersaft

Gerstensud aus 1 l Wasser mit getrockneten Datteln kochen und durch ein Sieb abgießen. Flüssigkeit auffangen und mit 1 Prise Meersalz würzen. 200 ml Gerstentee entnehmen (Rest als Suppen- oder Teegrundlage verwenden), abkühlen lassen und mit Kirschsaft vermischen.
Der Gerstentrunk mit Heidelbeer-Muttersaft stoppt jeden Durchfall. Ideal auch als Milchbildungsgetränk für stillende Mütter.

Hafertrunk

ab 16. Monat

In 1 l Wasser gekochte Haferkörner (s. S. 206, ergibt etwa 500 ml Hafersud)
Meersalz
1 Stückchen Zimtstange
1 Nelke
1 Stückchen Süßholzwurzel
Saft einer Mandarine
1 TL Zitronensaft, frisch gepreßt
eventuell 1/4 TL Blütenhonig

Hafersud aus 1 l Wasser kochen und durch ein Sieb abgießen. Flüssigkeit auffangen und mit 1 Prise Meersalz würzen. 200 ml Hafertee entnehmen (Rest als Suppen- oder Teegrundlage verwenden), mit Zimtstange, Nelke und Süßwurzel weitere 5 Min. köcheln lassen. Mandarinen- und Zitronensaft dazugeben. Hafertrunk durch ein Teesieb in Tassen gießen. Eventuell mit wenig Honig süßen.
Hafertee wirkt bei Kindern mit schwacher Konstitution kräftigend.

Rotationsdiät für Schwangere, stillende Mütter und Kleinkinder

Die Rotationsdiät wird seit langem in Kliniken bei Allergien eingesetzt, speziell bei atopischem Ekzem. Ärzte, die einen Zusammenhang zwischen Immunsystem und Ernährung sehen, werden häufig zu dieser Form der Diät raten, die Sie übrigens in vereinfachter Form sehr gut selbst zu Hause nachkochen können. Der Arzt wird Sie auch beraten, welche Gerichte Sie Ihrem Kind ab welchem Alter anbieten können. Verzichten Sie bei der Zubereitung dieser Gerichte möglichst auf Kochgeschirr aus Stahl, Eisen oder Kupfer und verwenden Sie statt dessen einen Emailletopf.

Diese Wechseldiät, die das angegriffene Immunsystem stärkt, basiert auf dem 4-Tage-Rotationsprinzip. Durch den abwechselnden Verzehr der verträglichen Nahrungsmittel im zeitlichen Abstand von 4 Tagen können schrittweise die für das Kleinkind neuen Speisen eingesetzt werden. Die Nahrungsmittel werden besser verwertet, das Immunsystem entlastet und der kindliche Organismus wird kräftiger.

Eine Rotationsdiät oder Immundiät beginnt frühestens ab dem 13. Monat. Man gibt dabei nur jeden 5. Tag dasselbe Nahrungsmittel, um einer Sensibilisierung gegen bestimmte Lebensmittel vorzubeugen. Versteckte Nahrungsallergien wechseln häufig innerhalb einer Gruppe von einem Nahrungsmittel zum anderen. Mit dieser Diät verschwinden meist solche Allergien, und das Immunsystem kann sich dabei regenerieren. Der Darm wird durch den Rotationszyklus entlastet und die Allergene werden abgebaut.

Das Rotationsprinzip

Wenn z.B. am Montag Buchweizen bzw. Dinkel auf dem Speiseplan steht, darf dieses Getreide erst wieder am Freitag eingesetzt werden. Dazwischen wird abgewechselt zwischen Weizen bzw.

Polenta, Gerste bzw. Hirse und Haferflocken bzw. Vollkornreis. Der kindliche Organismus braucht 4 Tage, um ein verzehrtes Nahrungsmittel komplett auszuscheiden. Dabei sollten Sie – wie zu Beginn der Zufütterung – die Wirkung jedes neu eingeführten Lebensmittels austesten. Die angegebenen Rezepte für Salat gelten vor allem für ältere Kleinkinder, für Schwangere, die bereits ein allergiekrankes Kind haben, und für stillende Mütter. Auf Fleisch- und Fischrezepte wurde bewußt verzichtet, weil sie für Kleinkinder zu eiweißreich sind.

Rotationsübersicht

Die folgenden Eß-Fahrpläne sind aus der Rotationsübersicht der einzelnen Nahrungsmittel für Tag 1 bis 4 zusammengestellt. Aus den Rezepten für die einzelnen Tage können Sie pro Zyklus jeweils 1 Vorschlag für Frühstück, Mittagessen, Zwischenmahlzeit und Abendessen auswählen. Bei Wiederkehr von Tag 1 haben Sie erneut die Wahl. Da für alle 4 Tage jeweils 3 Rezepte zur Auswahl stehen, können Sie 12 Tage bei den Gerichten abwechseln. Das ergibt 3 Rotationszyklen von je 4 Tagen, also insgesamt 12 Tage. Zum Frühstück werden nur 2 Teesorten zur Auswahl angeboten. Der Tee, den Sie sich aus der Apotheke besorgen sollten, wird also im 2-Tages-Rhythmus abgewechselt (es gibt insgesamt 8 Sorten).

Rotationsübersicht von Tag 1 bis 4

	Tag 1	**Tag 2**	**Tag 3**	**Tag 4**
Tee	Linden-blütentee Brennesseltee	Ringel-blumentee Löwenzahn-tee	Zinnkrauttee Kamillentee	Stiefmütter-chentee Gänsefinger-krauttee
Getreide	Buchweizen Dinkel	Weizen Polenta (Maisgrieß)	Gerste Hirse	Haferflocken Vollkornreis
Gemüse	Zucchini Fenchel Blumenkohl Rote Bete	Gurke Artischocke Mais Karotte	Kürbis Avocado Kohlrabi Kartoffel	Brokkoli Champi-gnons Weißkraut Sellerie
Milch-produkte	Frischkäse Schafkäse	Sahne Ziegenkäse	Naturjoghurt	Sojamilch-produkte
Öle Fette	Olivenöl Kürbiskernöl Süßrahm-butter	Kokosnußöl Leinöl	Maiskeimöl Distelöl	Sonnen-blumenöl Kokosfett
Früchte	Backpflaumen Kirschen (gekocht)	Birne Pfirsich (gekocht)	Mirabelle (gekocht) Banane	Trocken-apfel Mango (gekocht)
Nüsse/ Samen	Leinsamen	Kürbiskerne	Cashewnüsse	Sonnen-blumen-kerne
Kräuter Gewürze	Petersilie Zitronen-melisse	Liebstöckel (Maggikraut) Thymian	Basilikum Dill	Vanille-schote Majoran
Salat-zusätze	Sahne Basilikum Dill	Petersilie Brunnen-kresse	Sauerrahm	Zitrone

Rotations-Eß-Fahrplan von Tag 1 bis 4

	Tag 1	Tag 2	Tag 3	Tag 4
Tee	*1* Lindenblütentee *2* Brennesseltee	*1* Ringelblumentee *2* Löwenzahntee	*1* Zinnkrauttee *2* Kamillentee	*1* Stiefmütterchentee *2* Gänsefingerkrauttee
Frühstück	*1* Buchweizengrütze *2* Dinkelflocken-Müsli *3* Dinkelschrotbrei	*1* Weizenflocken-Müsli *2* Weizenbrei *3* Maisgrießbrei mit Birne	*1* Hirsespeise mit Mirabellen *2* Hirsecreme *3* Gerstenflocken-Müsli	*1* Haferflocken-Müsli *2* Vanille-Reiscreme *3* Süßreis mit Mangokompott
Mittagessen	*1* Dinkel-Zucchini-Bällchen *2* Buchweizen-Dinkel-Ravioli *3* Blumenkohl in Dinkelsauce Kopfsalat Chicoreesalat	*1* Karotten mit gehackten Weizenkörnern *2* Artischokken-Karotten-Mais-Gemüse *3* Gemüseterrine Endiviensalat Lollo-Rosso-Salat	*1* Kürbis-Kartoffel-Gemüse *2* Hirsegratin mit Kohlrabi *3* Kartoffelrösti mit Sauerrahmsauce Feldsalat Löwenzahnsalat	*1* Langkorn-Naturreis mit Brokkoli *2* Tofubällchen mit Naturreis *3* Tofubällchen in Gemüsebrühe Eissalat Eichblattsalat
Zwischenmahlzeit	*1* Eingemachte Kirschen *2* Dinkel mit Backpflaumen *3* Dinkelsud mit Kirschsaft	*1* Birne *2* Pfirsichkompott *3* Weizensud mit Birnensaft	*1* Bananenbrei *2* Eingemachte Mirabellen *3* Hirsewasser mit Mirabellensaft	*1* Mangomus *2* Sojacocktail *3* Apfel-Reiswasser
Abendessen	*1* Rote-Bete-Salat *2* Dinkel-Fenchel-Suppe *3* Dinkelgrießbrei mit Kirschen	*1* Maisgrießplätzchen *2* Gurken-Mais-Salat mit angemachtem Ziegenkäse *3* Weizenschrotsuppe	*1* Avocado *2* Folienkartoffeln mit Kürbissauce *3* Hirse-Kürbis-Suppe	*1* Tofuburger *2* Sellerie-Champignons-Salat*3* *3* Haferflockensuppe

Rezepte für Tag 1

Frühstück

***1* Lindenblütentee**
1 TL getrocknete Kräuter mit 250 ml kochendem Wasser übergießen, Tee 3 Min. zugedeckt ziehen lassen und abseihen.

***2* Brennesseltee**
1 TL getrocknete Kräuter mit 250 ml kochendem Wasser übergießen, Tee 3 Min. zugedeckt ziehen lassen und abseihen.

***1* Buchweizengrütze**
3 EL eingemachte Kirschen mit 200 ml Einlegesaft (Rezept s. S. 132, ohne Rohrohrzucker)
3 EL Buchweizengrütze oder -flocken
1 TL Sahne

Kirschen abgießen und 200 ml des Einlegesaftes in einem kleinen Topf zum Kochen bringen, die Buchweizengrütze oder -flocken einstreuen und bei ständigem Rühren etwa 5 Min. bei mittlerer Hitze köcheln. Die Kirschen auf der Buchweizengrütze verteilen. Zugedeckt weitere 5 Min. nachquellen lassen. Mit einem Klecks Sahne verfeinern.

***2* Dinkelflocken-Müsli**
2 EL getrocknete Pflaumen ohne Stein
200 ml Wasser
3 EL grobe Dinkelflocken
1/2 TL Leinsamenkerne, gemahlen
1 TL Sahne

Getrocknete Pflaumen in kleinste Stücke schneiden. 200 ml Wasser in einem kleinen Topf zum Kochen bringen. Die Pflaumenstücke darin aufkochen und mit dem Pürierstab zermusen. Dinkelflocken in einem kleinen Topf anrösten, mit Pflaumenmus ablöschen und etwa 5 Min. köcheln. Gemahlene Leinsamenkerne unter die abgekühlten Dinkelflocken mischen. Mit einem Klecks Sahne verfeinern.

3 **Dinkelschrotbrei**
200 ml Wasser
3 EL Dinkel, mehlfein gemahlen
1 TL Süßrahmbutter
Meersalz
eventuell 1 TL Sahne

Wasser in einem kleinen Topf zum Kochen bringen, Dinkelschrot einstreuen und bei ständigem Rühren etwa 5 Min. bei mittlerer Hitze köcheln. Dinkelbrei weitere 15 Min. nachquellen lassen. Süßrahmbutter schmelzen und über den Brei gießen. Leicht salzen und eventuell mit einem Klecks Sahne verfeinern.

Mittagessen

1 **Dinkel-Zucchini-Bällchen**
100 g Dinkelkörner
1 EL Süßrahmbutter
200 g Zucchini
1 TL Petersilie
2 EL Olivenöl
25 g Schafkäse

Dinkelkörner über Nacht in lauwarmen Wasser einweichen. Süßrahmbutter in einem Topf erhitzen, Dinkelkörner hineingeben und unter Rühren glasig dünsten. Nach und nach mit 200 ml Wasser ablöschen und immer wieder einkochen lassen, bis nach 20–30 Min. die Dinkelkörner gar sind. Die Herdplatte ausschalten und den Dinkel 3 Std. nachquellen lassen. Mit dem Pürierstab zerkleinern.

Inzwischen Zucchini schälen, Blüten- und Stielansatz entfernen und auf einer Rohkostreibe fein raspeln. Petersilie waschen und fein hacken.

1 EL Olivenöl in einer Pfanne erhitzen, die Zucchiniraspel etwa 5 Min. darin wenden. Petersilie unterrühren. Zucchinigemüse und Dinkel etwas abkühlen lassen.

Schafkäse in 4 Würfel schneiden. Für die Dinkel-Zucchini-Bällchen eine kleine Handvoll Dinkel zu einem Bällchen formen. Mit dem Zeigefinger in die Mitte eine Vertiefung drücken. Die Mulde mit 1 EL Zucchinigemüse und 1 Schafkäsewürfel füllen. Den Dinkel wieder zusammendrücken und zu einem Bällchen drehen. Die 4 Dinkel-Zucchini-Bällchen im restlichen Olivenöl rundherum anbraten.

2 **Buchweizen-Dinkel-Ravioli**
100 g Buchweizenmehl
100 g Dinkelvollkornmehl und Mehl zum Ausrollen
Meersalz
125 ml lauwarmes Wasser
etwas Olivenöl
200 g Chinakohl
1 TL frische Petersilie
1 TL Frischkäse
4–6 Basilikum- oder Zitronenmelissenblätter
2 EL Süßrahmbutter
2 EL Sahne
eventuell 2 EL Schafkäse, frisch gerieben

Die beiden Mehlsorten mit Meersalz und lauwarmem Wasser zu einem festen, aber elastischen Nudelteig verarbeiten. Wenn der Teig zu fest wird, einige Tropfen Olivenöl hinzufügen. Teig zur Kugel formen und in Klarsichtfolie gewickelt etwa 15 Min. ruhen lassen.

Inzwischen Chinakohl waschen und in Streifen schneiden. Petersilie waschen und die Blätter vom Stengel zupfen. Chinakohlstreifen in kochendheißem Salzwasser 4–5 Min. sprudelnd kochen, Petersilienblätter hinzufügen und 1 weitere Min. mitkochen.

Das gegarte Gemüse durch ein Sieb gießen, das Garwasser aufheben. Chinakohlstreifen und Petersilie mit dem Pürierstab fein mixen, die Hälfte der Masse mit Frischkäse verfeinern. Füllung in einer Schüssel bereitstellen, das übrige Gemüsepüree für die Sauce verwenden.

Teigkugel in zwei Stücke teilen und auf einem bemehlten Backbrett möglichst dünn ausrollen. Mit einem Teigrädchen 5 x 5 cm große Quadrate ausschneiden. Etwa 20 Teigquadrate mit einem erbsengroßen Klecks Gemüsepüree füllen, zu einem Dreieck zusammenlegen und die Ränder mit den befeuchteten Fingerkuppen leicht andrücken. Ravioli auf einem leicht bemehlten Backblech oder Küchentuch ausbreiten und etwas antrocknen lassen.

Reichlich Salzwasser mit einigen Tropfen Olivenöl zum Kochen bringen, die Ravioli nach und nach hineingeben. Nach wiederholtem Aufwallen 8–10 Min. ziehen lassen. Ravioli mit einem Schaumlöffel aus dem Wasser herausnehmen, mit kaltem Wasser kurz abschrecken und abtropfen lassen.

Basilikum- oder Zitronenmelissenblätter waschen und fein hacken. Süßrahmbutter in einer großen Pfanne schmelzen, die gehackten Kräuter darin schwenken und das restliche Gemüsepüree einrühren. Mit 100 ml Garwasser ablöschen, 2–3 Min. einkochen lassen und die Sauce mit Sahne verfeinern. Die benötigte Menge Ravioli anrichten, mit Sauce beträufeln und eventuell mit geriebenem Schafkäse bestreuen.
Die restlichen Ravioli werden tiefgekühlt.

3 Blumenkohl in Dinkelsauce

1/2 kleiner Blumenkohl
2 EL Süßrahmbutter
2 EL Dinkel, mehlfein gemahlen
1 EL Sahne
1 TL frische Petersilie
Meersalz

Blumenkohl waschen, putzen, den Strunk entfernen und in Röschen zerteilen. 400 ml Wasser in einem Topf zum Kochen bringen und die Blumenkohlröschen zugedeckt 15–20 Min. bei mittlerer Hitze garen. Das Gemüse in ein Sieb geben und abtropfen lassen. Süßrahmbutter in einer Kasserolle erhitzen. Dinkelschrot mit dem Schneebesen zu einer Schwitze rühren und mit wenig Garwasser ablöschen, glattrühren und nach und nach mit dem restlichen Garwasser angießen. Sahne hinzufügen. Petersilie waschen und fein hacken und mit 1 Prise Meersalz in die Dinkelsauce streuen. Blumenkohlröschen hineingeben und weitere 6–8 Min. ziehen lassen.

Kopfsalat
1 kleines Salatherz
1 EL Kürbiskernöl oder Olivenöl
1 EL Sahne
4 Blätter Basilikum oder 1/2 TL Petersilie
Meersalz

Den Salat waschen, gut trockenschleudern und in mundgerechte Stücke zupfen. Basilikum oder Petersilie waschen und fein hacken. Kürbiskernöl, Sahne, Basilikum und 1 Prise Meersalz verrühren und die Marinade über die angerichteten Salatblätter gießen.
Variante: Statt Kopfsalat feingeschnittenen Chicoree nehmen.

Zwischenmahlzeit

1 **Eingemachte Kirschen**
(Rezept s. S. 132, ohne Rohrohrzucker)

10 Kirschen mit etwas Einlegesaft anrichten.

2 **Dinkel mit Backpflaumen**
3 EL getrocknete Pflaumen ohne Stein
4 EL gekochte Dinkelkörner (s. S. 205)
1 EL Sahne, geschlagen

Getrocknete Pflaumen in kleinste Stücke schneiden. 100 ml Wasser zum Kochen bringen. Die Pflaumenstücke darin aufkochen und mit dem Pürierstab zermusen. Gekochten Dinkel untermischen, abkühlen lassen und mit geschlagener Sahne verfeinern.

3 **Dinkelsud mit Kirschsaft**
50 ml Einlegesaft von eingemachten Kirschen (Rezept s. S. 132, ohne Rohrohrzucker)
200 ml Dinkelsud (s. S. 205)

Kirschsaft mit 200 ml kaltem Dinkelsud mischen.

Abendessen

1 **Rote-Bete-Salat**
300 g kleine rote Bete
2 EL gekochte Dinkelkörner (s. S. 205)
1 TL frische Petersilie
2 EL Sahne
Meersalz

Rote-Bete-Knollen waschen, mit Wasser bedeckt aufkochen und etwa 1 Std. zugedeckt bei mittlerer Hitze kochen, bis die Knollen gar sind. Rote Bete abgießen, mit kaltem Wasser abschrecken und pellen. Auf einer Rohkostreibe fein in eine Schüssel raspeln.

Gekochte Dinkelkörner mit dem Blitzhacker zerkleinern und zu den roten Beten geben. Petersilie waschen und feinhacken. Alles mit Sahne, Meersalz und Petersilie vermischen und abschmecken.

2 Dinkel-Fenchel-Suppe
200 g Knollenfenchel
1/2 TL frische Petersilie
1/2 TL frischer Dill
1 TL Olivenöl
350 ml Dinkelsud und 2 EL gekochte Dinkelkörner (s. S. 205)
Meersalz
1 EL Sahne

Fenchel putzen, waschen und kleinschneiden. Kräuter waschen und fein hacken.

Olivenöl in einem Topf erhitzen, den Fenchel andünsten, mit Dinkelsud ablöschen und etwa 10 Min. köcheln lassen.

Gegarte Dinkelkörner und gehackte Kräuter hinzufügen und weitere 5 Min. ziehen lassen.

Alles mit dem Pürierstab fein mixen und mit Meersalz und Sahne abschmecken.

3 Dinkelgrießbrei mit Kirschen
1 TL Süßrahmbutter
2 EL Dinkelvollgrieß
200 ml Wasser
1 TL Sahne
3 EL eingemachte Kirschen (Rezept s. S. 132, ohne Rohrohrzucker)

Süßrahmbutter in einem kleinen Topf schmelzen. Dinkelvollgrieß einrühren und mit wenig Wasser ablöschen, glattrühren und nach und nach mit dem restlichen Wasser angießen. Grießbrei etwa 10 Min. nachquellen lassen, mit einem Klecks Sahne verfeinern und in einem tiefen Teller anrichten.

Die Kirschen über den Brei verteilen.

Rezepte für Tag 2

Frühstück

1 **Ringelblumentee**
1 TL getrocknete Kräuter mit 250 ml kochendem Wasser übergießen, Tee 3 Min. zugedeckt ziehen lassen und abseihen.

2 **Löwenzahntee**
1 TL getrocknete Kräuter mit 250 ml kochendem Wasser übergießen, Tee 3 Min. zugedeckt ziehen lassen und abseihen.

1 **Weizenflocken-Müsli**
3 EL grobe Weizenflocken
200 ml Wasser
1 TL getrocknete Kürbiskerne
1/2 Birne
1 EL Sahne

Weizenflocken in einem kleinen Topf anrösten. Mit kaltem Wasser ablöschen und etwa 5 Min. köcheln. Kürbiskerne im Blitzhacker zerkleinern und untermischen.

Birnenhälfte in Schnitze teilen, das Kerngehäuse entfernen. Birnenschnitze auf der Glasreibe bis auf die Schale reiben und unter das Müsli mischen. Alles mit Sahne in einem tiefen Teller anrichten.

2 **Weizenbrei**
200 ml Wasser
3 EL Weizen, mehlfein gemahlen
Meersalz
1 TL Sahne

Wasser in einem kleinen Topf zum Kochen bringen, Weizenschrot einstreuen und bei ständigem Rühren etwa 5 Min. bei mittlerer Hitze köcheln. Weizenbrei weitere 15 Min. nachquellen lassen, salzen und mit einem Klecks Sahne verfeinern.

3 Maisgrießbrei mit Birne
200 ml Wasser
3 EL Polenta (Maisgrieß)
Meersalz
2 EL Sahne, geschlagen
Gedünstete Birne (s. S. 129)

Wasser in einem hohen Topf zum Kochen bringen und salzen. Polenta unter ständigem Rühren langsam einstreuen, damit sich keine Klümpchen bilden. Die Hitze reduzieren und so lange weiterrühren, bis sich die Polenta vom Topf löst. Sahne unterheben und den Maisgrießbrei mit gedünsteter Birne anrichten.

Mittagessen

1 Karotten mit gehackten Weizenkörnern
300 g Karotten
1 TL frische Petersilie
2 EL Weizenkörner, gekocht (s. S. 206)
1 EL Kokosnußöl
1/4 TL frisches Liebstöckel (Maggikraut)
1 TL Sahne

Karotten waschen, schälen und auf einem Gemüsehobel in feine Scheiben schneiden. Petersilie waschen und fein hacken. Vorgegarte Weizenkörner im Blitzhacker etwas zerkleinern.

Kokosnußöl in einem Topf erhitzen, die gehackten Weizenkörner kurz anrösten. Die Hälfte der Petersilie und die Karotten dazugeben. Alles bei mittlerer Hitze im heißen Öl zugedeckt immer wieder hin- und herschwenken, bis die Karotten das Öl gut aufgesogen haben. Etwas Wasser angießen und das Gericht bei geschlossenem Deckel etwa 20 Min. garen. Zwischendurch immer wieder umrühren.

Liebstöckel waschen und fein hacken. Etwa 5 Min. vor Ende

der Garzeit die restliche Petersilie, Liebstöckel und 1 Prise Meersalz darüberstreuen. Mit einem Klecks Sahne verfeinern.

2 Artischocken-Karotten-Mais-Gemüse

2–4 junge Artischocken (je nach Größe)
200 g Karotten
Meersalz
4 EL Mais aus der Dose
1 TL frische Petersilie
1 EL Sahne

Die Artischocken bis auf die Böden von den Blättern befreien und diesen in schmale Scheiben schneiden. Karotten waschen, schälen und fein würfeln. Salzwasser in einem Topf zum Kochen bringen und die Artischockenscheiben sofort hineinlegen und zusammen mit den Karotten in etwa 15 Min. weich kochen. Mais im Sieb überbrausen, bis das Wasser klar ist, abtropfen lassen und zum restlichen Gemüse geben. Mais noch weitere 3–5 Min. mitgaren. Petersilie waschen und fein hacken. Gemüse abgießen, salzen und feingehackte Petersilie über die Artischockenstücke streuen. Etwas Sahne über das Gemüse träufeln.
Verwenden Sie am besten nur junge Artischocken. Bei größeren Artischocken müssen Sie die lila Herzblätter und das Heu mit einem Messer herausschneiden.

3 Gemüseterrine

2–4 junge Artischocken (je nach Größe)
200 g Karotten
Meersalz
100 g Mais
10 Endiviensalatblätter
1 EL Petersilie
1/4 TL frischer Thymian
1 TL getrocknete Kürbiskerne
100 g Ziegenfrischkäse
3 EL Sahne

Die Artischocken bis auf die Böden von den Blättern befreien und diese in schmale Scheiben schneiden. Karotten waschen, schälen und fein würfeln. Salzwasser in einem Topf zum Kochen bringen und die Artischockenscheiben sofort hineinlegen und zusammen mit den Karotten in etwa 15 Min. weich kochen. Mais im Sieb überbrausen, bis das Wasser klar ist, abtropfen lassen und zum restlichen Gemüse geben. Mais noch weitere 3–5 Min. mitgaren. Endiviensalatblätter waschen und etwa 2 Min. blanchieren. Gemüse abgießen und mit kaltem Wasser abschrecken. Kräuter waschen und fein hacken. Petersilie unter das Gemüse mischen.

Kürbiskerne im Blitzhacker zerkleinern. Kürbiskerne, Ziegenfrischkäse, Sahne und gehackten Thymian verrühren.

Eine kleine Terrinenform mit Pergamentpapier auslegen, dann mit der Hälfte der Endiviensalatblätter auskleiden. Angemachten Ziegenkäse und Gemüse einschichten, mit den restlichen Endiviensalatblättern abschließen. Mit Pergamentpapier bedecken und mit einem Brettchen beschweren. Über Nacht in den Kühlschrank stellen. Terrine am anderen Tag aufschneiden.

Endiviensalat

1 kleines Salatherz
1/2 TL frische Petersilie
1 EL Brunnenkresse
1 TL Leinöl
2 EL Sahne
Meersalz

Den Salat waschen, gut trockenschleudern und in feine Streifen schneiden. Petersilie und Brunnenkresse waschen und fein hacken. Leinöl, Sahne, Petersilie, Brunnenkresse und 1 Prise Meersalz verrühren und die Marinade über den Endiviensalat gießen.

Variante: Statt Endiviensalat Lollo Rosso nehmen.

Zwischenmahlzeit

1 Birne
Birne schälen, halbieren, das Kerngehäuse entfernen und in kleine Schnitze schneiden.

2 Pfirsichkompott
1 großer Pfirsich

Pfirsich mit kochendem Wasser überbrühen, enthäuten, halbieren und entkernen. Das Fruchtfleisch in dünne Spalten und kleine Würfel schneiden.

100 ml Wasser in einem kleinen Topf zum Kochen bringen und die Pfirsichwürfel darin bei schwacher Hitze zugedeckt etwa 10 Min. weich garen. Abgekühlt servieren.

3 Weizensud mit Birnensaft
Saft von 1 Birne, frisch gepreßt
200 ml Weizensud (s. S. 206)

Birnensaft mit 200 ml kaltem Weizensud mischen.

Abendessen

1 Maisgrießplätzchen
200 ml Wasser
3 EL Polenta (Maisgrieß)
Meersalz
1 EL Kokosnußöl
Pfirsichkompott (s. oben)
1 EL Sahne

Wasser in einem hohen Topf zum Kochen bringen und salzen. Polenta unter ständigem Rühren langsam einstreuen, damit sich keine Klümpchen bilden. Die Hitze reduzieren und so lange weiterrühren, bis sich die Polenta vom Topf löst. Polenta auf ein Holzbrett stürzen, glattstreichen und abkühlen lassen. Runde Plätzchen mit einem Glas mit bemehltem Rand ausstechen. Kokosnußöl in einer Pfanne erhitzen und die Polentaplätzchen auf beiden Seiten goldgelb anbraten. Einen Klecks Sahne in das Pfirsichkompott rühren und anrichten.

2 Gurken-Mais-Salat mit angemachtem Ziegenkäse

3 kleine frische Einlegegurken (etwa 5–8 cm groß)
3 EL Mais aus der Dose
1/2 TL frische Petersilie
Meersalz
2 EL Sahne
1 TL getrocknete Kürbiskerne
50 g Ziegenkäse
1/2 TL Leinöl

Gurken schälen und mit dem Gurkenhobel in feine Scheiben schneiden. Mais im Sieb überbrausen, bis das Wasser klar ist, abtropfen lassen und zu den Gurken geben. Petersilie waschen und fein hacken.

Gurken-Mais-Salat mit Petersilie und 1 Prise Meersalz bestreuen, mit Sahne verfeinern und etwa 1 Std. ziehen lassen.

Kürbiskerne mit dem Blitzhacker zerkleinern. Ziegenkäse mit Leinöl beträufeln und die gehackten Kürbiskerne darüber streuen.

Gurken sind schwer verdaulich. Die kleinen Einlegegurken sind für Kinder noch am besten geeignet. Dennoch mögen manche Kinder Gurken überhaupt nicht.

3 **Weizenschrotsuppe**
1 EL Weizenschrot, fein gemahlen
300 ml Wasser
1/4 TL frischer Thymian
1/4 TL frisches Liebstöckel (Maggikraut)
1/2 TL frische Petersilie
1 TL getrocknete Kürbiskerne
Meersalz
3 EL Sahne

Weizenschrot in einem kleinen Topf mit Wasser kalt aufsetzen und so lange rühren, bis die Suppe kocht. Die Hitze reduzieren und etwa 20 Min. köcheln lassen. Kräuter waschen, fein hacken und in die Suppe streuen.

Kürbiskerne im Blitzhacker zerkleinern. Gehackte Kürbiskerne in einem heißen Topf anrösten. Suppe über die gerösteten Kürbiskerne gießen und leicht salzen. Mit Sahne verfeinern.

Rezepte für Tag 3

Frühstück

1 **Zinnkrauttee**
1 TL getrocknete Kräuter mit 250 ml kochendem Wasser übergießen, Tee 3 Min. zugedeckt ziehen lassen und abseihen.

2 **Kamillentee**
1 TL getrocknete Kräuter mit 250 ml kochendem Wasser übergießen, Tee 3 Min. zugedeckt ziehen lassen und abseihen.

1 **Hirsespeise mit Mirabellen**
5 EL gekochte Hirse (s. S. 204)
10 eingemachte Mirabellen (s. S. 132, ohne Rohrohrzucker) mit Einlegesaft
1 EL Cashewnüsse

Hirse vorgaren und 5 EL in einem tiefen Teller anrichten.

Die eingemachten Mirabellen auf der Hirse verteilen. Eventuell einige Eßlöffel Einlegesaft darübergießen.

Cashewnüsse im Blitzhacker zerkleinern und über das Hirsegericht streuen.

2 **Hirsecreme**

5 EL gekochte Hirse (s. S. 204)
50 ml Einlegesaft von eingemachten Mirabellen (s. S. 132, ohne Rohrohrzucker)
1 Banane
3 EL Naturjoghurt

Hirse vorgaren und mit dem Einlegesaft von eingemachten Mirabellen pürieren.

Banane schälen, 2 cm von den Endstücken entfernen, Rest mit einer Gabel fein zerdrücken und schlagen. Alles mit Joghurt in einem tiefen Teller anrichten.

3 **Gerstenflocken-Müsli**

3 EL Gerstenflocken
150 ml Wasser
1 TL Cashewnüsse
1 Banane
3 EL Naturjoghurt

Gerstenflocken in einem kleinen Topf anrösten. Mit 150 ml Wasser ablöschen und etwa 5 Min. köcheln. Cashewnüsse im Blitzhacker zerkleinern und unter die abgekühlten Gerstenflocken mischen.

Banane schälen, 2 cm von den Endstücken entfernen, Rest mit einer Gabel fein zerdrücken und schlagen. Alles mit Joghurt in einem tiefen Teller anrichten.

Mittagessen

1 Kürbis-Kartoffel-Gemüse

300 g Hokkaido-Kürbis
300 g Kartoffeln
2 EL Maiskeimöl oder Distelöl
Meersalz
1 TL frischer Dill
1 EL Sauerrahm

Kürbis vierteln, mit einem Löffel Kerne und bittere Fasern entfernen. Die Viertel in Spalten schneiden. Das Fruchtfleisch von der Schale lösen. Kartoffeln schälen, waschen und abtrocknen. Kürbisfleisch und Kartoffeln in etwa 1 cm große Würfel schneiden.

Maiskeimöl oder Distelöl in einer Kasserolle leicht erhitzen. Die Kartoffelwürfel im Öl rundherum anbraten. Nach etwa 10 Min. die Kürbiswürfel hinzufügen und mitdünsten. Nach und nach wenig Wasser angießen. Das Kürbis-Kartoffel-Gemüse salzen und zugedeckt etwa 15 Min. bei mittlerer Hitze garen.

Dill waschen und fein hacken und über das Gemüse streuen. Mit einem Klecks Sauerrahm verfeinern.

Bleibt etwas übrig, kann das Gericht am Abend eventuell mit Hirsewasser (s. S. 222) zu einer Suppe verlängert oder mit Naturjoghurt gemischt werden.

2 Hirsegratin mit Kohlrabi

100 g Hirse
1 EL Maiskeimöl und Maiskeimöl für die Form
200 g Kohlrabi
6 Blätter Basilikum
4 EL Sauerrahm

Hirse 2 bis 3mal mit kochendem Wasser überbrühen und quellen lassen. Wasser abgießen. Maiskeimöl in einer Kasserolle leicht erhitzen. Die Hirse hineingeben und unter ständigem Rühren bei mittlerer Hitze etwa 5 Min. leicht anrösten, bis die ersten Körner platzen. Mit 350 ml Wasser auffüllen, einmal aufkochen lassen und zugedeckt bei schwacher Hitze 15–20 Min. ziehen lassen. Die Hirse ist gar, wenn alle Körner aufgeplatzt sind.

Inzwischen Kohlrabi schälen und in kleine Würfel schneiden. Gewürfelte Kohlrabi in einem Topf mit Dämpfeinsatz in wenig Wasser etwa 20 Min. bei mittlerer Hitze garen.

Den Backofen auf 180° (Gas Stufe 2) vorheizen.

Basilikum waschen und fein hacken. Sauerrahm mit dem feingehackten Basilikum verrühren und mit 100 ml abgekühltem Kohlrabiwasser vermischen. Die Sauerrahmsauce über den Hirsebrei gießen.

Eine Auflaufform mit Maiskeimöl ausstreichen. Etwa die Hälfte vom Hirsebrei in die Auflaufform füllen. Darauf das Kohlrabigemüse verteilen. Den restlichen Hirsebrei glattstreichen und den Auflauf zugedeckt im Ofen auf der mittleren Schiene etwa 10 Min. backen.

3 **Kartoffelrösti mit Sauerrahmsauce**
5 gekochte Pellkartoffeln vom Vortag
2 EL Maiskeimöl
6–8 Blätter Basilikum
50 g Sauerrahm
50 g Naturjoghurt
Meersalz

Die kalten Pellkartoffeln schälen und auf einer Kartoffelreibe grob raffeln. Maiskeimöl in einer kleinen Pfanne erhitzen. Kartoffelraspel hineingeben und mit dem Bratenwender etwas flachdrücken. Wenn die untere Seite goldgelb ist, die Kartoffelrösti wenden und die zweite Seite anbraten.

Basilikum waschen und fein hacken. Kräuter mit Sauerrahm, Joghurt und Meersalz verrühren. Als Sauce zu den Kartoffelrösti reichen.

Feldsalat
50 g Feldsalat
4 Blätter Basilikum
1 TL Distelöl
1 EL Sauerrahm
Meersalz

Den Feldsalat waschen, verlesen, putzen und die Wurzelansätze entfernen. Basilikum waschen und fein hacken. Distelöl, Sauerrahm, Basilikum und 1 Prise Meersalz verrühren und die Marinade über die angerichteten Salatblätter gießen.
Variante: Statt Feldsalat feingeschnittenen jungen Löwenzahn nehmen.

Zwischenmahlzeit

1 **Bananenbrei**
1 Banane schälen, 2 cm von den Endstücken entfernen, Rest mit einer Gabel fein zerdrücken und schlagen.

2 **Eingemachte Mirabellen**
(Rezept s. S. 132, ohne Rohrohrzucker)
10 Mirabellen mit etwas Einlegesaft anrichten.

3 **Hirsewasser mit Mirabellensaft**
50 ml Mirabellen-Einlegesaft (Rezept s. S. 132, ohne Rohrohrzucker) mit 200 ml kaltem Hirsewasser (s. S. 222) mischen.

Abendessen

1 Avocado

1/2 reife Avocado
1/2 TL frischer Dill
1 EL Sauerrahm
Meersalz

Avocado in der Mitte durchschneiden, den Kern herausnehmen. Das Fruchtfleisch einer Avocadohälfte auslösen und mit einer Gabel zerdrücken. Dill waschen und fein hacken. Avocadomus mit Sauerrahm und Dill gut verrühren und leicht salzen.

2 Folienkartoffeln mit Kürbissauce

4 gleich große Kartoffeln
Alufolie zum Einwickeln
1 TL Maiskeimöl
2 EL Naturjoghurt
2 EL Sauerrahm
3 EL Kürbis-Kartoffel-Gemüse (Rezept s.S. 244)
Meersalz
1 TL frischer Dill

Den Backofen auf 225° (Gas Stufe 4) vorheizen. Die Kartoffeln waschen und abtrocknen. 4 gleichgroße Stücke Alufolie zuschneiden, leicht mit dem Öl einfetten und die Kartoffeln locker darin einschlagen. Folienkartoffeln auf ein Backblech legen und im Backofen auf der mittleren Schiene in etwa 40 Min. weich backen.

Joghurt mit Sauerrahm und Kürbisgemüse zu einer Sauce verrühren, salzen und mit gehacktem Dill bestreuen. Die fertigen Kartoffeln auspacken und mit einem Messer über Kreuz tief einschneiden. Die Füllung darüber verteilen.

3 **Hirse-Kürbis-Suppe**
300 g Hokkaido- oder Gartenkürbis
3 EL gekochte Hirse (Rezept s. S. 204)
1 TL Maiskeimöl oder Distelöl
1 TL frischer Dill
1 EL Sauerrahm

Kürbis vierteln, mit einem Löffel Kerne und bittere Fasern entfernen. Die Viertel in Spalten schneiden. Das Fruchtfleisch von der Schale lösen. Kürbisfleisch auf einer Gemüsereibe grob raspeln. Hirse vorgaren.

Maiskeimöl oder Distelöl leicht erhitzen. Die Kürbisraspel kurz im Öl schwenken. Nach und nach 250 ml Wasser angießen. Das Kürbisgemüse zugedeckt etwa 15 Min. bei mittlerer Hitze garen. Vorgegarte Hirse einrühren. Dill waschen, fein hacken und in die Suppe streuen. Alles mit dem Pürierstab fein mixen und mit Sauerrahm anrichten.

Rezepte für Tag 4

Frühstück

1 **Stiefmütterchentee**
1 TL getrocknete Kräuter mit 250 ml kochendem Wasser übergießen, Tee 3 Min. zugedeckt ziehen lassen und abseihen.

2 **Gänsefingerkrauttee**
1 TL getrocknete Kräuter mit 250 ml kochendem Wasser übergießen, Tee 3 Min. zugedeckt ziehen lassen und abseihen.

1 **Haferflocken-Müsli**
3 EL Haferflocken, Kleinblatt
1 TL Sonnenblumenkerne
2 EL gekochtes Mangomus (s. S. 252)

Haferflocken in 100 ml kaltem Wasser am Vorabend einweichen. Sonnenblumenkerne im Blitzhacker zerkleinern und mit den eingeweichten Haferflocken mischen. Haferflockenmischung mit Mangomus verfeinern.

2 Vanille-Reiscreme
1 Stück Vanilleschote (2 cm)
200 ml Wasser
Meersalz
3 EL Süßer Reis (Mochi-Reis), mehlfein gemahlen
1 EL Sonnenblumenkerne
1/2 TL Kokosfett

Ein Stück Vanilleschote längs aufschlitzen, das Mark herausschaben. Wasser mit 1 Prise Meersalz und dem Vanillemark in einem kleinen Topf zum Kochen bringen. Den gemahlenen Süßreis unter ständigem Rühren einstreuen und zugedeckt bei schwacher Hitze etwa 10 Min. nachquellen lassen.

Sonnenblumenkerne im Blitzhacker zerkleinern. Kokosfett in einem Topf erhitzen. Gehackte Sonnenblumenkerne darin leicht anrösten und in die Vanille-Reiscreme einrühren. Weitere 5 Min. quellen lassen.

3 Süßreis mit Mangokompott
100 g Süßer Reis (Mochi-Reis)
1 Stück Vanilleschote (2 cm)
Meersalz
1 Mango

Reis im Sieb überbrausen, bis das Wasser klar ist, und abtropfen lassen.

Ein Stück Vanilleschote längs aufschlitzen, das Mark herausschaben. Reis in 250 ml Wasser mit 1 Prise Meersalz und dem Vanillemark in einem kleinen Topf kalt aufsetzen und etwa 30 Min. zugedeckt garen, dann noch 10 Min. mit geschlossenem Deckel nachquellen lassen.

Mango mit einem scharfen Messer schälen, das Fruchtfleisch vom Kern lösen und in 1 cm große Würfel schneiden.

100 ml Wasser in einem Topf zum Kochen bringen und die Mangowürfel darin bei schwacher Hitze etwa 5 Min. garen. Süßreis mit Mangokompott anrichten.

Mittagessen

***1* Langkorn-Naturreis mit Brokkoli**

125 g Langkorn-Naturreis
Meersalz
250 g Brokkoli
1 EL Sonnenblumenkerne
1 EL Sonnenblumenöl

Langkorn-Naturreis im Sieb überbrausen, bis das Wasser klar ist, und abtropfen lassen. Reis mit 300 ml Wasser und 1 Prise Meersalz in einer Kasserolle einmal aufkochen lassen, dann bei schwacher Hitze zugedeckt 30–40 Min. garen.

Inzwischen Brokkoli putzen, waschen und in kleine Röschen pflücken. Die Stiele abschneiden. 250 ml Wasser in einem Topf zum Kochen bringen. Brokkoliröschen in den Dämpfeinsatz geben und etwa 5 Min. bei mittlerer Hitze zugedeckt garen. Brokkoli abgießen und mit kaltem Wasser überbrausen, damit die grüne Farbe erhalten bleibt.

Sonnenblumenkerne im Blitzhacker zerkleinern. Sonnenblumenöl in einer Pfanne erhitzen, die gehackten Sonnenblumenkerne darin anrösten und den abgetropften Brokkoli im Öl schwenken. Das Gemüse auf dem Reis verteilen und zugedeckt weitere 5 Min. nachquellen lassen.

***2* Tofubällchen mit Naturreis**

200 g Tofu
1 TL Sonnenblumenkerne
1 EL Haferflocken, Kleinblatt
1 TL Sojasauce

einige Tropfen Zitronensaft
1/4 TL frischer Majoran

Tofu mit dem Pürierstab pürieren. Sonnenblumenkerne im Blitzhacker zerkleinern. Tofu, gehackte Sonnenblumenkerne, Haferflocken, Sojasauce und Zitronensaft vermischen und etwa 1 Std. in den Kühlschrank stellen. Aus der Masse etwa 16 kleine Bällchen formen.

Reichlich Salzwasser in einem großen Topf mit etwas Majoran zum Kochen bringen und die Tofubällchen in kleinen Mengen nacheinander hineingleiten und bei schwacher Hitze 3–5 Min. gar ziehen lassen. Sobald die Tofubällchen gar sind, steigen sie an die Oberfläche. Tofubällchen mit einem Schaumlöffel herausnehmen und gut abtropfen lassen.

Dazu paßt Naturreis (s. S. 250).

***3* Tofubällchen in Gemüsebrühe**

1 l Wasser
1/4 Kopf Weißkraut
100 g Knollensellerie
1 TL frischer Majoran
100 g Brokkoli
50 g Champignons
1 EL klare Suppe (Gemüsebrühextrakt)
1 TL Sojasauce
Meersalz
Tofubällchen (Rezept s. oben)

Wasser in einem Topf zum Kochen bringen. Gemüse putzen, waschen, im ganzen in das kochende Wasser geben und etwa 25 Min. bei schwacher Hitze garen. Den Gemüsebrühextrakt in der Brühe auflösen, mit Sojasauce und Meersalz würzen. Die Suppe durch ein Sieb in einen Topf gießen. Tofubällchen in der heißen Gemüsebrühe 3–5 Min. gar ziehen lassen.

Eissalat
1/4 Eissalatherz
1 TL Sonnenblumenkerne
2 EL Sonnenblumenöl
einige Tropfen Zitronensaft
Meersalz

Den Eissalat waschen, putzen und in mundgerechte Stücke zupfen. Sonnenblumenkerne im Blitzhacker zerkleinern und über den Salat streuen. Sonnenblumenöl, Zitronensaft und 1 Prise Meersalz verrühren und die Marinade über die angerichteten Salatblätter gießen.
Variante: Statt Eissalat Eichblattsalat nehmen.

Zwischenmahlzeit

1 **Mangomus**
1 Mango

Die Mango schälen, das Fruchtfleisch vom Kern lösen, kleinschneiden und mit dem Pürierstab pürieren. Das Mangopüree in einem kleinen Topf etwa 2 Min. köcheln.

2 **Sojacocktail**
125 ml Sojamilch
einige Tropfen Zitronensaft
2 EL Mangomus (Rezept s.o.)

Sojamilch mit Zitronensaft anreichern und mit dem Mangomus verquirlen.

3 Apfel-Reiswasser

1 EL getrocknete Apfelringe
200 ml Reiswasser (s. S. 221)

Apfelringe im Blitzhacker zerkleinern. Reiswasser in einem kleinen Topf kalt aufsetzen, mit den zerkleinerten Apfelringen zum Kochen bringen und etwa 10 Min. ziehen lassen. Apfelreiswasser durch ein Sieb gießen und abkühlen lassen.

Abendessen

1 Tofuburger

100 g Knollensellerie
1 EL Sonnenblumenkerne
100 g Tofu
2 EL Haferflocken, Kleinblatt
1/2 TL Sojasauce
1 EL Sonnenblumenöl

Sellerie putzen, schälen und auf einer Rohkostreibe fein reiben. Sonnenblumenkerne im Blitzhacker zerkleinern.

Den Tofu mit einer Gabel zerdrücken und alles zu einem Teig verkneten. Aus dem Teig 4 Tofuburger formen.

Sonnenblumenöl erhitzen und die Tofuburger auf beiden Seiten in etwa 10 Min. goldbraun braten.

2 Sellerie-Champignons-Salat

100 g Knollensellerie
100 g Champignons
1 EL Sonnenblumenkerne
1 EL Sonnenblumenöl
einige Tropfen Zitronensaft

Sellerie putzen, schälen und auf einer Rohkostreibe fein reiben. Champignons putzen, mit kaltem Wasser kurz überbrausen und in feine Scheibchen schneiden.

Sonnenblumenkerne im Blitzhacker zerkleinern. Sonnenblumenöl in einem Topf erhitzen und die gehackten Sonnenblumenkerne anrösten. Sellerieraspel und Champignonscheibchen etwa 5 Min. mitdünsten. Gemüse abkühlen lassen und als Salat mit Zitronensaft abschmecken.

3 **Haferflockensuppe**

250 ml Gemüsebrühe (Rezept s.S. 134)
1 EL Sonnenblumenkerne
1 EL Sonnenblumenöl
3 EL Haferflocken, Kleinblatt

Gemüsebrühe vorbereiten. Sonnenblumenkerne im Blitzhacker zerkleinern.

Sonnenblumenöl in einem Topf erhitzen und die gehackten Sonnenblumenkerne darin anrösten. Die Haferflocken mit dem Holzlöffel einrühren und 2–3 Min. mitrösten. Nach und nach mit Gemüsebrühe angießen, dabei ständig rühren. Die Hitze reduzieren und die Haferflockensuppe noch etwas nachquellen lassen.

Welche Nahrungsmittel ab welchem Monat?

6. Monat
Kürbis
Karotten
Pastinaken
Mais-, Weizenkeimöl oder Sojaöl (1 EL 3 x pro Woche)
Kartoffelschnee
Topinambur
Banane
Apfel, Mus oder frisch gerieben
Birne, Mus oder frisch gerieben
Reisflocken
Süßer Reis (Mochi-Reis) oder Rundkornreis (Arborio oder Vialone), gemahlen
Fencheltee
Kümmel-Anis-Tee

7. Monat
Zucchini
Hafer-Schmelzflocken
Haferflocken, Kleinblatt
Vollkorn-Säuglingsnahrung (Dreikorn-Instantflocken mit Dinkel, 5-Korn-Milch, Siebenkorn-Vollkornnahrung, Dinkel-Vollkornnahrung)
Zwieback
Sahne, flüssig
Butter, am besten Sauerrahmbutter
weißes Mandelmus
bei Flaschenkindern evtl. Fleisch (Pute, Rind, Lamm)

8. Monat
Blumenkohl
Brokkoli
Fenchel
Kohlrabi
Getreideflocken
grobe Reisflocken
Melone (z. B. Charentais-Melone)
Aprikose
Sonnenblumenöl

9. Monat
Dinkel- oder Weizenvollgrieß
Karottensaft, frisch gepreßt
Petersilie
Petersilienwurzeln
Gemüsebrühextrakt
Olivenöl

10. Monat
Spinat
frische Kräuter (Calciumspender)
Blaubeeren
Brombeeren (viel Fruchtsäure)
Erdbeeren (oft unverträglich)
Himbeeren (viel Fruchtsäure)
Kulturheidelbeeren
Trauben
rote Johannisbeeren (Vitamin C, eisenhaltig)
Mango
Dinkel- oder Weizenvollkornbrot, evtl. leicht getoastet

11. Monat
entsteinte Süßkirschen, Mirabellen, Pflaumen ohne Schale, jeweils als Kompott
Pfirsiche

Stachelbeeren
Preiselbeeren
Vollkornzwieback oder Reiswaffeln
Maisgrieß
Löffelbiskuits
Hühnerfleisch
Lauch
Bleichsellerie, Knollensellerie
Koriander und Nelken für Suppe
Sternchen- oder Buchstabennudeln

12. Monat
Hirseflocken
Hirse
Naturreis
Vollkorngetreide, eingeweicht, gut gekocht, z. B. als Getreidesuppe (Dinkel, Hafer, Weizen, Grünkern, Graupen)
Spargel

13. Monat
Quittenkompott
Hagebuttenmark (Vitamin C)
Orange, Zitrone, Grapefruit, Mandarine, jeweils frisch gepreßt, tropfenweise
Aubergine
Schwarzwurzeln
Rucola
Vollmilch
Quark
Frischkäse
Naturjoghurt
Sahne, geschlagen
Crème fraîche oder Sauerrahm
milder Butterkäse
getrocknete Apfelringe, Aprikosen (ungeschwefelt) und Backpflaumen

Mandeln, Cashewnüsse, Sonnenblumenkerne, jeweils gemahlen
Amaranth-Popcorn (Calcium)
Buchweizen
Ei (bei Allergiegefahr Eiweiß erst ab 18. Monat)
Distelöl
Rohrohrzucker
Ahornsirup
Apfeldicksaft
Birnendicksaft
Vollreismalz
Sesammus oder Sesamsaat, gemahlen (Calcium)
Meersalz, Kräutersalz
Muskatnuß, Safran, Zimt
Bourbon-Vanille, Vanillemark
Teemischungen (2/3 Himbeer- und 1/3 Brombeerblättertee als Grundtee, dazu getrocknete Pfefferminzblätter, Hagebuttenschalen, Hibiskus, Melissenblätter, Kamilleblüten, Lindenblüten, Thymian, Huflattich, ägyptischer Schwarzkümmelsamen, Heidelbeertee, Rooibos)

14. Monat
Hartweizen- oder Vollkornnudeln
Sanddornsaft (Vitamin C)
Stärkemehl (z. B. Maismehl), Maisstärke
Gelatine
Butterkekse

15. Monat
Tofu
gekochter Schinken, Lachsschinken, Putenbrust, gewürfelt
Schalotten, gedünstet
Leinöl

16. Monat
Honig
Kürbiskerne, feingehackt
Mangold

17. Monat
Kakaopulver
Kakaoschalentee

18. Monat
Tomaten
rote Bete
Pilze
Apfel- oder Himbeeressig, tropfenweise
Holunderblüten, abgezupft als Holunderwasser 1 Std. in kaltes Wasser gelegt oder eingebacken
Feigen, getrocknet

Bewährte Hausmittel für Säuglinge und Kleinkinder

Majoranbutter für Babys
Wenn Ihr Baby Schnupfen hat, träufeln Sie etwas Muttermilch mit einer Pipette in die Nase. Bei wunder Nase hilft z. B. Majoranbutter: 2 EL Butter schmelzen, 1 TL gerebelten Majoran kurz darin schwenken, dann erkalten lassen. Erneut erwärmen, durch ein Sieb gießen und die Majoranbutter in einem kleinen Gefäß mit Deckel aufbewahren. Die Majoranbutter, die etwa 1 Woche haltbar ist, beim Baby äußerlich im Bereich der Nasenlöcher verstreichen.

Brustwickel mit Quark bei Husten und Bronchitis
Windel auf Brustkorbbreite falten, ein Teil aufklappen, Quark (bei Zimmertemperatur) messerrückendick daraufstreichen, Teil wieder zuklappen. Dann um den Brustkorb des Babys legen, so daß eine Windelschicht zwischen Brustkorb und Quark liegt und die Windel nach unten geschlossen ist. (Es geht auch mit einer 10 x 10 cm großen Kompresse, in die man den Quark hineinstreicht.) Dann ein vorgewärmtes Handtuch darumwickeln. Dauer: über Nacht. Beim Quarkwickel muß der Quark am nächsten Morgen bröselig-trocken und das Handtuch außen feucht bis naß sein. (Keine Angst, Ihr Kind liegt nicht im Nassen!)
Tip: Besonders wirkungsvoll ist der Quarkwickel auch bei Milchstau.

Brustwickel mit Oliven- und Lavendelöl bei Husten
1 EL Olivenöl mit 2–3 Tropfen Lavendelöl vermischen, die Brust des Babys damit einreiben und ein angewärmtes Handtuch darüber legen. Dauer: über Nacht.

Brustwickel mit Zitrone bei Bronchitis
1 EL frisch gepreßten Zitronensaft auf eine vorgewärmte Windel träufeln und um den Brustkorb des Kleinkindes legen. Dauer:

1 Std. Der Zitronenwickel wirkt leicht hautreizend. Den Wickel bei Hautrötung bereits nach 5–10 Min. abnehmen.

Zwiebelsäckchen bei Ohrenentzündung
10 cm Schlauchverband von der Rolle abschneiden. Mit einem Bindfaden einseitig zubinden. 1/2 Zwiebel kleinschneiden und in den Schlauchverband füllen. Dann mit einem zweiten Bindfaden verschließen (praktisch sind auch Mullfingerlinge). Das Zwiebelsäckchen über Wasserdampf leicht erwärmen (entweder auf einem umgedrehten Kochtopfdeckel oder im geöffneten Wasserkocher in ein Sieb legen). Das warme Zwiebelsäckchen in ein Taschentuch oder in Heilwolle einwickeln und auf das Ohr legen und mit einer Windel oder einem Baumwoll-Stirnband fixieren. Dauer: 1 Std. Der Zwiebelwickel wirkt stark schmerzlindernd – so läßt sich die Zeit bis zum Arztbesuch leichter überbrücken.

Teemischung bei schwerem Husten für Kleinkinder
10 g Thymian, 10 g Huflattich und 20 g Fenchel (oder Anissamen), 10 g ägyptischer Schwarzkümmelsamen. 1 TL der Teemischung in eine kleine Teekanne geben. 250 ml Wasser sprudelnd kochen lassen und die Teeblätter damit übergießen, etwa 10 Min. ziehen lassen, danach abseihen.

Ernährung bei Durchfall für Kleinkinder
Leicht gesalzenes Reiswasser, geriebener Boskopapfel, geriebener Zwieback, Haferflockenschleim, Karottensuppe. Als Getränke Heidelbeertee, dünner schwarzer Tee, Rooibos-Tee (2 Min. ziehen lassen), jeweils mit etwas Traubenzucker.

Ernährung bei Verstopfung für Kleinkinder
Haferflockenbrei, z. B. mit geraspeltem Gemüse, Sahne, Butter bzw. Öl verfeinert. Haferflocken lösen die Verstopfung. Keine Milch geben, da Milch in Kombination mit Getreide schwer verdaulich ist! Statt dessen Wasser, Kräutertee, Kakaoschalentee. Kakao mit Milch verursacht Verstopfung, Kakao mit Wasser kann stuhlgangfördernd wirken.

Ernährung bei Schnupfen für Kleinkinder
Bei Appetitstörungen sollten Sie lieber zwei als drei Mahlzeiten geben, bis sich der gesunde Appetit wieder einstellt: keine schwere Kost, wenig Eiweiß, wenig Getreideprodukte und Teigwaren bei starker Verschleimung, ausgenommen Reis und Graupen. Dem Kleinkind ausreichend Flüssigkeit in Form von Suppen, Kräutertees, Brottrunk anbieten, damit der kleine Körper die Giftstoffe besser ausscheiden kann. Keine Sauermilchprodukte (übermäßig viel Milchprodukte können die Infektanfälligkeit erhöhen)! Haferflockengetränk mit etwas Honig. Tee aus Holunder- oder Lindenblüten.

Zur Kräftigung der stillenden Mutter

Klare Hühnerbrühe
Nach Rezept Seite 134.
Diese »Superbrühe« hilft gegen den Baby-Blues (die Wochenbettdepression auf Grund des Hormonabfalls nach der Geburt).

Mit 1 Bund Petersilie gekocht reduziert die Hühnerbrühe zudem die Bilirubinwerte bei der normalen Neugeborenengelbsucht des Babys.

Eigelbcreme
2 Eigelb cremig schlagen, tropfenweise 50 g flüssige Butter hinzufügen und wie eine Mayonnaise verquirlen. Brot in die Creme eintunken und zur Hühnerbrühe essen.

Energie-Cocktail
125 ml Naturjoghurt, 1 Banane, 1/4 l Milch, 1 TL Mandelmus, 1 TL Sesamöl im Mixer pürieren, Saft 1/2 Orange unterrühren und nach Belieben 1 Msp. Bourbon-Vanille und 1 Eigelb dazumixen.

Diesen Energie-Cocktail sollten Sie sich mindestens einmal wöchentlich während der Stillzeit gönnen. Bei Allergie nehmen Sie statt der Milch z. B. Reissud (s. S. 221).

Adressen zum Thema Stillen

Auskunft und Ratschläge erteilen:

La Leche Liga Deutschland e. V.
Postfach 650096
81214 München
Infoline: 0 68 51/25 24
Versand von Infomaterial:
Dannenkamp 25
32479 Hille
Telefon: 05 71/4 89 46
e-mail: mail@lalecheliga.de
Internet: www.lalecheliga.de

Arbeitsgemeinschaft Freier Stillgruppen
Rüngsdorfer Str. 17
53173 Bonn
Telefon: 02 28/3 50 38 71
e-mail: geschaeftsstelle@afs-stillen.de
Internet: www.afs-stillen.de

Forschungsinstitut für Kinderernährung
Heinstück 11
44225 Dortmund
Telefon: 02 31/47 92 21 00
e-mail: fke@fke-do.de
Internet: www.fke-do.de

Rezeptregister

Die mit (R) bezeichneten Rezepte gehören zur »Rotationsdiät«.